상상이 현실을 창조한다

네빌 고다드의 부활

펴낸곳
서른세개의 계단

    사색에만 빠진 철학은 삶과의 괴리를 만들고, 현실의 이익에만 눈을 돌린 자기계발은 삶의 의미를 잃고 방황하게 만듭니다. 그래서 실천적인 형이상학, 즉 현실에 도움이 되면서 삶의 의미를 명확하게 할 수 있는 책을 발간하고자 하는 것이 서른세개의 계단 출판사 목표입니다. 계속 좋은 책을 발간하도록 노력하겠습니다.

http://33steps.kr

번역
이상민(리그파)

    한양대 법학과 졸업. 2007년 '서른세개의 계단 출판사'를 설립하고, 네빌 고다드의 저작을 비롯해, 실천적 형이상학 관련 도서를 번역하여 출간하고 있다. 주요 역서로는 [네빌고다드 5일간의 강의] [세상은 당신의 명령을 기다리고 있습니다] [믿음으로 걸어라] [웨이아웃] 등이 있다.

이메일 pathtolight@naver.com

네빌 고다드

우리에게 주어진 유일한 과업은

우리의 관념을 위대한 것으로 채우는 것뿐이다

목차

법칙과 약속 _Law and Promise

Chapter 1	"법칙" 상상이 현실을 창조한다	17
Chapter 2	그 안에서 살라	26
Chapter 3	수레바퀴를 뒤로 돌려라	39
Chapter 4	허상이란 없다	52
Chapter 5	알 수 없는 전개, 확실한 결과	66
Chapter 6	마음속의 형상	72
Chapter 7	감정	82
Chapter 8	우리를 비추는 거울을 넘어서	91
Chapter 9	하나 되기	104
Chapter 10	모습을 드러내지 않은 것들	112
Chapter 11	토기장이	117
Chapter 12	기억	127
Chapter 13	소소한 것들	136
Chapter 14	창조의 순간	144
Chapter 15	"약속" 네 개의 신비한 경험들	152

기도:믿음의 기술 _Prayer:Art of Believing

Chapter 16   가역성의 법칙   172

Chapter 17   의식의 두 가지 측면   176

Chapter 18   상상력과 믿음   180

Chapter 19   통제된 상상   186

Chapter 20   생각을 전달하는 법칙   189

Chapter 21   좋은 소식   200

Chapter 22   가장 위대한 기도   203

느낌이 열쇠이다 _Feeling is the Secret

Chapter 23   법칙과 그 원리   210

Chapter 24   잠   218

Chapter 25   기도   227

Chapter 26   영(정신)- 느낌   231

대자유 _Freedom for All

Chapter 27　하느님의 일체성　　　　　　　　　237

Chapter 28　하느님의 이름　　　　　　　　　243

Chapter 29　창조의 법칙　　　　　　　　　　248

Chapter 30　느낌의 비밀　　　　　　　　　　252

Chapter 31　안식일　　　　　　　　　　　　262

Chapter 32　치유　　　　　　　　　　　　　269

Chapter 33　욕망- 하느님의 말씀　　　　　　273

Chapter 34　믿음　　　　　　　　　　　　　280

Chapter 35　성수태고지　　　　　　　　　　285

세상 밖으로 _Out of this World

Chapter 36　4차원적으로 생각하기　　　　　　292

Chapter 37　상상이 현실이 되다　　　　　　　304

Chapter 38　상상의 힘　　　　　　　　　　　312

Chapter 39　변화해야 할 것은 오직 자신뿐이다　319

부활 _Resurrection

Chapter 40   신앙 고백   328

씨 뿌릴 때, 수확할 때   _Seedtime and Harvest

Chapter 41   황금 실의 끝   356

Chapter 42   네 명의 전능한 존재들   359

Chapter 43   믿음의 제물   371

Chapter 44   존재의 범위   379

Chapter 45   인생 게임   389

Chapter 46   한 때, 두 때, 그리고 절반   395

Chapter 47   뱀처럼 지혜로워라   400

Chapter 48   물과 피   411

Chapter 49   신비가의 시선   422

역자 서문 _ 내부에서와 같이, 외부에서도

글은 오해를 낳고, 생각은 혼돈을 가져옵니다. 경험이 진리의 실체를 증명할 때를 제외하고는, 우리는 확고한 마음의 태도에 서 있지 못하게 됩니다. 특히 과학이란 것이 이제 막 첫걸음을 떼고 있는 마음의 영역에서는 더더욱 그럴 것입니다.

네빌 고다드는 마음에 관한 하나의 새로운 가정을 우리에게 제시해 줍니다. 그는 단순히 자신이 제시해 준 진리를 믿는 것을 바라지는 않았고, 자신이 전해주는 새로운 가정과 새로운 마음에 관한 도전을 받아들여 직접 시험해보기를 원했습니다.

" 만약 이성적인 논쟁이나 상세한 설명만으로도 다른 사람들에게 확신을 심어줄 수 있다면 이 책의 두께는 몇 배로 불어났을 것입니다. 하지만 글이나 논쟁으로 확신을 심어준다는 것은 거의 불가능합니다. 왜냐하면 선입견을 가지고 있는 사람에게는 작가가 거짓말을 해서 사람들을 현혹시키고 있으며 그가 제시하고 있는 증거가 모두 거짓이라는 주장들이 더 타당하게 보이기 때문입니다.

그래서 저는 논쟁과 증명을 의도적으로 생략했습니다. 저는 열린 마음을 가진 독자들이 이 책에서 제시하고 있는 의식의 법칙을 직접 사용해보기를 원합니다. 여러분이 이 법칙을 사용해서 성공한다면, 이런 주제를 다루는 책들을 읽는 것보다 더 깊은 확신을 갖게 될 것입니다.

네빌 고다드 <Feeling is the Secret 서문에서>

　만약 이 진리를 체험으로 알게 된다면 우리는 더 이상 흔들리지 않는 진리 위에 서게 될 것입니다. 그리고 세상을 바라보는 새로운 시선을 얻게 될 것이고, 그 시선으로 다른 인생을 살아가게 될 것입니다.

> 상상이 현실을 창조한다'는 주장을 하는 것은 쉽게 할 수 있습니다. 다른 이의 경험으로 그 법칙을 증명하는 것은 무의미할 뿐입니다. 이런 것을 넘어서 여러분이 직접 "법칙"을 건설적으로 여러분의 삶속에서 사용하게끔 하는 것이 이 책의 진정한 목적입니다.

네빌 고다드 <Law and Promise에서>

　진리는 사색하는 자의 몫이 아니고, 실천하는 자의 몫일 겁니다.
　꼭 직접 실천하셔서, 많은 유익함을 얻게 되시기를 바랍니다.

　이 책은 네빌 고다드가 펼쳐낸 7권의 책을 하나로 묶어서 출간한 것입니다. 여기의 7권의 책은 각각 고유의 특징들을 지니고 있습니다. 이 진리를 사용해 유익함을 얻었던 많은 사람들의 경험담을 통해, 이 법칙의 존재와 의미에 관해 알 수 있게 만드는, '법칙과 약속(Law and Promise)'이라는 책을 시작으로, 기도의 법칙을 과학적인 측면에서 접근해 알기 쉽게 설명하는 책인, '기도: 믿음의 기술(Prayer: The Art of Believing)', 우리가 상상력으로 알고 있는 진정한 자아와 그것이 인식하는 대상을 분리해서, 그 확연한 경계를 짓게 만들고 더 나아가 기도의 비결인 느낌에 관한 자세한 설명을 담고 있는, '느낌이 비밀이다(Feeling is the Secret).' 그리고 이 책들을 묶어서 한 권의 책으로 출간했던 것에 약속(Promise)이라는 깊은 내적인 진리를 덧붙인, '부활(Resurrection)'. 그리고 성경의 상징적인 해석을 위주로 우리의 인식을 작은 존재에서 더 큰 존재를 향하게 만드는 '대자유(Freedom for All).' '네빌 고다드 5일 간의 강의'에서 5강의 내용을 위주로 물질의 현현의 법칙을, 차원의 측면에서 접근하게 만드는 '세상 밖으로(Out of This World)'. 마지막으로 우리에게 이 법칙을 실천적으로 사용하도록 장려하는 '씨를 뿌릴 때, 수확할 때(Seedtime and Harvest)'. 이렇게 7권의 책으로 구성되어 있습니다. 원제는 Neville Reader이지만, 가장 핵심적인 문구를 따서 '네빌 고다드의 부활'이란 제목으로 출간했습니다.

 7권의 책으로 분리되어 있지만, 이 모든 책들은 인생에서 성공을 만드는 '상상이 현실을 창조한다'는 법칙(Law)으로부터, 우리의 잠들어 있는 자아가 새롭게 깨어나게 될 것이란 진리를 담고 있는 약속(Promise)에 이르는, 하나의 일관된 주제를 각기 다른 방식으로 표현하고 있습니다.

* * *

'네빌 고다드 5일간의 강의'라는 제목으로 네빌의 책을 처음 펴낸 지 10개월 만에, 세 번째 책인 '네빌 고다드의 부활'을 출간하게 되었습니다. 아마 수정에서 편집, 디자인까지 묵묵히 옆에서 도와준 아내의 도움이 없었다면 이 책은 나오지 못했을 것입니다. 그리고 모든 면에서 항상 믿고 도와준 가족들에게도 감사를 드립니다. 또 네빌 고다드에 관한 세 권의 책을 낼 수 있었던 건, '비욘드 더 시크릿카페'가 있었기에 가능한 것이 아닌가 합니다. 많은 카페회원들과 든든한 운영자인 '3분시크릿'의 저자이기도 한 편기욱님, 김민광님에게도 감사를 드립니다. 책의 수정을 아무런 대가없이 자신의 일처럼 도와준 정유성님께도 감사의 마음을 전합니다. 마지막으로 많은 격려를 해준 네빌 고다드의 가르침을 좋아하는 분들에게 감사드립니다.

이 책이 '실천하는 사람'에게는 인생을 바꿀 수 있는 한권의 책이 될 거라는 기대와 확신 속에서 작업을 진행했습니다. 꼭 많은 사람들에게 유익함을 줄 수 있는 책이길 바랍니다.

2009년 이상민

네빌고다드와 그분의 사상을 알리는 일을 해오고 있습니다.

아래를 방문해보세요.

서른세개의 계단 홈페이지
http://33steps.kr

교정용 가지치기 가위 카페
http://cafe.naver.com/33neville

서른세개의 계단 유튜브 채널

서른세개의 계단 도서목록

The Law and the Promise

법칙과 약속

1 "법칙" 상상이 현실을 창조한다

2 그 안에서 살라

3 수레바퀴를 뒤로 돌려라

4 허상이란 없다

5 알 수 없는 전개, 확실한 결과

6 마음속의 형상

7 감정

8 우리를 비추는 거울을 넘어서

9 하나 되기

10 모습을 드러내지 않은 것들

11 토기장이

12 기억

13 소소한 것들

14 창조의 순간

15 "약속" 네 개의 신비한 경험들

자신과 다른 이들을 위해서 상상력을 사용해 유익한 것들을 창조했던 많은 분들이, 보이지 않는 상상의 실체에 대한 믿음을 서로에게 독려하기 위해 제게 많은 편지들을 보내왔습니다. 진심으로 이 분들에게 감사드립니다.

보내주신 모든 이야기들을 이 한권의 책에 싣기에는 공간이 부족했습니다. 이 이야기들을 선별하고 정리하는 힘든 작업을 해준 루스 메신저와 줄리니 브레이너드에게 진심어린 감사를 표하고 싶습니다.

네빌 고다드

Chapter 1 "THE LAW" IMAGINING CREATES REALITY
"법칙" 상상이 현실을 창조한다

인간은 상상력 그 자체이다.
하느님은 인간이고 우리 안에 존재하며,
우리는 그분 안에 존재한다...
인간의 불멸의 몸은 상상력, 곧 하느님이다.
[블레이크]

저는 이 책의 첫 부분에 여러 사람의 실제 경험담을 몇 개 실었는데, 이를 통해 상상이 어떻게 현실을 창조하는지에 대하여 알려드리려고 합니다.

과학은 가설을 세우고 실험을 통해 그 가설을 받아들일지 여부를 결정함으로써 발전합니다. 상상이 현실을 창조한다는 주장도 과학의 이러한 방식에 따르며, 제가 드리는 말씀이 진실인지는 직접 경험한 후 결정할 문제입니다.

우리가 살고 있는 세상은 상상력으로 만들어졌습니다. 실제로 삶, 그 자체도 상상의 결과입니다. 세인트 앤드류 대학의 모리슨 교수는 블레이크에 대해 이렇게 적었습니다. "블레이크에 따르면, 세상은 우리가 상상의 활동으로 알고 있는 것과 동일한 신적 활동에서 비롯된다." 그러면서 블레이크의 사명을 "하느님의 가슴, 즉 인간의 상상력 안에서 영원히 확장하고 있는 사념의 세계 속으로, 영원 속으로 인간의 불멸의 눈을 뜨게 하는 것"이었다고 말합니다.

세상 어떤 것도 스스로의 힘으로 모습을 드러내거나 존재를 유지할 수는 없습니다. 비교적 안정적인 상상의 활동이 사건들을 창조하기 때문에 그 일들이 일어나는 것이며, 또 사건들이 상상의 세상에서 영양을 제공받을 때에만 생명이 유지될 수 있습니다.

더글라스 포셋은 "상상의 비밀은 신비가들이 찾아 헤매는, 풀어야 할 문제 중 가장 중요한 것이다. 최상의 힘, 최상의 지혜, 최상의 행복은 이 아득한 과거의 비밀을 풀어냈을 때 존재한다"라고 말했습니다.

인간이 상상의 신비를 푼다면 상상이 현실을 창조한다는 원인세계의 비밀을 발견하게 될 것입니다.

따라서 자신의 상상 속에서 어떤 일이 일어나는지를 인식하는 사람은 지금 자신이 창조하고 있는 것이 무엇인지를 알 것이며, 나아가 인생의 드라마는 물질적인 것이 아니라 상상에 기반한다는 것을 보다 깊이 깨닫게 될 것입니다.

모든 활동의 근간에는 상상이 자리 잡고 있습니다. 상상력이 깨어난 자는 목적을 가지고 활동하며, 원하는 것을 창조하거나 그 존재를 유지하기도 하며, 원하지 않는 것을 변형시키거나 무너뜨리기도 합니다.

신의 상상과 인간의 상상은 별개의 두 가지 힘이 아니라 하나입니다. 다른 것처럼 보이지만, 이들 사이의 차이점은 힘의 본질에 있는 것이 아니라 힘의 강렬함에 있습니다. 상상의 힘이 강렬하게 작용한다면 상상의 활동은 곧바로 객관적인 형체를 띠게 됩니다. 반면에 그 힘이 낮게 조율된다면 상상 속의 활동은 시간의 간격을 두고 실현됩니다. 하지만 상상력이 강렬하게 작용하든 약하게 작용하든, "상상력이야말로 그곳으로부터 객관적인 것들이 생겨나는, 본질적으로 비객관적인 근원"[헤르만 키저링 백작, "철학자의 여행 일기"]입니다. 상상력에 뿌리를 내리지 않은 사물은 없으며, 만물은 다양한 상상의 세계의 일부분에 속해 있습니다.

피히테는 "객관적 실체는 오직 상상력을 통해 창조된다"고 말했습니다. 우리의 인식과 객관적 세계가 별개처럼 보이는 탓에, 세상이 상상력에서 기원한다는 사실을 종종 잊곤 합니다.

그러나 실제로 우리가 살고 있는 세상은 상상력으로 이루어진 세상이며, 우리가 그 사실을 인식하는지 여부와는 관계없이, 우리는 상상을 통해 현실을 창조하고 삶의 환경을 만들고 있습니다.

상상력은 인간에게 주어진 귀중한 선물이지만, 우리는 그것에 거의 관심을 기울이지 않습니다. 의식적으로 상상력이라는 선물을 받아들이고 사용할 준비가 되어 있지 않다면, 그 선물은 사실상 존재하지 않는 것과 마찬가지입니다.

우리 모두는 현실을 창조할 힘을 가지고 있지만, 그 힘을 의식적으로 사용하지 않기에 마치 죽은 것처럼 잠들어 있습니다. 우리는 창조의 핵심인 상상력 속에서 살고 있기에, 가장 현명한 삶은 상상력을 활용하는 삶입니다.

미래는 인간의 상상 활동과 본질적으로 다르지 않습니다. 따라서 원하는 상상을 자유롭게 불러내 현실로 만들 수 있는 사람은 자신의 운명을 지배합니다. 미래는 창조의 과정을 밟아가는 인간 상상력의 활동입니다. 상상은 시인, 예술가, 배우, 강연자뿐만 아니라 과학자, 발명가, 상인, 기술공의 창조력이기도 합니다. 사랑스럽지 않은 이미지를 무분별하게 만들어내는 것의 부정적 결과는 명확합니다. 반대로, 상상력을 지나치게 사용하지 않는 것 역시, 인간으로 하여금 실질적인 경험의 재산을 잃게 만들어 황폐화시킵니다. 해결하기 힘든 문제에 직면했을 때, 그 문제로부터 벗어나지 못하고 있는 것보다는 이미 문제가 해결되었다고 상상하는 태도가 훨씬 고귀합니다. 삶은 계속해서 주어지는 문제를 끊임없이 해결하는 과정입니다.

상상은 사건들을 창조합니다. 상상의 활동으로 만들어진 세계는, 그 안에 수없이 많은 상반되는 믿음들을 포함하기 때문에 완벽하게 안정적이거나 고정된 상태로 존재할 수 없습니다. 그래서 오늘 일어난 일은 어제 세워놓았던 질서를 반드시 흔들어놓습니다. 상상력은 언제나 기존의 평화를 어지럽혀 놓습니다.

외부 세상의 사실에 굴복하거나 현실을 그대로 받아들이지 마십시오. 현실보다 더 높은 곳에 존재하는 상상의 활동에 최고의 가치를 선언하고 세상 모든 것을 상상력에 굴복시키십시오. 당신의 이상을 상상 속에서 굳게 붙잡으십시오. 당신이 이상을 포기하지 않는 한, '그 무엇도, 그 누구도' 당신에게서 그것을 빼앗아 갈 수 없습니다. 오직 가치 있고 희망적인 결과만을 상상하십시오.

당신의 내면을 변화시키기 전에 외부의 환경을 변화시키려 하는 것은 자연의 섭리에 대항하는 것입니다. 내면의 변화 없이는 외부 변화도 일어나지 않습니다. 내면에 변화를 만들지 않고 당신이 무언가를 한다면 그것은 단지 표면만을 변형시키는 것입니다. 소망이 성취된 것을 상상하면, 그 상태와 하나가 되며, 그러한 일체감 속에서 당신은 변화된 상상에 맞춰 행동하게 됩니다. 이는 상상의 변화가 행동의 변화를 초래한다는 것을 보여줍니다.

하지만 한 상태에서 다른 상태로 넘어갈 때 겪는 일시적인 변화는 진정한 변화가 아닙니다. 그것은 한 상태에 잠시 머문 후, 곧 원래 상태로 되돌아갈 수 있기 때문입니다. 하지만 어떤 상태가 안정되어 지속적인 기분과 습관적 태도를 형성하게 되면, 그 습관적인 상태가 당신의 성격으로 자리 잡는 진정한 변형을 이루게 됩니다.

어떻게 그런 일을 할 수 있을까요? 비결은 자신을 내려놓는 것에 있습니다. 원하는 상태를 사랑하며, 그 상태 안에서 자신을 정신적으로 내려놓아야 하며, 더 이상 과거의 상태에 머물지 않아야 합니다. 당신이 사랑하지 않는 것에 자신을 맡길 수는 없습니다. 그렇기 때문에 자아를 맡기는 비결은 사랑이 더해진 믿음에서 비롯됩니다. 믿음은 불가능해 보이는 것을 믿는 것입니다. 소망이 이루어진 것처럼 느끼며 자신을 내려놓는 것, 이것이 실체를 창조할 것이라는 믿음으로 행동하십시오. 상상은 현실을 창조하기 때문에, 이러한 행위는 반드시 실현될 것입니다.

상상력은 현재 상태를 유지하거나 새롭게 변형시킬 수 있습니다. 기억과 감각에서 영양분을 받는 상상력은 현재 상태를 유지하지만, 원하는 모습을 상상할 때의 상상력은 광활한 범위의 환상으로부터 자신만의 세계를 창조하며 삶을 창조적으로 만듭니다. 이미지를 받아들일 때, 우리에게 가장 먼저 다가오는 것은 감각의 이미지입니다. 그러나 현재 감각이 받아들이는 인상도, 하나의 마음속 이미지일 뿐이며, 기억 속 이미지나 소망의 이미지와 다르지 않습니다. 감각이 제공하는 인상이 현실처럼 느껴지는 이유는, 개인의 상상력이 그 안에서 활동하고 그것으로부터 생각하기(thinking from) 때문입니다. 반면에 기억이나 소망을 현실로 만들지 못하는 이유는, 상상력이 그것들 안에서 활동하지 않고, 그것들을 생각하기(thinking of) 때문입니다.

만약 당신이 상상 속의 이미지와 하나가 된다면 창조적으로 변형된다는 것이 무엇인지 알게 될 것이고, 소망을 실현하게 될 것이며, 또한 당신은 행복하게 될 것입니다. 마음속 모든 형상은 형체를 부여받을 수 있습니다. 하지만 당신 자신이 그것과 하나가 되어, 그 마음속 형상으로부터 생각하지 않는다면 그것들은 태어날 수 없습니다.

따라서 단지 시간이 지나간다면 소망이 현실로 이루어질 것이라고 기대하는 것은 어리석은 짓입니다.

상상을 현실로 만들기 위해서는, 원하는 상태를 차지해서 그 상태 안에서 머물 것을 요구합니다. 따라서 원하는 상태 안에 머물지 않는다면 결과가 일어날 수 없다는 것은 명백합니다. 당신은 어떤 하나의 이미지 안에 있으면서 다른 이미지 안에서 일어나는 결과를 경험할 수는 없습니다.

상상력은 영적인 감각입니다. 소망이 성취된 상태로 들어가 그 상태가 현실이 되었다고 상상하며, 그 장면에 감각적인 생생함과 현실감을 부여하십시오. 장미를 들고 있다고 상상하고 그 향기를 맡아보세요. 장미가 실제로 없어도 그 향기를 느낄 수 있나요? 이는 영적 감각, 즉 상상의 시각, 청각, 후각, 미각, 촉각을 통해 내면의 이미지에 생생함을 부여할 수 있다는 것을 의미합니다.

　이를 통해 당신의 영적 감각을 활용하여 이미지에 실체 같은 생생함을 부여한다면, 모든 것이 당신의 수확을 돕기 위해 모여들 것입니다. 소망이 이루어진 후에 그것이 이루어진 과정을 돌아본다면, 꿈이 현실로 나타나도록 인도했던 사건들이 얼마나 솜씨 좋게 전개되었는지 알게 될 것입니다. 상상력이 소망을 성취하기 위해 고안했던 방법들은 당신이 결코 스스로 생각해내지 못했을 것입니다.

　현재의 감각에 얽매이지 않고 삶을 변화시키고자 한다면, 이미 원하는 모습이 되었다고 상상하며, 그 상황에서 느꼈을 감정을 현재 느끼십시오. 아이들이 상상 속에서 자신의 세계를 만들어내는 것처럼, 순수한 상상의 바다에서 당신의 세계를 창조하십시오.

　당신의 꿈 안으로 들어가 그것이 현실이라면 할 법한 행동을 마음속에서 하십시오. 부자가 꿈을 이루는 것이 아니라 상상하는 자가 꿈을 이룬다는 것을 알게 될 것입니다.

　현재의 당신과 소망이 성취된 당신 사이에는 현실이라는 것을 제외하고는 어떤 장벽도 존재하지 않습니다. 하지만 현실 자체도 상상의 창조물입니다. 내면을 바꾸면 현실도 변할 것입니다.

당신과 당신의 과거는 하나의 연속된 구조를 이룹니다. 이것은 여태껏 일어났던 모든 것을 포함하며 마음의 경계 밑에서 지금도 여전히 영향을 미치고 있습니다. 그것은 단지 과거로 여겨지면서, 변경할 수도 없는, 굳건히 고정된 것으로 보입니다. 그러나 과거는 생명을 지니고 있으며, 현재와 함께 살아 숨 쉬고 있습니다.

그 무엇도 사라지지 않기 때문에 과거의 잘못들을 뒤에 떨쳐버리고 떠날 수는 없습니다. 존재했던 모든 것은 지금도 존재하고 있습니다. 과거는 여전히 존재하면서 그 영향을 현재와 미래에 미치고 있습니다. 비록 그것이 먼 과거의 일이라도 인간은 그 기억 속으로 돌아가서 불행의 원인들을 찾아내어 무너뜨려야 합니다. 그렇게 과거의 장면들을 원래 그것이 존재했어야 하는 상태로 다시 재연하는 것을 교정이라고 말합니다. 그 교정으로 우리의 과거를 무효로 만들 수 있습니다.

당신이 삶을 바꾼다는 것은 과거를 바꾸는 것을 뜻합니다.

지금 일어나고 있는 불행의 원인은 교정되지 않은 과거의 장면 속에 있습니다.

과거와 현재는 인간의 구조 전체를 구성하면서 그 안의 내용물들을 실어 나르고 있습니다. 그 내용물에 하나의 변화가 일어난다면 현재와 미래에 하나의 변화가 찾아옵니다.

기억할 가치가 있는 것들만 마음속에 간직될 수 있도록 고귀하게 사십시오. 그렇게 살지 못해서 그것을 바로잡고 치유할 필요가 있다면, 가장 우선시되어야 할 것은 '교정'이라는 사실을 명심하십시오.

과거라는 것이 현재 안에서 재창조되는 것이라면, 과거를 교정하면 그렇게 교정된 과거가 현재 안에서 재창조될 것입니다. 만약 이 말이 거짓이라면, "그대 죄들이 주홍 같을지라도 눈같이 희게 될 것이다"[이사야 1:18]라는 성경 속의 주장 역시 거짓말이 될 것입니다. 하지만 그것은 거짓이 아닙니다.

앞으로 이어지는 경험담들 사이에 저의 설명들을 넣었습니다. 이 설명들은 내용상 연결된 14단원의 주제들을 가능한 한 간단하게 하나로 연결하기 위해서 쓰였고, 그것들은 '상상이 현실을 창조한다'는 주제로 일관성 있게 묶을 것입니다.

상상이 현실을 창조한다는 주장은 누구나 쉽게 할 수 있습니다. 그리고 다른 이의 경험으로 그 법칙의 진실여부를 따지는 것도 무의미할 뿐입니다. 이런 것을 넘어서 당신이 직접 "법칙"을 당신의 삶 속에서 건설적으로 사용하게끔 하는 것이 이 책을 쓰는 진정한 목적입니다.

Chapter 2 Dwell therein
그 안에서 살라

나의 하느님, 오늘 나는 들었습니다.
그 누구도 웅장한 저택을 지을 수는 없고,
오직 그 안에서 살려는 자들만이 그것을 지을 수 있다는 것을..
어떤 처소가, 인간이라는 것보다 더 웅장할 수 있을까요?
인간이 창조한 것들은 모두
부패해서 사라져가고 있습니다.

[조지 허버트]

이것이 인간의 고귀한 꿈들에도 적용되기를 바랍니다. 하지만 불행히도, 계속해서 저택을 지으며 그 안에서 살지 않는 것, 이것이 바로 인간의 흔한 잘못입니다. 웅장한 저택을 지으려고 하되, "그 안에서 살고자 하지 않는다면, 왜 그것을 지으려 합니까?" 왜 꿈같은 집을 짓고는, "그곳에서 살지" 않습니까?

이것은 깨어있는 채로 침대에 누워, 현실 같은 꿈을 꾸는 사람들의 비밀입니다. 그들은 자신의 꿈이 현실에서 나타날 때까지, 그 꿈 속에서 어떻게 살아야 하는지를 압니다. 통제된 깨어있는 꿈을 통해, 인간은 자신의 미래를 미리 결정할 수 있습니다. 소망이 성취된 느낌 속에 살아가는 상상은, 꿈의 실현으로 이끄는 사건들의 다리를 놓습니다. 우리가 꿈 속에서 살 때(이는 꿈을 생각하는 것이 아니라 꿈으로부터 생각하는 것), 상상력이 지니고 있는 창조의 힘은 우리의 새로운 상상에 대답을 줄 것이고, 생각하지도 못했던 사이에 우리 곁에 찾아와 있을 것입니다.

　인간은 상상력 그 자체입니다. 상상력이 우리 자신이기 때문에, 우리가 상상 속에서 서 있는 곳이 바로 우리가 실제로 존재하는 곳입니다. 상상력이 감각이나 신체의 공간적 한계에 구속되지 않는다는 것을 깨닫는 것은 매우 중요합니다.

　인간은 자신의 육체가 움직이는 것에 따라 공간 속에서 움직이지만 우리는 그런 한계에 사로잡혀 있을 필요가 없습니다. 우리는 인식하는 것을 변화시킴으로써 이동할 수 있습니다. 우리의 시선을 묶고 있는 현실이 아무리 실재처럼 보이더라도, 우리는 한 번도 본 적이 없는 것을 앞에 놓인 것처럼 볼 수도 있습니다. 만약 세상을 어떤 것이라고 정의해놓은 자신의 관념을 엎어버릴 수만 있다면 언제라도 당신은 저 산을 사라지게 할 수도 있습니다. 사물을 지금 있는 그대로의 모습으로 보는 것에서 벗어나, 사물이 마땅히 존재해야 하는 모습으로 마음속 시선을 옮기는 능력은 인류가 이룩한 가장 위대한 발명입니다. 이를 깨달았을 때, 우리는 환경, 타인, 또는 자신의 마음을 변화시켜 사건의 진로를 바꿀 수 있는 상상의 주체로서 모습을 드러냅니다.

　다음 글에 등장하는 의사와 그의 부인은 오랫동안 웅장한 건물을 꿈꿔왔습니다. 하지만 상상 속의 웅장한 건물 안에 살기 전까지는 그 것들이 세상에 모습을 드러내지 않았습니다. 다음은 그 의사와 아내의 이야기입니다.

"대략 15년 전, 아내와 저는 한 부지를 구입하여 2층 건물을 지었습니다. 이 건물에는 우리의 사무실과 거주 공간이 마련되었으며, 부지에는 나중에 건물을 지을 수 있도록 충분한 공간을 남겨두었습니다. 그동안 우리는 모기지 상환에 바빴고, 그 기간이 끝난 후에는 우리가 간절히 원하던 건물을 짓기 위한 자금이 없었습니다. 사실 우리가 하는 사업을 위해 모아놓은 예금이 꽤 있었지만, 새로운 건물을 짓는 데에 이 돈을 쓰면 사업이 힘들어질 수 있겠다는 생각이 들어 쓰지 않기로 했습니다.

"하지만 상상력을 효과적으로 활용한다면, '돈 한 푼 없이도' 원하는 것을 얻을 수 있다는 것을 배웠던 것이 떠올랐습니다. 그래서 우리는 선생님이 가르친 방법을 시험해보기로 결정하고, '돈'에 대한 생각은 전혀 하지 않고 우리가 세상에서 가장 이루고 싶어 하는 건물에만 집중하기로 했습니다.

"이 원칙을 염두에 두고 건물의 완성된 모습을 마음속에서 더 명확하게 하기 위하여 실제로 그림도 그려보면서, 우리가 원하는 새 건물을 마음으로 지어 보았습니다. 결과에서 생각하는 것을 잊지 않으면서 (우리의 경우에는 건물이 완성되고, 그 건물들에 사람이 꽉 찬 모습이었습니다), 우리의 건물에 대하여 상상을 통해서 많은 경험들을 해봤습니다. 세입자에게 세를 내주기도 하고 모든 방들을 세세하게 살펴보기도 하며, 친구가 우리의 성과에 대해 칭찬을 해주면 우리가 자랑스러운 마음으로 기뻐하는 것 등의 상상을 해봤습니다. 우리가 상상하는 장면 속에 특정한 친구 하나를 끌어들였습니다. 편의상 X라고 부르겠습니다. 이 친구는 우리의 이러한 새로운 사상을 괴상한 것이라고 생각하여 얼마 동안 연락이 끊긴 상태였습니다. 상상 속에서 이 친구를 데리고 와서 이 건물에 대해 어떻게 생각하는 지에 대해 물었습니다. 그녀의 목소리가 아주 뚜렷하게 들렸습니다. '의사선생, 너무 환상적이야!'

"하루는 우리 건물에 대한 이야기를 하던 중, 아내가 우리 이웃에서 여러 건물을 지은 건축업자에 대해 언급했습니다. 우리가 그에 대해 아는 것은 건설 중인 건물 옆 표지판에 적힌 이름뿐이었습니다. 하지만 결과에서 살고 있다면 건축업자를 찾지 않을 것을 깨닫고, 그 생각을 즉시 머릿속에서 지웠습니다. 몇 주에 걸쳐서 매일같이 상상하는 시간을 계속 보내자, 우리 부부는 이제 원하는 것에 완전히 '융화되었고' 성공적으로 결과에서 살고 있다는 것을 느꼈습니다.

"어느 날, 한 낯선 사람이 우리 사무실에 찾아와서 인사를 했습니다. 아내가 몇 주 전에 언급했던 건축업자였습니다. 망설이는 투로 '왜 여기에 찾아오게 됐는지 모르겠어요. 평소에는 제가 사람을 만나러 가지는 않고 사람들이 오히려 저를 찾는데 말이죠'라고 말했습니다. 그는 이곳을 지나다니면서 왜 이 땅 모퉁이에는 건물이 없는지 궁금했다고 말했습니다. 우리도 그곳에 건물을 짓고 싶었는데 계획을 실행에 옮길만한 돈이 없고, 그게 설사 몇백 달러밖에 들지 않는다 해도 여유가 없다고 말했습니다.

"우리의 냉담한 반응에도 불구하고, 그 건축업자는 당황하지 않았으며, 우리의 부탁도 없이 건물을 지을 방법을 모색하기 시작했습니다. 그 일을 잊고 있었는데, 며칠 후 그가 다시 찾아와 건물 계획이 완성되었고 비용이 3만 달러가 될 것이라고 말했습니다. 우리는 그에게 예의 바르게 감사를 표했지만 아무것도 하지 않았습니다. 우리는 이미 완성된 건물에 대한 '상상 속의 결과에서 살고' 있었으며, 상상력이 '외부' 도움 없이 그 건물을 완벽하게 만들어낼 것임을 알고 있었습니다. 그래서 다음날 그가 다시 찾아와 우리의 요구에 거의 완벽하게 부합하는 설계도를 파일에서 찾았다고 말했을 때 놀라지 않았습니다. 이것은 새로운 설계도에 대한 수수료를 절약할 수 있다고 했습니다. 우리는 다시 감사를 표했지만 아무런 행동도 취하지 않았습니다.

"현실적으로 사고하는 사람들은 문제 해결에 대해 이렇게 무관심한 반응을 보인다면 어떠한 해결책도 찾을 수 없을 것이라고 말할 것입니다. 그러나 이틀 후, 건축업자가 다시 찾아와 필요한 대출을 해줄 수 있는 금융회사를 찾았다고 말했을 때에도 우리는 아무런 조치를 취하지 않았습니다. 놀라운 제안이었지만, 우리는 아무것도 하지 않았습니다. 왜냐하면 우리에게 그 건물은 이미 완성되어 있고 모든 임대료가 지급되었으며, 상상 속에서 이 건물을 짓는 데 단 한 푼도 들이지 않았기 때문입니다.

"이 이야기의 뒷부분은 '이상한 나라의 앨리스'의 후속편처럼 들립니다. 건축업자는 다음날 우리 사무실에 찾아와 선물을 주듯이 말했습니다. '당신들은 어쨌든 새 건물을 가지게 될 겁니다. 저는 나머지 대출금을 직접 자금 조달하기로 결정했습니다. 동의하신다면 제 변호사가 계약서를 가져올 것이고, 당신들은 임대 수익으로 저에게 갚으시면 됩니다.'

"이제야 우리는 행동을 취하기 시작했습니다! 계약서에 서명을 했고 곧 건물이 세워지기 시작했습니다. 완공되기 전까지 대부분의 아파트는 임대되었으며, 완공되는 날까지 거의 모든 곳의 계약이 끝났습니다. 지난 몇 달 동안 일어났던 기적같이 보이는 일들 때문에 전율을 느끼고 있어서 잠시 동안 상상 속의 완벽한 그림에 '결함'이 있다는 사실을 알아차리지 못했습니다. 하지만 이 모든 것을 상상의 힘을 이용해서 이루어 냈다는 것을 알기 때문에 곧 이런 결함을 보정하기 위해 다른 장면을 상상하는 것에 착수했습니다. 우리는 사람들에게 방을 보여주며 그들이 '우리가 계약하겠어요'라고 말하는 것을 상상하는 대신에, 상상 속에서 이미 그곳에 이사 온 세입자를 방문했습니다. 상상 속에서 그들은 우리에게 방을 보여주면서 만족스러운 평가를 했습니다. 3일이 지나자, 그 비어 있던 곳도 계약되었습니다.

"우리가 원래 상상했던 내용들은 세세한 면까지 모습을 드러냈습니다. 다만 한 가지가 빠졌습니다. 그런데 그것도 친구 X가 우리의 새 건물이 보고 싶다고 말했을 때 현실이 되었습니다. 우리는 즐겁게 건물 이곳저곳을 그녀에게 보여주었고, 그런 후에 우리가 오래전에 상상했던 그 말을 또박또박 했습니다. '의사선생, 너무 환상적이야!'

"15년간 꿈으로 간직해오던 일이 현실로 이루어졌습니다. 만약 우리가 상상의 비밀을 알고 소망의 '결과에서 사는' 방법을 알았더라면, 지난 15년 중 언제라도 그 꿈은 현실로 이루어졌을 것임을 알게 되었습니다. 어쨌든 이제 그 욕망은 현실이 되었습니다. 우리의 가장 커다란 꿈이었던 것이 세상에 모습을 드러냈습니다. 우리는 이것을 이루는 데에 돈 한 푼 들이지 않았습니다."

Dr. M.

꿈이라는 매개체를 통해서, 즉 '통제되고 깨어있는 꿈'을 통해서 의사와 아내는 현실을 창조했습니다. 그들은 꿈꾸던 집에서 어떻게 살 수 있는지를 배웠고 이제는 현실 세상에서도 그 꿈꾸던 집에서 살게 되었습니다. 물론 도움은 외부에서 찾아온 듯 보이지만 사건이 이루어진 과정들은 의사 부부의 상상이 근본적으로 좌우했습니다. 의사 부부의 상상 속의 드라마는 관계된 모든 이들을 그들에게 끌어당겼습니다. 왜냐하면 그 드라마는 그 사람들을 필요로 했기 때문입니다. 부부의 상상 속의 세상이 그것을 요청했습니다.

만물은 신의 섭리에 따라 또 다른 것 안에서 하나로 섞이더라.
[퍼시 비시 셸리, "사랑의 철학"]

다음 이야기는 한 여성이 상상 속 "웅장한 저택" 안에서 잠들어, 즉 "그 안에서 거주하여" 자신의 저택을 준비하는 방법을 보여주고 있습니다.

"몇 달 전, 남편은 집을 내놓기로 했습니다. 집을 옮기려는 주된 이유는 남편과 저, 그리고 제 어머니와 이모 그리고 열 마리의 고양이, 세 마리의 개, 그리고 한 마리의 앵무새가 함께 살기에 충분한 집을 구하려는 것입니다. 믿기 어렵겠지만, 이 이사는 남편의 생각이었습니다. 남편은 저희 어머니와 이모를 좋아했는데 제가 대부분의 시간을 친정에서 보내니까, 친정과 합쳐서 세금을 하나로 줄이는 것이 어떻겠냐고 제게 제안했습니다. 저는 굉장히 좋았습니다. 그런데 새로 구해야 할 집은 규모나 위치, 구조, 모든 것을 생각해 볼 때 아주 특별해야 했습니다. 왜냐하면 같이 사는 사람들 모두에게 사생활이 보장되어야 하기 때문입니다.

"그 당시, 현재 우리가 살고 있는 집을 팔아야 할지 말아야 할지 결정을 내리지 못한 상태였는데 이걸로는 남편과 의논하지 않았습니다. 왜냐하면 상상에 대한 제 경험을 봤을 때 제가 이 집에서 '잠에 드는 것'을 그만둘 때까지 집은 팔리지 않을 것임을 알고 있었기 때문입니다. 두 달 동안 네다섯 명의 부동산 중개인이 집을 보러 왔지만, 남편은 집을 파는 것에 대한 희망을 포기했습니다. 중개인들도 마찬가지였습니다. 이때 저는 제가 지금 변화를 원한다는 것을 깨달았습니다. 그래서 나흘 동안 상상 속에서, 살고 싶은 집에서 잠에 들었습니다. 다섯째 날, 남편은 친구의 집에 초대되었는데 그곳에서 우연히, 우리가 살고 있는 언덕에 집을 구하려는 사람을 만났습니다. 그래서 당연히 집으로 그를 데려왔습니다. 그 사람은 예전에 한 번 우리 집 근처를 지난 적이 있었고, '내가 이 집을 사겠어'라고 결심했다고 합니다. 이렇게 집을 판다면 중개료가 들지 않게 됩니다. 중개료를 절약할 수 있다는 것이 아주 좋았습니다! 열흘 안에 짐을 꾸렸고 새집을 구하는 동안 어머니 집에 머물렀습니다.

"우리는 다른 곳으로 이사 가는 것을 원하지 않았기에 선셋가에 위치한 부동산들만 찾아가서, 구하고자 하는 집을 설명했습니다. 들려온 대답은 우리가 원하는 조건이 너무나 터무니없다는 것이었습니다. 영국풍의 오래된 집에, 두 개의 독립된 거실과 두 개의 독립된 건물, 하나의 서재가 있는 데다가, 특정한 지역에 위치하면서 평평한 작은 언덕 위에 지어져 있어야 하고, 커다란 개들이 있을 만한 충분한 정원이 있는 집을 찾는다는 것은 조금도 가능성이 없다고 말했습니다. 게다가 우리가 지불할 수 있는 가격을 말해줬더니 그저 우리를 슬픈 눈으로 쳐다봤습니다.

"하지만 우리가 원하는 것은 그게 전부가 아니라고 말했습니다. 우리는 패널 벽이 집을 둘러싸고 있어야 하고 거대한 벽난로가 있어야 하며 아주 전망이 좋아야 하고 가까이에 이웃이 살지 않게 떨어져 있는 것을 원한다고 말했습니다. 그러자 여자 중개인이 깔깔대며 웃고는, 그런 집은 있지도 않을뿐더러 만약 있더라도 우리가 지불하겠다는 금액의 다섯 배는 내야 될 거라고 말했습니다. 하지만 그런 집이 있다는 것을 알고 있었습니다. 왜냐하면 저의 상상력은 그 집에서 잠들었고, 상상력이 바로 나라면, 저는 실제로 그 집에서 잠에 든 것이기 때문입니다.

"둘째 주에 우리는 다섯 군데의 부동산을 지치게 만들고, 여섯 번째 부동산을 들렀습니다. 그곳에서 조용하게 있던 한 명의 중개인이 '킹스 로드에 있는 곳을 보여주는 건 어때?'라고 말했을 때 옆에 있던 중개인은 그를 힐난하는 눈으로 쳐다봤습니다. 다른 중개인은 기분 나쁘게 웃으면서 말했습니다. '그곳은 심지어 팔겠다는 리스트에 올라와 있지도 않아요. 게다가 그 노부인은 당신들을 내쫓아버릴걸요. 그녀는 2에이커를 가지고 있지만 그걸 나눌 생각이 없다는 걸 알잖아요.'

"그런데 그녀가 무엇 때문에 그 땅을 나누려 하지 않는지에 대해서는 몰랐습니다. 하지만 그 거리는 제가 가장 살고 싶었던 곳이었기 때문에 흥미가 솟았습니다. 그래서 그냥 재미 삼아라도 한번 보여 달라고 부탁했습니다. 차를 타고 그곳으로 이동했고 개인 도로에 접어들자 삼나무와 벽돌로 지어진 영국풍의 거대한 이층집이 보였습니다. 큰 나무로 둘러싸여 있었고 건물의 많은 창들을 통해 밑으로는 도시가 보이는, 작은 언덕에 세워진 외떨어진 집이었습니다. 정문으로 들어갈 때 묘한 흥분을 느꼈고 기품 있어 보이는 아주머니가 반갑게 맞이해 주었습니다.

"들어선 순간, 이제까지는 본 적 없는 가장 세련된 실내가 눈앞에 펼쳐져 있어서, 숨이 턱 막히는 기분이었습니다. 단단한 삼나무 벽과 거대한 벽난로가, 커다란 삼나무 대들보가 있는 28피트나 되는 아치형 천장에서 만나고 있었습니다. 방은 디킨스의 소설에서 나온 듯했고, 위층 주방의 발코니에는 크리스마스 캐럴이 흘러나오는 듯했습니다. 성당에서나 볼 수 있는 거대한 창문에는 하늘과 산 그리고 저 아래쪽에 펼쳐진 도시의 풍경을 비추고 있고, 아름답고 오래된 삼나무 벽은 햇빛을 받아 반짝였습니다. 아주머니는 서재와 따로 분리된 입구며 안뜰과 연결된 아래층의 건물을 보여줬습니다. 두 개의 계단은 두 개의 독립된 침실과 독립된 세면실로 연결되어 있고, 그 끝에는 나무들과 삼나무 펜스로 가려진 두 번째 안뜰로 향하는 두 번째 거실로 이어져 있었습니다.

"이 집이 아름다운 풍경을 가진 2에이커의 대지 위에 세워진 것을 보고, 왜 중개인이 '그녀는 부동산을 나누지 않을걸요'라고 말했는지 이해할 수 있었습니다. 하나의 에이커에는 거대한 수영장과 수영장에 딸린 집이 본채와는 따로 떨어져 있었지만 의심할 여지 없이 본채에 속해 있기 때문입니다. 우리가 수영장이 딸린 집을 포함해 2에이커 모두를 사기에는 높은 세금을 감당할 수 없었습니다.

"집을 떠나기 전에 화려한 거실을 지나 걸었고, 한 번 더 위층으로 올라가 주방의 발코니에 올라갔습니다. 뒤를 돌아서 밑을 내려다봤을 때 남편이 벽난로 옆에서 담배를 들고서 흡족한 얼굴을 하고 있는 것을 볼 수 있었습니다. 발코니 난간을 잡고는 잠시 동안 남편을 쳐다봤습니다.

"우리는 다시 부동산 사무실로 돌아왔고 세 명의 중개인은 문단을 준비를 했습니다. 그런데 남편이 그들을 붙잡고 이야기했습니다. '그 부인에게 제안을 한번 해봅시다. 어쩌면 그분이 부동산을 나눌 수도 있을 겁니다. 우리가 잃을게 뭐가 있어요?' 부동산 중개인 한 명은 말

없이 사무실을 떠났습니다.

"또 다른 중개업자가 말했습니다. '어리석은 생각이에요.' 우리와 처음에 이야기했던 중개인이 말했습니다. '잊어버려요. 그냥 꿈같은 이야기예요.' 남편은 쉽게 포기하지 않았습니다. 그때는 정말 세상에 이렇게 질긴 사람이 또 있을까, 라는 생각이 들 정도였습니다. 남편은 화가 난 듯했습니다. 앉으면서 책상을 치면서 고함을 쳤습니다. '우리의 제안을 전하는 것이 당신들이 할 일이에요. 그렇죠?' 중개업자들은 그건 맞는 말이라 했고 결국 우리의 제안을 전하기로 했습니다.

"우리는 집으로 돌아왔습니다. 그리고 그날 밤 상상 속에서 주방의 발코니에 서서 남편이 벽난로 옆에 서 있는 것을 봤습니다. 남편은 제가 있는 곳을 보더니 제게 말했습니다. '우리의 새 보금자리가 마음에 들어?' '너무 좋아.' 그리고 저는 잠들 때까지 아름다운 방을 보고, 남편을 보고, 제가 발코니의 난간을 잡고 있는 것을 계속 '느꼈습니다.'

"다음 날 식사를 하고 있을 때 전화벨이 울렸습니다. 중개인은 자신도 믿기지 않는다는 목소리로, 집주인이 우리의 제안을 받아들였다고 말해줬습니다. 집주인은 부동산을 둘로 나누고 그 집과 땅을 우리가 제안한 가격에 팔겠다고 했습니다."　　J. R. B

‥몽상가들은 종종 침대에서 깨어있는 채로…
그것들이 진실인 것처럼 꿈을 꾸지….
[셰익스피어, "로미오와 줄리엣"]

우리는 상상의 길을 선택할 것인지, 아니면 감각이 제시하는 길을 선택할 것인지 결정해야 합니다. 이 선택에는 타협이나 중립이 불가능합니다. "나를 따르지 않는 자는 나에게 반대하는 것이다." [마태복음 12:30, 누가복음 11:23] 자신의 감각을 나라고 생각하지 않고, 자신의 상상력이 나라고 생각한다면 종국에는 현실을 이루고 있는 본질을 발견하게 될 것입니다.

자칭 현실주의자라는 사람들이 제게 와서는, 단순히 이미 원하는 모습이 되었다 상상하는 것만으로는 결코 자신의 꿈을 실현시키지 못할 것이라고 경고합니다. 그러나 그것은 사실이 아닙니다. 원하는 것이 이미 실현된 것처럼 상상한다면, 당신은 꿈을 이룰 수 있습니다. 이 책에 모아놓은 이야기들이 바로 그것을 증명합니다. 만약 사람들이 자신의 꿈을 통제된 깨어있는 꿈으로, 소망이 이루어진 느낌으로 살 준비가 되어 있다면, 상상력의 힘은 그들의 담대한 상상에 응답할 것이고, 성취된 소망은 부지불식간에 그들에게 쏟아져 내릴 것입니다.

상상력을 완전히 깨워 기적을 현실로 만들어내는 사람에게는 매일의 일상이 경이롭습니다. 상상 속에서 무슨 일이 일어나고 있는지 관찰하십시오. 당신이 알고 있는 최상의 것보다 더 위대한 것을 상상하여 당신 자신과 다른 이들을 위해서 더 위대한 세상을 창조하십시오. 소망이 아직 실현되지 않았다 해도, 이미 이루어진 것처럼 살아가십시오. 그렇게 함으로써 기다림의 시간을 단축시킬 수 있습니다. 세상은 단단한 실체가 아니라 상상 속의 이미지입니다. 역사의 방향은 눈먼 운명에 의해 결정되는 것이 아니라 당신의 상상력이 결정합니다.

Chapter 3 Turn the wheel backward
수레바퀴를 뒤로 돌려라

오. 트로이가 불길에 휩싸이지 않도록,
당신의 강인한 상상력으로 거대한 수레바퀴를 뒤로 돌려라.
전 시대를 거쳐 지나온 모든 삶은,
계속해서 주어지는 거짓된 문제들을
끊임없이 풀어내는 것에 불과하다.
[웰즈(H.G Wells)]

 완벽하게 고정되거나 정지되어 아무런 변화도 일어나지 않는 상태는 도달할 수 없습니다. 우리가 얻어낸 결과들은 항상 개개인들이 처음에 목표했던 것보다 높은 곳을 바라보게 합니다. 그래서 인간이 창조의 진화의 길을 걷게끔, 새로운 해결책을 요구하는 새로운 내적인 갈등을 만들어냅니다. "그분의 손길은 무한하고 모든 마지막을 보다 먼 곳으로 인도한다." [조지 메러디스, "색채에 대한 찬가"] 오늘 겪게 된 사건들은 어제 세워놓은 상태를 뒤흔들어 놓습니다. 창조활동을 하고 있는 상상력은 마음에 존재하는 평화를 언제나 뒤흔들어 놓습니다.
 다른 이들의 모습을 더 좋은 모습으로 상상하고, 편지의 내용을 내가 원하는 것으로 다시 써내며, 면접 봤던 장면을 내가 바라는 상황으로 다시 써내는 것만으로, 어떻게 변하지 않는 듯 보이는 현실을 바꿀 수 있냐는 의문이 들지도 모릅니다. 하지만 상상이 현실을 창조한다는 저의 말을 기억하십시오. 상상이 현실이라는 것을 만들었다면 다시 상상을 통해 현실을 부수어 버릴 수도 있습니다. 우리의 상상력은 기억이 제공하는 이미지로 현재의 삶을 유지하는 것뿐만 아니라, 이미 존재하는 현실을 새롭게 써서 변화를 만들어낼 수도 있습니다.

정의롭지 못한 집사의 비유에서 이 질문에 대한 답을 들을 수 있습니다. 상상력을 "불법적으로" 이용하는 방법으로, 이미 존재하는 현실을 정신적으로 위조하는 것입니다. 즉, 상상력을 의도적으로 사용해 이미 경험한 사건을 새롭게 쓰는 것을 통해 우리 세상을 바꿉니다. 상상력 안에서 이런 일들은 모두 이루어집니다. 이런 정신적 위조행위는 비난받지 않을 뿐만 아니라 복음서 안에도 실제로 나옵니다. 이 위조의 방법을 통해, 불행의 원인을 우리 안에서 제거하기도 하고 친구를 만들기도 합니다. 게다가 성경에서는 이 교정의 힘을 통해 정의롭지 못한 집사가 자신의 주인으로부터 신뢰받을만한 가치가 있다는 칭찬을 받았습니다.

상상력을 통한 현실 창조의 힘으로, 용서받기 어려웠던 과거의 기억들도 새롭게 교정할 수 있습니다. 우리는 상상력인 우리와 우리가 머물러 있는 상태를 구분하는 것을 배워야 합니다. 정의롭지 못한 집사는 다른 이의 불행을 보고 자신이 원하는 모습으로 그를 상상합니다. 현실을 교정해야 한다면, 자신의 꿈 속으로 들어가 '원하는 일이 일어난 이후'의 상황을 상상하며, 그 상태에서 잠에 들어야 합니다. 모든 사람이 이런 방식으로 불공정한 집사가 되어 삶의 현실들을 마음속에서 변화시킬 수 있기를 바랍니다. 상상 속의 변화는 변화된 패턴이 현실이 될 때까지 지속됩니다. 우리의 미래는 창조를 하는 우리 상상력의 활동입니다. 가장 원대한 꿈이라고 생각하는 것, 그보다 더 높은 것을 이상으로 만드십시오.

과거를 교정하는 것은 새로운 내용으로 삶을 재구성하는 과정입니다. 우리는 매일 자신이 원했던 대로 하루를 다시 살면서, 그날의 장면들을 자신의 이상에 맞게 수정해야 합니다.

실망스러운 소식을 전하는 편지 한 통을 오늘 받았다고 가정해보세요. 그러면 당신이 할 일은 그 편지를 새롭게 쓰는 것입니다. 마음속에서 당신이 받았으면 하는 내용으로 다시 쓰세요. 원하는 내용의 편지를 상상 속에서 계속 반복해 읽어서 자연스러운 느낌이 일어난다면 그것은 현실에서도 모습을 드러낼 것입니다. 바로 이것이 경험을 새로 쓰는 것의 핵심이고, 잘못된 하루의 일과를 무효로 만드는 것입니다. 다음 F.B의 경험담 속에 잘 나타나 있습니다.

"7월 말경, 재정적으로 부담이 되었던 토지를 팔기 위해 부동산 중개인에게 편지를 썼습니다. 그에게서 돌아온 답변은, 그 지역에서 땅을 판다는 것이 얼마나 힘든가에 대한 이유들이었습니다. 그리고 올해가 지날 때까지 기다려야 한다고 말했습니다.

"목요일에 편지를 받았는데 저는 이 편지를 상상 속에서 다시 새롭게 썼습니다. 제가 갖고 있는 토지의 목록을 중개인이 보기 원한다는 편지로 바꿨습니다. 이렇게 새롭게 쓴 편지를 상상 속에서 읽고 또 읽었습니다. 그리고 선생님의 책 『씨 뿌릴 때, 수확할 때』에 나오는, 제작자, 작가, 감독, 배우라는 네 명의 전능한 존재를 이용해서 상상 속의 드라마를 펼쳤습니다.

"상상 속의 무대에서, 저는 제작자로서 '이 토지는 이윤을 남기고 팔릴 것'이라는 주제를 설정했습니다. 이어서 작가로서, 저는 부동산에서 중개인과 악수를 하며 '감사합니다, 사장님'이라고 말하는 장면을 구상했습니다. 그러자 중개인이 '선생님과 거래할 수 있어 오히려 저희가 더 기쁩니다'라고 답하는 성공적인 상황을 상상했습니다. 그리고 감독으로서, 이 장면이 현실감 넘치게 되어 부담이 실제로 해소됐을 때의 안도감을 느낄 때까지 배우인 저를 계속 반복 연습시켰습니다.

"3일 후, 처음 편지를 보냈던 중개인으로부터 제가 제시한 가격에 토지를 사겠다는 사람이 나타났다는 전화를 받았습니다. 다음날 중개 사무실에서 계약을 마치고 '감사합니다, 사장님'이라고 말하자, 중개인은 '선생님과 거래할 수 있어 오히려 저희가 더 기쁩니다'라고 답했습니다.

"상상 속의 장면을 구성하고 실행한 지 5일 만에 그것이 현실이 되었고, 제가 상상에서 들었던 대로 한마디 한마디가 실제로 연출되었습니다. 저에게 안도와 기쁨의 감정이 일어났습니다. 그것은 단순히 제가 부동산을 팔았다는 것 때문만이 아닌, 상상 속에서 펼쳐진 드라마가 현실이 된다는 더 이상 논쟁할 수 없는 결과물을 얻었기 때문이었습니

다." F.B

　성취된 결과만이 전부라면, 얼마나 허무할까요! 하지만 F.B는 자신의 내면에 숨겨진, 운명을 의도적으로 창조할 수 있는 힘을 발견했습니다. 삶의 사건들을 마음속에서 고쳐 쓸 때, 수동적으로 반응하기만 하던 인간은 적극적인 창조자로 변모합니다. 이런 적극적 창조 행위는 과거의 지루한 반복을 끊고, 점진적으로 확장되는 미래를 만들어갑니다. 만약 인간이 항상 완벽하게 창조하지 못한다면, 그것은 그가 자신의 비전에 충실하지 않거나, 자신이 원하는 것을 생각하기만 하고, 이미 소망이 성취된 상태로부터 생각하지 않기 때문입니다.

　인간은 한편으로는 자신의 감각에 매여 있기도 하고 또 다른 한편으로는 자유롭게 꿈을 꾸기도 하는, 내적 갈등을 겪는 아주 경이로운 존재입니다. 한 사람 안의 이러한 갈등은 사회적으로도 반영됩니다.

　삶은 환상적인 모험입니다. 복잡해 보이는 문제들이 이미 해결된 것처럼 상상하는 창조적인 삶은, 욕망을 억제하거나 없애는 것보다 훨씬 고귀합니다. 모든 욕망은 상상을 통해 현실로 창조될 수 있습니다.

　"꿈을 꾸면서도 잠들지 않으려 하나?"[존 번연, "천로역정"] 매일 밤, 잠들기 전에 그날의 일과를 되돌아보고 고쳐 쓰려고 노력하세요. 문제가 해결된 장면을 명확하게 시각화하고 그 장면 속으로 들어가 보세요. 새롭게 써낸 상상 속 장면들은 다른 사람들에게 큰 영향을 줄 수 있지만, 그것은 당신이 걱정할 일이 아닙니다. 다음 이야기에서 영향을 받은 '다른 사람'은 그 영향에 대해 깊이 감사하고 있습니다. J.E 부인이 전하는 이야기입니다.

"지난 8월, 친구의 소개로 만난 한 남자에게 마음이 갔습니다. 이런 일이 가끔 일어난다는 건 알고 있었지만, 저에게 일어날 줄은 몰랐죠. 그는 제가 꿈꿔온 이상적인 배우자였습니다. 그 황홀한 만남이 있고 이틀 후, 일 때문에 이사를 가야 했고, 저를 소개해준 친구도 다른 곳으로 이사를 갔습니다. 그 남자는 제 새주소를 모를 거라 생각했고, 심지어 제 이름조차 기억할지 확신할 수 없었습니다.

"선생님의 강의 후, 제 상황을 선생님에게 말씀드렸습니다. 다른 사람들과의 데이트는 많았지만, 이 남자만큼은 잊을 수 없었습니다. 선생님의 강의는 우리의 일상을 교정하는 것에 대한 것이었고, 선생님이 말씀하신 대로 매일의 일과를 교정하기로 결심했습니다. 그날 밤 잠들기 전에, 지금처럼 다른 세 명의 친구들과 집을 같이 쓰면서 잠든 것이 아니라 완전히 다른 침대에서 결혼한 상태로 잠에 드는 것을 느꼈습니다. 상상 속에서 왼손에 결혼 반지를 돌리며 '정말 멋져! 이제 정말 J.E의 아내가 됐구나!'라고 반복했습니다. 이 깨어있는 꿈을 꾸며 잠에 들었습니다.

"이 상상을 한 달간 매일 밤 반복했습니다. 10월 첫 주, 그가 저를 찾아왔습니다. 두 번째 만남에서, 저는 제 꿈이 현실로 자리 잡았음을 알았습니다. 선생님은 우리에게 욕망이 현실이 될 때까지 소망하는 결과에서 살라고 가르쳤습니다. 그가 저에 대해 어떻게 느끼는지 몰랐지만, 저는 매일 밤 꿈이 이루어진 것처럼 살았습니다.

"결과요? 11월에 그는 제게 청혼을 했습니다. 그리고 1월에 약혼을 했고, 5월에 결국 결혼에 골인했습니다. 하지만 가장 멋진 건, 제가 꿈꾸던 것보다 지금 더 행복하다는 겁니다. 그리고 남편 역시 진심으로 행복하다는 것을 알고 있습니다." J.E부인

그녀는 과거의 이미지를 그대로 받아들이는 것에 그치지 않고, 순수한 상상의 꿈에서 자신의 세계를 만들며 상상력을 건설적으로 사용해 꿈을 현실로 만들었습니다. 오감은 통상 기억에서 제공하는 이미지를 받아들이려 합니다. 만약 그녀가 자신의 오감에만 의존했다면, 삶은 결핍된 현실을 계속해서 제공했을 것입니다. 그녀의 상상력은 그녀가 원하는 것을 상상의 바다에서 창조해냈습니다. 우리 모두는 온전히 상상의 세계에서 살아야 하며, 이는 의식적이고 적극적으로 이루어져야 합니다.

사랑에 빠진 자와 미쳐있는 자는,
차가운 이성이 이해하는 것보다 더 많은 것을 알 수 있는
펄펄 끓는 뇌와 현실 같은 상상력을 가진다.
[윌리엄 셰익스피어, "한 여름 밤의 꿈"]

우리가 교정의 시간을 잘 사용했다면, 더 이상 결과에 대해 걱정할 필요가 없습니다. 애정을 쏟은 우리의 희망은 현실에 모습을 드러낼 것입니다.

너는 실재하는가, 지구여? 나는?
우리는 누구의 꿈 속에서 존재하는가?"
[프랭크 켄던, "시간의 조각"]

영원히 변하지 않는 것은 그 어디에도 없습니다. 과거와 현재는 상상의 기반 위에서 유지되고 있기 때문에 그것이 계속 존재하는 것입니다. 그래서 인간은 원치 않는 삶의 부분을 수정함으로써 언제든지 삶의 근본적 변화를 이룰 수 있습니다.

R.S는 제게 보내온 편지에서 상상이 다른 이에게 끼치는 영향에 관해 질문을 던집니다.

"제가 소유한 담보에 문제가 생겨 제대로 회수가 어려워졌을 때, 선생님의 강연을 듣고 있었습니다. 담보로 잡힌 집과 땅은 현재 거주하는 주인이 관리를 소홀히 하여 점점 훼손되고 있었습니다. 주인에게는 아홉 살과 열한 살의 어린 두 딸이 있었지만, 아이들을 방치한 채 술집에서 돈을 탕진하고 있었습니다. 그러나 보이는 것들에 연연하지 않고, 저는 상황을 긍정적으로 재구성하기 시작했습니다. 상상 속에서 그 집을 지나가며 아내에게 말했습니다. '저기 정말 아름답지? 집주인이 아주 깔끔하게 잘 돌보고 있는 것 같네. 저 집 사람들은 애정을 갖고 정말 잘 돌보고 있어. 이게 우리 담보 중에 하나인데 걱정할 필요가 없을 거야.' 그 집을 제가 원하는 대로, 매우 멋진 곳으로 상상했고, 그 상상은 저에게 큰 기쁨을 주었습니다. 그 집이 생각날 때마다 저는 이 상상을 반복했습니다.

"교정하는 작업을 계속하고 있을 때, 얼마 후 그 집에 살던 여성에게 차 사고가 나서 병원에 입원하게 되었습니다. 그런데 그녀가 병원에 입원해 있는 동안 남편은 사라져버렸고 아이들은 이웃집 사람들 손에 맡겨졌습니다. 저는 도움이 필요하다면 도와주겠다고 말하기 위해 병원을 방문하려 했습니다. 하지만 상상 속에서 제가 봤던 장면은 그녀와 그녀의 가족이 행복하다고, 성공했다고, 기쁘다고 분명히 말하는데, 어떻게 제가 병원에 가서 그런 말을 할 수 있겠습니까? 그래서 저는 매일매일 교정의 일만 계속하고 다른 행동은 취하지 않았습니다. 그녀가 퇴원한 지 얼마 지나지 않아, 그녀와 두 딸이 또 사라졌습니다. 그런데 땅에 대한 변제금이 보내졌고, 몇 달 후에 혼인신고를 한 새 남편과 함께 그녀가 다시 나타났습니다. 지금 글을 쓰는 동안 현재까지 받아야 할 돈은 완벽하게 지급되었습니다. 두 딸은 사랑을 받으면서 행복하게 잘 살고 있습니다. 게다가 그 집 주인은 담보로 잡고 있는 부동산에 방 하나를 더 만들어, 저의 담보도 하나 더 늘게 되었습니다.

"문제를 해결하면서 어떠한 위협이나 불쾌한 말, 퇴거 조치도 없이, 어린 딸들에 대한 걱정도 하지 않게 되어 기쁩니다. 그러나 제 상상이 그 여성을 병원으로 보내는 원인이 되었을까요?" R.S.

우리의 의식을 집중해서 소망하는 결과를 뚜렷하게 만들어 상상의 활동이 강렬함을 얻게 되면, 현실을 넘어서려는 경향이 있습니다. 하지만 상상의 활동이 스스로 상황을 해결하게 하기 위해서, 나머지 일들은 상상력에게 그대로 맡겨야만 합니다. 상상력은 상상 속에서 이룬 것들을 현실로 만들어내기 위해 방법들을 스스로 고안해낼 놀랄만한 자원의 보고를 지니고 있습니다. 우리가 목적을 명확하게 하는 것에 집중하지 않고, 어떻게 그것들이 영향을 미칠 수 있는 것인가에 초점을 맞춰 생각한다면, 그것은 하나의 의지의 노력이 되어버리고 위대한 상상의 기법은 길을 벗어나 폭정 속으로 빠지게 될 것입니다.

과거는 우리의 표면적인 마음이 이해할 수 있는 것보다 더 깊은 곳에 묻혀 있습니다. 다행히도 이 여성은 상상을 통한 교정으로 과거도 '되돌릴' 수 있다는 것을 기억하고 그것을 현실에서 증명했습니다.

"39년 동안 약한 등 때문에 고통스럽게 지냈습니다. 고통은 심해졌다가 수그러지기를 반복하긴 했지만 완전히 고통이 사라진 적은 없었습니다. 상황은 악화되어 병원 치료를 지속적으로 받아야 하는 지경에 이르렀습니다. 병원 치료를 받는 동안 엉덩이를 교정해 주었지만 고통을 사라지게 하지는 못했습니다. 어느 날 선생님이 교정의 기술에 관해 이야기하는 것을 들었는데, 저처럼 40년 동안 겪은 것도 교정이 될 수 있는지 의심스러웠습니다. 제가 세 살이나 네 살 때 그네에서 뒤로 떨어진 적이 있었는데 그 당시 엉덩이를 심하게 부딪혔고 굉장히 아팠던 것이 기억났습니다. 그때부터 고통이 가셨던 적은 한 번도 없었고 많은 돈을 써서 고통에서 벗어나 보려 했지만 아무런 소득이 없었습니다.

"올해 8월에는 고통이 점점 심해졌습니다. 결국 제 자신을 시험해 보기로 결심했습니다. 그래서 제 침울함의 원인이자, 값비싼 의료비의 원인이었던 '아득한 과거에' 제가 겪은 사건을 교정해 보기로 결심했습니다. 어렸을 때의 무대로 돌아가 있는 것을 '느낄' 수 있기까지는 오랜 시간이 걸렸습니다. 하지만 결국 성공했습니다! 어느 날 밤, 실제로 그네에 있는 것을 '느꼈고', 그네가 높이 솟아오를 때마다 바람이 제 쪽으로 불어오는 것을 느꼈습니다. 그네의 흔들림이 점점 약해질 때 그네에서 뛰어내려 착지에 완벽하게 성공했습니다. 상상 속에서 엄마에게 달려가서는 제가 어떤 일을 할 수 있는지 보라고 말했습니다. 그리고 또 다시 그네에서 뛰어내리면서 안전하게 두 발로 착지했습니다. 잠에 빠질 때까지 상상 속에서 그 행동을 계속 반복하고 반복했습니다.

"이틀이 지나지 않아 등과 엉덩이의 고통은 사라지기 시작했고, 두 달이 되기 전, 더 이상 어떤 고통도 느껴지지 않았습니다. 30년 이상 저를 괴롭혀 왔고, 많은 돈을 쓰게 만들었던 그 상황들은 더 이상 존재하지 않게 되었습니다." L.H.

우리는 '교정용 가지치기 가위' 덕에 가장 좋은 결실을 얻을 수 있습니다. 우리 자신과 우리의 과거는 연속된 구조를 이루며, 이 구조 안에는 모든 과거가 담겨 있어 우리의 현재와 미래에 여전히 영향을 미치고 있습니다. 전체 구조가 변화되면 현재와 미래에도 변화가 일어납니다. 과거를 새로 쓰는 것, 이것이 치유와 교정의 첫걸음입니다. 과거가 현재에 영향을 미친다면, 교정된 과거도 마찬가지로 현재에 영향을 미칠 것입니다. 따라서 새롭게 쓴 과거는 그녀의 삶 속에서 현실화 되었고, 그녀에게 행운을 가져다준 것은 운명이 아니라 교정된 과거였습니다.

상상력을 이용해 직접 결과를 만들어보십시오. 이러한 시도를 통해 현실을 창조하는 상상력에 대한 믿음이 점차 커질 것입니다. 오직 이런 시험을 직접 해볼 때만 당신의 통제되고 깨어난 상상력의 잠재적인 힘을 현실로 만들어낼 수 있습니다.

"나의 주인에게 얼마의 빚이 있는가?" "기름 백 말입니다." 그러자 집사는 말합니다. "너의 증서를 가져와, 빨리 앉아서 오십 말로 적어라!" [누가복음 16:5-6] 이 불공정한 집사의 비유는 우리에게 이미 존재하는 사실을 정신적으로 왜곡하라고 촉구합니다. 이러한 상상 속의 거짓을 통해 우리는 도움을 주는 친구를 얻습니다. 하루가 저물면서, 삶의 사실을 정신적으로 교정하여 기억할 가치가 있는 사건들로 만들어보세요. 그러면 미래는 변화된 패턴을 받아들이게 될 것이고, 이것은 성취의 정상에서 마침내 변화된 현실이 실현될 때까지 앞으로 나아갑니다.

상상 속에서 소망이 성취된 것을 나타내는 장면을 만들고, 그것이 현실과 같은 분위기를 취할 때까지 반복하는 것이 가치가 있다는 것을 알게 되었을 것입니다. 지금 우리는 상상의 비밀을 다루고 있습니다. 이제 우리는 세상이 상상력에 완전히 종속된 것에 불과하다는 것을 자각하고, 깨어나게 될 것입니다.

우리는 주변의 모든 사건이, 기억으로부터 제공된 이미지를 통해 지금의 모습을 그대로 유지하면서 반복되고 있음을 이해할 수 있습니다. 이렇게 변화되지 않는 것들 속에서 우리는 안정된 느낌을 받을 수도 있습니다. 하지만 자신의 형체와 자신을 둘러싼 삶의 환경들을 근본적으로 변화시키며, 자신이 뜻하는 것을 일깨우고, 자신이 뜻하는 모습이 되는 힘을 가진 '내부의 존재'는 우리 안에서 미래에 대한 두려운 공포와 불안정한 느낌을 불러일으킵니다.

이제 "잠에서 깨어날 고귀한 시간"입니다. 잠든 인간이 만든 모든 사랑스럽지 않은 창조물에 종말을 고할 시간입니다.

매일의 일과를 교정하세요.

그래서 "트로이가 불길에 휩싸이지 않게끔, 당신의 강한 상상력으로 거대한 수레바퀴를 뒤로 돌려놓으십시오."

Chapter 4 There is No Fiction
허상이란 없다

실제와 상상은 궁극적으로 분리될 수 없다.
존재하는 모든 것은 상상의 산물이다.
[존 멕켄지]

허상이란 것은 없습니다. 상상의 활동이 물질적인 결과를 만들 수 있다면, 우리가 사는 세상은 본질적으로 상상의 산물이라고 할 수 있습니다. 이것을 증명하려 한다면 자신의 상상 속에서 어떤 일들이 벌어지고 있는지를 관찰한 후에 그것과 상응하는 외부의 결과가 일어나는지를 살펴보면 됩니다. 만약 외부의 세상 안에서도 내부와 상응하는 결과가 일어난다면 허상에 그치는 상상이란 존재할 수 없다는 결론을 내려야 합니다. 상상 속의 드라마에서 펼쳐진 오늘의 일은 내일의 현실이 됩니다.

'내면의 상태가 물질적 결과의 원인이 된다'는 원인의 세계를 이해하는 넓은 시야를 가진다면, 우리는 세상을 창조하는 창조자로서의 책임을 지니게 될 것이며 상상할 수 있는 최상의 것만을 상상하려 할 것입니다.

연극처럼 꾸며낸 이야기를 마음 안에서 상영하는 것은 물질적 현실의 원인이 됩니다.

우리는 주변에 보이는 단단한 사물들을 실체라 믿으면서, 삶의 드라마가 이 세상 안에서 비롯되고, 현재 겪는 일은 이전에 발생한 물질적인 사건이 원인이 되어 갑작스럽게 생겼다고 믿습니다. 하지만 원인은 외부에 존재하지 않습니다. 인생의 드라마는 오직 인간의 상상력에서 비롯되며, 실제로 변화가 일어나는 진정한 활동은 인간의 상상력 내부에 있지, 외부에 있지 않습니다.

다음 내용은 우리의 마음속 구조가 현실을 창조하며, 현실의 원인이 된다는 점을 명확하게 드러낼 것입니다. '상상이 현실을 만든다'는 주장을 월터 로드의 『기억해야 할 밤』 서문을 통해 확인할 수 있습니다.

"1898년, 경제적 어려움에 처한 작가 모건 로버트슨은 대서양을 건너는 환상적인 초대형 여객선에 관한 소설을 썼습니다. 그는 이 소설에서, 당시 어떤 선박보다도 거대한 여객선을 타고 있던 부유하고 자만심이 강한 승객들이 4월의 차가운 밤, 빙산과 충돌해 침몰하는 이야기를 담았습니다. 이 이야기는 모든 것의 무상함을 보여주었기에, 맨스필드 출판사에서는 이 소설을 '무상함'이라는 제목으로 출간했습니다.

"로버트슨의 소설이 발표된 지 14년 후, 영국의 화이트 스타 라인 선박 회사는 소설에 등장하는 배와 매우 유사한 증기선을 제작했습니다. 소설 속의 배는 70,000톤이었고, 화이트 스타 라인이 만든 실제 배는 66,000톤이었습니다. 소설의 배는 길이가 800피트였고, 실제 배는

882.5피트였습니다. 두 선박 모두 약 3,000명을 수용할 수 있었지만, 승객들을 위한 구명보트는 턱없이 부족했습니다. 그러나 두 선박 모두 '침몰할 수 없다'고 여겨졌기 때문에, 구명보트의 부족은 큰 문제가 되지 않았습니다.

"1912년 4월 19일, 실제 배는 사우샘프턴에서 뉴욕으로 향하는 첫 항해를 시작했습니다. 배에는 값으로 환산할 수 없는 오마르 카이얌의 루바이야트와, 자산 가치가 2억 5천만 달러에 달하는 승객 명단이 포함되어 있었습니다. 그러나 차가운 4월의 밤, 이 배는 빙산에 부딪혀 바닷속으로 가라앉았습니다.

"로버트슨은 그의 소설 속에서 이 배를 '타이탄'이라고 명명했고, 화이트 스타 라인이 제작한 실제 배는 '타이타닉'으로 불렸습니다."

만약 모건 로버트슨이 상상이 현실을 창조하고, 오늘의 상상이 내일의 현실이 된다는 것을 알았더라면, 그는 '무상함'이라는 소설을 쓰는 것에 대해 다시 한번 생각해보지 않았을까요? 쇼펜하우어는 이렇게 말했습니다. "비극적인 재앙의 순간, 인생이 깨어나야 할 악몽이라는 확신이 어느 때보다 뚜렷해진다."

깨닫지 못한 인류의 상상 활동은 현실에서 악몽과 같은 상황을 만듭니다. 상상력과 그것이 만들어낸 현실 사이의 시간적, 공간적 간격은 그 연관성을 깨닫기 어렵게 만듭니다. 현실에서 벌어지는 사건들은 겉모습에 불과합니다. 비극의 원인은 다른 시공간에 존재합니다. 로버트슨의 상상은 실제 사건이 발생한 곳과는 시공간적으로 멀리 떨어져 있어, 과학자가 조정실에서 시공간을 넘나들며 유도 미사일을 조종하는 것처럼 보입니다.

누군가는 그림 한 장을 그리고, 누군가는 하나의 극본이나 책을 쓴다. 그가 지구의 반대편에 잠들어 있는 사이에 다른 이들은 그것을 본다. 죽은 것과 마찬가지인, 작가의 책장을 넘길 때 작가는 저 멀리 떨어져 있는 삶을 어찌 알 수 있을까? 그의 사상들이 불러일으키고 있는 생각들을 그가 어찌 알며, 그의 삶이 주고 있는 생명을, 누군가는 그에 대해 트집 잡고 누군가는 칭찬하고 있는 그에 관한 분쟁을 그가 어찌 알까? 그러나 무엇이 가장 살아있는 것인가?
잠들어 있는 그인가, 아니면 사람들의 시선을 사로잡고 다른 이들로부터 모습을 감추고 잠들어 있는, 어떤 다른 장소에서 활발하게 움직이는 그의 정신, 즉, 저 멀리 떨어져 있는 그의 작품인가?
무엇이 "그"인가? 잠들어 있는 "그"인가, 아니면 자신의 "그"는 느낄 수도 볼 수도 없는 "그"인가?
[사무엘 버틀러]

상상력이 풍부한 작가들은 자신이 본 세상의 모습을 단순히 전달하는 것이 아니라, 그 모습을 창조한 자신의 태도를 전달합니다. 캐서린 맨스필드가 사망하기 직전, 그녀는 친구 오레지에게 다음과 같은 편지를 보냈습니다.

"사람마다 사물을 대하는 다양한 마음 태도가 있는 것만큼 사물에 대한 다양한 모습들이 존재하는 것 같아. 그리고 그 주변의 상황들은 마음 태도와 함께 변해가지. 우리가 마음 태도를 바꾼다면 삶을 바라보는 자세가 달라질 뿐만 아니라, 삶 그 자체도 변하게 될 거야. 내가 삶에 대한 창조적 태도라고 부르는 것은 삶에 대한 마음의 태도를 새롭게 하는 것을 말해."

블레이크는 예언자에 대해 다음과 같이 썼습니다.

"현대적 의미에서의 예언자는 존재하지 않는다. 예를 들어 요나는 니네베에 대한 그의 예언이 실패했기 때문에 현대적 의미에서의 예언자가 아니다. 그러나 자신의 소신을 사적이든 공적이든 표현하는 모든 정직한 사람은 예언자이다. 그가 말하는 것은 특정 사건이 일어나라는 명령이 아니라, 어떤 원인이 계속된다면 그로 인해 발생할 결과를 보는 것이다."

예언자의 역할은 피할 수 없는 일을 알리는 것이 아니라, 지속적인 상상력 활동으로 인해 구축될 수 있는 미래를 알려주는 것입니다.

상상력의 활동, 즉 "당신이 침대에 누워 있을 때 머릿속에 떠오르는 꿈과 환영"[다니엘 2:26]은 창조의 과정을 밟아가며 미래를 결정하고 있습니다. "주의 모든 백성들은 예언자이다"[민수기 11:29]라는 말은, 자신의 이상을 실현한 후 더 높은 목표를 바라보는 다음 댄서의 이야기에서 그 참뜻을 발견할 수 있을 것입니다. 이 이야기를 읽은 후에는 이야기 속의 댄서가 어떻게, 자신이 원하는 어떤 미래도 창조할 수 있다고 확신했는지 이해하게 될 것입니다. 그리고 세상 사람들은 자신들의 상상력을 두르고 있는 껍데기에 불과한 것에 실체라는 의미를 부여하고 있지만, 댄서는 왜 '상상력의 바깥에는 어떤 것도 존재하지 않고 존재할 수도 없다'는 것을 확신하게 되었는지 이해하게 될 것입니다. 상상력이 지탱하고 있지 않는 것은 어디에도 없습니다.

. . .마음은 실상을 만들고, 사람들이 살고 있는 행성을 지금보다 더 밝게 만들 수 있고, 모든 육신들보다 더 오랜 생명을 가지고 있는 형체에 숨을 불어넣을 수 있으니. . .
[조지 고든 바이런]

"19살 때 이야기부터 시작해야겠네요. 저는 춤을 가르치는 선생님이었고 어느 정도 성공을 거뒀죠. 이런 상태로 거의 5년 정도 계속 지냈습니다. 상상이 현실을 창조한다는 당신의 이야기를 들었을 때 정말 말도 안 되는 소리라고 생각했습니다.

"어쨌든 당신의 도전을 받아들여 그 이론이 거짓임을 증명하기로 결심했습니다. 『세상 밖으로(Out of This World)』라는 책을 사서는 여러 번 읽었습니다. 그리고 여전히 의심에 찬 마음은 한편으로 제쳐두고 평소에 원하던 것을 목표로 잡았습니다. 저는 그 당시 '아서 휴레이 댄스학원'에서 강사로 있었는데 가맹점 계약을 따내어 저만의 댄스학원을 내는 것이 목표였습니다.

"가맹점 계약을 따낸다는 것은 굉장히 어려웠고, 가장 큰 문제는 그 일을 하기 위한 돈이 없다는 것입니다. 그래서 제가 가맹점을 가진다는 것은 세상에서 가장 말도 안 되는 이야기 중의 하나처럼 보였지만 그래도 밤마다, 상상 속에서 소원이 이루어진 느낌을 사실로 받아들여 제 댄스학원을 운영하는 상상 속에서 잠들었습니다. 3주 후, 네바다 주 리노에 있는 친구로부터 연락이 왔습니다. 그는 리노에 있는 머레이 스튜디오를 운영하고 있었는데 혼자서는 감당하기 벅찬 상황이었습니다. 저와 함께 하기를 제안했고, 저는 그 이야기를 듣자마자 돈을 빌려 리노로 달려갔습니다. 그런데 그때는 당신과 당신이 말하던 상상력은 금방 기억 속에서 잊었습니다.

"친구와 저는 굉장히 열심히 일을 했고 정말 성공했죠. 그런데 1년이 지나고 나서 저는 또 이 상황에 만족하지 못했습니다. 더 큰 것을 원하기 시작했습니다. 또 다른 스튜디오 하나를 얻기 위한 방법을 찾아보기 시작했는데 저의 노력들은 모두 허사로 돌아갔습니다. 어느 날 밤, 잠에 들려 했지만 잠이 오지 않아 책을 읽어야겠다고 생각했고, 책들이 있는 곳을 훑어보고 있는데 『세상 밖으로』라는 선생님께서 쓴 얇은 책자 하나를 발견했습니다. 그리고 1년 전에는 제 댄스학원을 얻게 된다는 것을 '바보 같은 어리석은 짓'이라고 생각하던 것이 기억났습니다. 제 댄스학원을 갖게 된 것! 마음에서 튀어나온 말이 저를 전율하게 했습니다! 저는 그날 밤 책을 다시 읽고, 상상 속에서 직장 상사가 리노에서 우리가 했던 일들에 대해 칭찬하면서, 확장하기를 원한다면 자신이 마련한 다음 장소에서 두 번째의 스튜디오를 가져보라고 제안하는 것을 들었습니다. 저는 이 장면을 밤마다 빠지지 않고 상상의 무대에서 재연했습니다. 제가 상상 속의 드라마를 처음 만든 지 3주가 지나서 거의 똑같이 현실로 이루어졌습니다. 제 파트너는 베이커스필드에서 새로운 스튜디오를 제안받았고, 저는 혼자 리노 스튜디오를 운영하게 되었습니다. 이제 저는 선생님께서 전해준 것이 진리임을 확신했고 다시는 잊지 않을 것이라고 다짐했습니다.

"이제는 이 놀라운 상상력에 대한 깨달음을 직원들과 나누고자 했습니다. 그들이 성취할 수 있는 놀라운 것들에 대해 이야기해주고 싶었습니다. 하지만 제가 이 법칙을 사용해서 이룬 것을 말해 줄 수 있는 것은 단 하나밖에 없었기 때문에 많은 사람들의 마음을 움직이지는 못했습니다. 젊은 강사가 제 이야기를 믿었지만, 그것은 어차피 일어났을 일일 거라고 말했습니다. 그리고 그런 이론들은 순전히 상식에 맞지도 않는 이야기라고 말하면서 만약 실제로 어떤 놀라운 일이 일어난다면 그때는 자기도 믿겠다고 이야기했습니다. 그의 도전을 받아들여 정말 꿈같은 테스트 하나를 생각해냈습니다.

"리노 댄스학원이 있는 도시는 인구수가 적기 때문에 전체 머레이 댄스학원 중에서 가장 빈약한 수준입니다. 우리보다 인구수가 더 많은 도시에서 운영되고 있는 머레이 댄스학원은 300개가 넘습니다. 그래서 리노 댄스학원이 다른 곳보다 주목받을 가능성은 거의 없습니다. 저는 그에게, 3개월 안에 열릴 국제 댄스 회의에서 우리 리노 댄스학원이 가장 중요한 화제가 될 거라고 말했습니다. 그는 이것이 완전히 불가능할 거라고 조용히 저에게 말했습니다.

"그날 밤, 저는 엄청난 규모의 관중 앞에서 연설하는 저를 상상했습니다. '창조적 상상'에 관한 연설이었고, 그 많은 사람 앞에 서 있다는 긴장감과 함께, 관중의 호응으로 인한 행복한 느낌도 경험했습니다. 우레와 같은 박수 소리를 듣고, 무대를 내려올 때 아서 머레이 씨가 직접 앞으로 나와 악수를 건네는 것을 상상했습니다. 이 장면을 매일 밤 반복하여 상상했고, 점차 '현실감'을 띠기 시작했으며, 이것이 현실에서도 일어날 것임을 확신했습니다. 제 상상 속의 드라마는 세세한 부분까지 현실화되었습니다.

"저의 작은 리노 댄스학원은 회의의 화제가 되었고, 저는 상상 속에서 그랬던 것처럼 무대 위에 실제로 섰습니다. 하지만 이런 믿기지 않는 일들이 실제 일어난 후에도, 저에게 도전장을 던졌던 젊은 강사는 여전히 이 법칙을 불신하고 있었습니다. 그는 모든 일이 너무 자연스럽게 진행되었다고 주장하며, 어차피 일어날 일이 일어난 것뿐이라고 했습니다.

"저는 그의 태도에 마음 쓰지 않았습니다. 왜냐하면 그 도전은 적어도 저에게는, 상상이 실제로 현실을 창조한다는 것을 증명할 수 있는 또 다른 기회를 제공했기 때문입니다. 그때부터 줄곧 '세상에서 가장 큰 아서 머레이 댄스학원'을 갖는 소망을 상상했습니다. 밤마다 큰 도시의 댄스학원 가맹점 제안을 받아들이는 것을 들었습니다. 3주가 되기 전, 머레이 씨가 저에게 전화해 150만 명이 사는 도시에서 스튜디오를 운영할 기회를 제안했습니다! 이제 제 목표는 전체 머레이 가맹점 중 가장 크고 대단한 댄스 스튜디오를 만드는 것입니다. 물론, 이 모든 것이 제 상상력을 통해 이루어질 것임을 알고 있습니다."

E.O.L . Jr

더글라스 포셋은 "상상은 순식간에 변하기 때문에 잡기 힘들지도 모른다. 상상력은 변화된 것 안으로 사라졌다가, 그것에 의해 변화의 마법을 부린다"라고 말했습니다. 우리는 물질적인 현실을 넘어서 그것들의 원인이 되었던 상상을 바라봐야 합니다.

1년 동안 E.O.L. Jr는 자신의 변화된 모습에 푹 빠져서 그것을 만든 원인을 잊었습니다. 그러나 운 좋게도 1년 전에는 자신의 스튜디오를 갖는 것이 '어리석고 말도 안 되는 일'이라고 생각했던 것을 기억하고는 다시 책을 읽었습니다.

상상은 그것이 이루어지기 전까지는 일정한 시간이 필요합니다. 하지만 상상의 활동은, 그것이 밖으로 표현되든 은둔자의 가슴 안에 숨어 있든, 스스로 장차 현실이 될 것입니다.

호기심을 넘어서 직접 시험해보십시오. 당신은 '예언자'가 바로 자신의 상상임을, 그리고 허상이란 없음을 알게 될 것입니다.

사람들의 마음 안에서 미묘한 변화를 불러일으킨 것이
포도를 밟던 어떤 여인이 아니라고,
수많은 국가가 전쟁에 내몰린 것이
어떤 양치는 소년의 마음 안에서 열정이 깨어난 것이 아니라고,
우리는 결코 확신하지 못할 것이다.
[윌리엄 버틀러 예이츠(William Butler Yeats)]

허상이란 없습니다. 상상은 우리의 삶을 통해 스스로를 실현합니다. "이제 그 일이 일어나기 전에 내가 그대에게 말하는 것은 그 일이 일어날 때 그대로 하여금 믿게 하려는 것이다." [요한복음 14:29] 그리스인들의 "신들이 사람의 형상을 입고 우리에게로 내려왔다"는 말은 옳았습니다. 하지만 그렇게 내려온 그들은 잠에 빠졌고, 상상력으로 휘둘렀던 전능함을 잊었습니다.

  신들의 꿈은 진실이라, 그리고 기나긴 불멸의 꿈 안에서
  신들의 기쁨이 고요하게 지나간다.
  [존 키츠]

작가인 E.B는 "오늘의 상상이 내일의 현실이 될 수 있다"는 것을 충분히 이해했습니다. 그녀는 이렇게 편지를 보내왔습니다.

"어느 봄날, 저는 단편소설 하나를 완성해 출판하고는, 그것에 대해 잊고 지냈습니다. 그리고 제가 겪은 하나의 '사건'과 소설로 썼던 '사건'을 비교하게 될 때까지 계속 잊고 살았습니다! 제가 쓴 소설의 대략적 줄거리를 읽고 제가 겪었던 일과 비교해 보시기 바랍니다.

"소설의 여주인공은 버몬트로 휴가를 떠났습니다. 정확히 말하자면 버몬트주에 있는 스토우라는 작은 마을이었죠. 도착한 후, 초대했던 친구가 무례한 행동을 했기 때문에 그녀는 선택의 기로에 놓였습니다. 다른 이의 이기적인 요구가 자신을 지배하게끔 허락하는 이전 삶의 태

도를 지속하든가, 아니면 그 패턴을 깨고 버몬트를 떠나든가, 선택해야만 했습니다. 그녀는 이전 삶의 태도를 깨고 뉴욕으로 돌아왔습니다. 그리고 이야기는 전개되어, 그녀가 돌아왔을 때 청혼을 받게 되고, 기쁘게 수락합니다.

"제 앞에 어떤 사건들이 전개될 때야 비로소 제가 썼던 소설이 기억나기 시작했고 그것과 제가 겪은 일과의 의미심장한 관계를 생각하게 되었습니다. 이것은 저에게 일어난 일입니다! 친구가 어느 날 버몬트에 있는 자신의 별장으로 저를 초대했습니다. 저는 받아들였고, 처음에 친구의 '여름 별장'이 스토우에 있다는 것을 알았을 때도 놀라지 않았습니다. 제가 도착했을 때 친구는 아주 예민한 상태에 있었기 때문에 저는 견디기 힘든 여름을 그곳에서 견디거나 아니면 그곳을 떠나는 선택에 직면했습니다. 그동안의 저는 제게 주어진 의무와 친구 관계에서 요구하는 것을 무시할 만큼 대담했던 적은 없었습니다. 하지만 이번에는 대담하게 그곳에서 휴가를 보내지 않고 뉴욕으로 돌아왔습니다. 집으로 돌아온 지 며칠이 지나고 청혼을 받았습니다. 하지만 이 시점에서 현실과 소설은 갈라집니다. 저는 청혼을 거절했습니다! 네빌, 저는 이제 허구의 이야기란 없음을 압니다!"

E.B

녹색의 땅은 잘 잊히지만, 오직 신들만이 그것을 영원히 기억한다.
그들의 위대한 기억들에 의해서 우리는 신을 알게 된다.
[조지 메러디스, "비극의 노래 : 발라드와 시"]

결과는 우리가 상상한 대로 나타납니다. 잊고 있던 개화 시기의 열매를 거두는 것입니다. 인생에서 사건들은 우리가 씨앗을 뿌린 곳에서 항상 일어나는 것은 아니기 때문에 파종했던 것의 수확임을 인식하지 못할 수도 있습니다. 우리에게 일어나는 사건들은 숨겨진 상상의 활동이 드러난 것입니다. 인간은 자신이 원하는 대로 상상할 수 있는 자유가 있습니다. 이것이 운명론자와 그릇된 종말 예언자들에도 불구하고, 깨달은 사람들 모두는 자신들이 자유롭다는 것을 아는 이유입니다. 그들은 자신들이 현실을 창조하고 있다는 것을 압니다. 이 주장을 뒷받침하는 성경 구절이 있을까요? 있습니다.

그분이 우리에게 해석한 대로, 그대로 이루어졌다.
[창세기 41:13]

예이츠는 '허상이란 없다'는 것을 발견했던 것이 틀림없습니다. 왜냐하면 상상력을 의식적으로 사용한 자신의 경험을 서술한 후에 다음과 같이 썼기 때문입니다. "사건들을 이처럼 묘사했던 모든 사람이 꿈을 꾸지 않았다면 우리는 우리의 역사를 새로 써야만 한다. 왜냐하면 특히 상상력이 풍부한 사람들은 마법의 주문, 마력, 환영들을 영원히 내보내고 있는 반면, 자기중심적인 삶을 살고 있지 않은 수동적인 사람들은 계속해서 상상력이 풍부한 자들이 내보내는 상상의 영향 아래에 놓이게 될 것이기 때문이다. 내가 생각하기에, 우리의 가장 정교한 생각들, 정교한 목적들, 섬세한 감정들은 진정한 우리의 것은 아니고, 갑자기 내게 떠올랐던 것이다. 말하자면 지옥으로부터 쏟아졌든가, 천국으로부터 내려왔든가 어딘가로부터 주어졌다...”

허상이란 없습니다.
당신이 알고 있는 것보다 더 높은 것을 상상하십시오.

Chapter 5 Subtle Threads

알 수 없는 전개, 확실한 결과

당신이 보고 있는 모든 것은
그것이 외부로 드러난 것처럼 보일지라도
실은 내부에 있는 것이고,
당신의 곧 죽음을 맞이할 운명을 가진 이 세상은
당신의 상상 속에서는 단지 하나의 그림자에 불과하다
[블레이크]

　세상 어떤 것도 그것 스스로의 힘으로 모습을 드러내거나 유지되지 않습니다. 비교적 안정적인 상상이 사건들을 만들어냈기에 우리에게 일어난 것이고, 그런 상상의 활동이 지속되고 있지 못하다면 외부로 나타난 것들은 사라질 것입니다. 다음의 이야기를 통해 소망이 성취된 것을 상상하는 것이 주변 환경을 의식적으로 창조하는 데에 어떤 역할을 담당하고 있는지를 확인하게 될 것입니다.
　상상력을 성공적으로 사용한 경험을 다른 이에게 말하는 것은, 상대방이 이 법칙에 '도전'하고 증거를 '볼 수 있는' 자극제가 됩니다. 다음 이야기는 이를 보여줍니다.

어느 날 밤, 강의 중에 한 신사분이 자리에서 일어났습니다. 질문할 것이 있어서 일어난 것이 아니라 이야기하고 싶은 것이 있다고 했습니다. 그분이 해준 이야기는 이러했습니다.

그는 2차 세계대전 후, 군대에서 제대한 뒤 주급 25달러를 받는 일자리를 얻었습니다. 10년 후 그의 수입은 월 600달러가 되었습니다. 그때, 제 책 『깨어난 상상력(Awakened Imagination, 상상의 힘)』을 구입하여 '교정용 가지치기 가위' 장을 여러 번 읽었습니다. 그 책에 나온 '교정' 기법을 매일 사용한 결과, 2년 후 그는 자신의 수입이 미국 대통령의 연봉과 같다고 청중에게 말할 수 있게 되었습니다.

그때 청중석에 있던 파산상태의 남자가 이 이야기를 들었습니다. 그 남자 역시 그 책을 읽은 적이 있었지만, 자신의 재정적인 문제를 해결하는 데에 상상력을 이용한 적이 없다는 것을 깨닫게 되었습니다. 그래서 그는 깔리엔떼 경마장에서 5-10승식 경기에서 이기는 것을 상상하기로 했습니다. 그는 말했습니다.

"이 경마에서는 5번째부터 10번째 경주까지의 승리마를 예측합니다. 저는 상상 속에서 티켓을 정리하며 각 경주의 우승마를 골랐다고 느꼈습니다. 이 장면을 상상 속에서 반복하며, 실제로 전율을 느낄 때까지 계속했습니다. 그리고 나서 계산원이 저에게 많은 돈을 건네주는 장면을 '봤고' 그 돈을 상상의 셔츠 밑에 넣었습니다. 이것이 제가 상상한 전체 드라마였고, 3주 동안 밤마다 이 장면을 반복하며 그 상태에서 잠들었습니다.

"3주가 지난 후에 저는 실제로 깔리엔떼 경마장에 갔고, 그날 상상 속의 무대와 아주 세세한 부분에 이르기까지 비슷한 일이 현실로 나타났습니다. 단 하나 바뀐 것이 있다면 계산원이 현금으로 주지 않고 84,000달러짜리 수표로 주었다는 것입니다."

T.K

이 이야기를 제 강의에서 해줬을 때, 청중석의 한 남자가 만약 T.K가 상상했던 것과 똑같이 상상한다면 그것도 이룰 수 있는지 물었습니다. 상상 속의 장면은 스스로 결정해야 하지만, 그렇게 고른 것이 어떤 장면이든 상관없고 단지 자연스럽게 할 수 있는 드라마를 만들어야만 하고, 불러들일 수 있는 모든 느낌을 동원해서 결과를 집중적으로 상상해야 한다고 말했습니다. 그리고 결과에 이르는 방법을 찾으려 애써서는 안 되고, 단지 상상 속에서 소망이 성취된 느낌으로 살아야만 한다고 덧붙였습니다.

한 달 후, 그는 전날 깔리엔떼 경마장에서 5-10 승식 경기에서 이긴 16,000달러짜리 수표를 제게 보여주었습니다.

이 남성에게는 T.K.의 행운을 모방한 것에 이어 더 흥미로운 후속 이야기가 있었습니다. 그의 첫 번째 승리는 직면한 재정적 어려움을 해결해 주었지만, 가족의 미래 보장을 위해 더 많은 돈을 원했습니다. 더 중요한 것은, 이것이 '우연이 아니었다는 것'을 증명하고 싶었습니다. 그는 연속적으로 두 번째 행운이 일어난다면, 이른바 '확률의 법칙'을 뛰어넘어 자신의 상상이 이 기적 같은 '현실'을 실제로 만든 증거가 될 것이라고 생각했습니다. 그래서 그는 자신의 상상력에 두 번째 도전과 제를 주었습니다.

"많은 돈이 예금 계좌에 들어 있는 것을 원했습니다. 이것은 은행 계좌에서 많은 잔액을 '보는' 것을 뜻했습니다. 그래서 제가 두 곳의 은행에 있는 장면을 상상 속에서 만들었습니다. 제가 은행에 들어갔을 때, 은행 지점장이 아주 친절한 미소를 보내는 것을 '보려' 했고, 그 직원들이 제게 진심어린 감사를 표하는 것을 '들으려' 했습니다. 저는 계좌를 보고 싶다고 직원에게 말합니다. 한 은행에서 10,000달러의 잔액이 남아있는 것을 '보았습니다.' 그리고 다른 은행에서는 15,000달러의 잔액을 '보았습니다.'

"상상 속의 장면은 여기서 끝나지 않았습니다. 은행 잔고를 본 후, 경마장으로 시선을 옮겼습니다. 그리고 그곳에서 200달러로 시작한 경마가 11,533달러가 되어 돌아오는 것을 상상했습니다.

"그 상금을 책상에 열두 개의 뭉치로 나누었습니다. 상상 속의 손을 이용해 돈을 세면서 1,000달러 뭉치 열한 개를 우선 만들었고 나머지 533달러를 놓았습니다. 상상 속에서 제가 가졌던 돈은 은행에 있는 잔액을 포함해 36,533달러가 되었습니다.

"이 상상 속의 장면 모두를 아침, 점심, 저녁 마음속 무대에서 공연을 했고, 3월 2일 깔리엔떼 경마장에 다시 갔습니다. 그곳에서 마권을 작성했는데 참 신기하게도 제가 왜 그랬는지, 이미 만들어둔 6개와 똑같이 나머지 6개를 만들었는데, 열 번째 선택할 때는 실수로 두 개의 티켓을 똑같이 만들었습니다. 승자가 결정되었을 때 16,423달러 50센트에 당첨된 두 장의 티켓이 있었습니다. 또한 여섯 개의 패자부활전 티켓이 당첨돼 각각 656달러 80센트가 지급되었습니다. 합한 금액은 무려 36,788달러가 되었습니다. 한 달 전 상상 속에서 보았던 금액은 36,533달러였습니다. 두 가지 흥미로운 점이 있는데 하나는 마치 실수처럼 보이는 사건으로 인해 제가 두 개의 우승 티켓을 만들었다는 것이고 또 하나는 아홉 번째 경주의 끝에서 조마사가 말의 참가를 취소하려 했는데 간사는 조마사의 제안을 거절했다는 것입니다."

A.J.F

이러한 일련의 사건들은 계획된 결말에 이르게 하기 위해 얼마나 교묘하게 전개되었나요? 결과는 우리의 상상력을 반드시 증명합니다. 만약 원하는 결과를 얻지 못했다면 그것은 결과를 완전하게 상상하지 못했기 때문입니다. A.J.F는 충실하게 결과를 상상했고, 모든 것은 그의 수확을 돕기 위해 협력했습니다. 그가 실수로 우승 티켓을 두 번 만든 것, 그리고 조마사의 요청을 간사가 거부한 것은 상상의 드라마가 모든 계획을 결말을 향해 진행시키기 위해 창조된 사건들입니다.

벨포트 박스는, "우연은 법칙이나 인과관계로 단순화시킬 수 없는, 사건들이 전개되는 과정에서 변화하는, 현실의 필수적 요소로 정의된다"라고 말했습니다.

우리가 지혜롭게 살고자 한다면 상상 속에서 일어나는 활동을 인식해야 하고, 어느 정도는 그것들이 향하는 방향을 인식하고 있어야만 합니다. 그리고 그렇게 인식한 것은 반드시 우리가 원하는 것과 일치해야만 합니다. 상상을 오직 값어치 있고 희망적인 것으로 만드는 것이야말로 가장 현명한 일이라 말할 수 있습니다. 하지만 사람들은 물질적인 세상에만 너무 매몰되어 있는 듯 보입니다. 실제로 우리가 사는 세상은 상상의 세상인데도 말입니다. 현실이라는 물질 세상이 자신의 삶을 만드는 것이 아니라, 상상력의 활동이 삶을 만든다는 것을 발견할 때, 이 단단한 세상은 더 이상 실체가 아니고 상상력의 세상은 더 이상 단순한 하나의 꿈이 아닙니다.

그 길은 저 높은 곳으로 계속해서 굽이굽이 뻗어있는가?
그래, 저 길의 끝까지 그렇지.
그날의 여행은 하루 전체가 걸릴까?
아침부터 저녁까지, 내 친구야.
[크리스티나 조지나 로제티, "오르막길"]

Chapter 6 Visionary Fancy
마음속의 형상

우리는 마음의 형상인 상상의 본질에 대해서 거의 알지 못한다.
영원토록 존재하는 형상의 본성과 지속성을
생장하고 태어나는 성질의 것들보다도 더 짧다고 생각한다.
하지만 상추나 떡갈나무는 시들어 사라지더라도
그것들의 불멸의 이미지와 개체성은 결코 죽음을 맞이하지 않고,
그것들의 깊은 생각의 씨앗에 의해 새 생명을 얻는다.
상상 속의 이미지 역시 깊은 생각의 씨앗에 의해
우리에게 다시 돌아온다.

[블레이크]

 상상 속의 이미지들은 실체이고, 모습을 드러낸 모든 물질적인 것은 내면의 이미지가 비춰진 그림자에 불과합니다. 우리가 마음속 형상들에 믿음을 유지한다면, 현실을 창조할 수 있는 유일한 권리를 가진 상상력이 물질세계 안에 그것들을 창조할 것입니다. 우리는 '실체'라는 말을, 물질적인 것들을 뜻할 때 사용합니다. 하지만 상상가는 우리가 흔히 '실체'라고 부르는 물질적인 것들을 '비실체' 혹은 그림자라고 부

릅니다.

상상은 영적인 감각입니다. 소망이 이루어진 느낌과 하나 되십시오. 상상 속에서 느껴지는 시각, 청각, 후각, 미각 그리고 촉각이라는 영적인 감각을 사용한다면 내면의 이미지를 외부 세상에 투영하기에 충분한 감각적인 생생함을 맛보게 될 것입니다.

다음 이야기의 주인공은 마음속의 형상에 충실하게 믿음을 유지했습니다. F.B.는 진정한 상상가로서, 자신이 상상 속에서 들었던 것을 기억했습니다. 그는 다음과 같이 말합니다.

"저는 오페라를 너무 좋아합니다. 친구는 그런 저에게 크리스마스 선물로 키르스텐 플래그스타트의 '트리스탄과 이졸데' 전집 앨범을 구해주려고 했습니다. 수십 곳의 가게를 돌아다녔지만 그곳에서 돌아온 대답은 'RCA 레코드사는 더 이상 이 음반을 재발매하고 있지 않습니다. 그래도 구하시려면 내년 6월까지는 기다리셔야 될 거예요'였습니다. 12월 27일, 이젠 선생님의 이론을 이용해 그토록 원하는 음반을 구해야겠다고 결심했습니다. 거실에 누워, 단골 가게에 들어가 이미 얼굴과 목소리를 알고 있는 점원에게 묻는 것을 상상했습니다. '키르스텐이 부른 트리스탄과 이졸데 전집 앨범 있어요?' '예. 갖고 있어요.' 장면은 그곳에서 끝났고, 이것을 현실처럼 느낄 때까지 계속 반복했습니다.

"그날 오후 늦게, 마음속의 무대를 현실로 옮기기 위해 직접 레코드 가게로 향했습니다. 감각이 전해주는 어떤 것 하나도 제가 그 음반을 들고 가게를 나올 거라 믿지 못하게 했습니다. 저는 친구가 9월에 들었던 똑같은 대답을, 똑같은 가게에서, 똑같은 점원에게 들었던 적이 있었습니다. 그날 아침 상상 속에서 보았던 점원에게 다가가 말했습니다. '키르스텐의 트리스탄과 이졸데 전집 앨범 있어요?' 답변이 들렸습니다. '아니요, 갖고 있지 않은데요.' 저는 혼잣말을 했습니다. '그건 내가 들었던 것과는 다르잖아.'

"그 가게를 나서려고 돌아섰을 때 선반 위에 제가 찾던 음반 광고가 붙어있는 것을 보고는 점원에게 한마디 했습니다. '상품이 없으면 광고도 하지 말아야 할 것 같은데요?' 점원은, '그러네요'라고 대답하고는 선반 위로 올라가서 광고를 떼어내려고 했습니다. 그때 다섯 장의 음반이 들어있는 전집 앨범을 발견했습니다. 그 장면은 제가 상상했던 것과는 완전히 똑같이 펼쳐지지는 않았습니다. 그래도 상상 속에서 의도했던 결과와 일치했습니다. 선생님께 어떻게 감사드려야 할까요?"
- E.B

E.B의 편지를 읽은 후에 우리는 앤서니 이든이 "사실로 받아들인 것이 거짓일지라도, 계속 고집한다면 현실로 굳어질 것이다"고 말한 것에 동의할 것입니다. 감각의 영역과 융화된 E.B의 상상은 상상의 장면들을 풍성하게 만들어 그것들을 '자신의 것'으로 만들었습니다.

우리의 미래는 창조의 과정을 밟아가고 있는 상상력의 활동입니다. E.B는 자신의 삶을 원하는 모습으로 만들기 위해 상상력을 사용했습니다. 그로 인해 삶이 비추는 대로 반응하기만 하던 것을 넘어 삶에 영향을 미치기 시작했습니다. E.B는 자신의 상상 속에서 펼쳐졌던 드라마가 실체이고, 물질적인 활동은 하나의 그림자에 불과하다는 것을 확신했습니다. 그래서 점원에게 돌아온 대답이 "아니요. 가지고 있지 않은데요"였을 때, "그건 내가 들었던 것과는 다르잖아"라고 마음속에서 말할 수 있었습니다. 그는 상상 속에서 자신이 들었던 소리를 기억해냈을 뿐만 아니라 여전히 기억 속에 간직하고 있었습니다. 내면에서 소망이 성취된 것을 그리는 것은 이미 찾은 것을 구하는 것이자, 이미 받은 것을 요청하는 것이자, 열린 문을 향해 문을 두드리는 것입니다. 그는 자신이 보고자 하는 것을 보고, 듣고자 하는 것을 들으려 했기 때문에, 들려온 대답이 "아니요. 가지고 있지 않은데요"라는 것을 받아들이지 않으려 했습니다. 상상력을 사용하는 사람들은 깨어있는 채로 꿈을 꿉니다. 그는 보이는 것에 지배되는 종이 아니라 자신의 의식에게 방향을 지시할 수 있는 주인입니다. 일관성 있는 상상은 시공간 속에서 일어나는 사건에 대한 우리의 인식을 변화시킵니다.

하지만 슬프게도 대부분의 사람들은 . . .

시선을 계속해 둘 만한 가치를 발견하지 못한
기쁨이 사라진 눈을 가진 것처럼
계속 두리번거리고 있다.
[퍼시 비쉬 셸리, "달에게"]

G.R부인 역시 실제 듣기 원하는 것을 상상 속에서 들었고, 상상 속에서 비추는 것에 따라 외부 세상이 형성된다는 것을 알았습니다. 그

녀의 이야기입니다.

"얼마 전, 우리는 계약금을 걸어놓은 넓은 부동산을 구입하기 위해 지금 사는 집을 내놨습니다. 집을 바로 사겠다는 사람들이 많았지만, 우리가 사려는 집에 대한 계약이 성사될 때까지는 지금 살고 있는 집을 팔지 못한다는 것을 양해받아야만 했습니다. 이때 한 중개업자에게 전화가 걸려 와서는, 우리 집이 위치한 곳을 원하는 고객이 있는데 집을 한 번 보여 달라고, 정말 간청했습니다. 그리고 그 고객이 우리가 내놓은 금액보다 더 많은 금액을 선뜻 줄 거라고 이야기했습니다. 우리의 사정을 중개업자와 고객에게 설명했고, 둘 모두 우리의 새로운 부동산에 대한 계약이 끝날 때까지 기다리겠다고 말했습니다. 중개업자는 저희에게 일단 먼저 계약서에 서명을 하라고 했고, 이 계약은 아무런 영향을 미치지 않고 다만 우리가 원하는 집을 계약했을 때 비로소 효력이 생길 뿐이라고 했습니다. 우리는 계약서에 서명을 했는데 나중에 알고 보니 캘리포니아 부동산 법에서는 이런 계약도 구속력이 있었습니다. 며칠이 지나서 우리가 새로 구입할 부동산의 계약이 결렬되고 중개업자에게 통지를 했을 때 돌아온 그의 대답은 '그냥 잊어버리세요'였습니다. 그렇게 2주가 지났는데 중개업자는 1500달러의 부동산 중개료를 지급하라고 제게 소송을 제기했습니다. 재판 날짜가 잡혔고 우리는 배심원단의 구성을 요청했습니다.

"우리가 고용한 변호사는, 자신이 할 수 있는 모든 것을 하겠지만 이 사건에서는 법이 아주 엄격히 적용되기 때문에 이길 가능성이 희박

하다고 말했습니다. 재판일이 다가왔을 때 남편은 병원에 입원했기에 저와 함께 하지 못했습니다. 저에겐 증인이 없었지만, 중개인은 세 명의 변호인과 아주 많은 증인들을 데려왔습니다. 우리의 변호사는 이제 이길 가능성이 전혀 없다고 말했습니다.

"저는 관심을 상상력으로 돌렸습니다. 그리고 이것이 제가 한 것입니다. 변호인들, 증인들 그리고 겉으로 봤을 때는 원고 측에 이미 마음이 기울어진 것처럼 보이는 판사의 말을 완전히 무시하고 오직 제가 듣고자 하는 말만을 생각했습니다. 상상 속에서 배심원단 대표가 '우리는 피고 측에 어떤 유죄의 증거도 찾지 못했습니다'라고 말하는 것에만 귀를 기울여 들었습니다. 그것이 사실이라는 것을 알 때까지 들으려 했습니다. 법정 안에서 들리는 모든 소리에는 마음의 귀를 닫았고 오직 '우리는 피고 측에게 어떤 유죄의 증거도 찾지 못했습니다'라는 말에만 마음의 귀를 열어 놓았습니다. 오후부터 논의를 거듭한 배심원단은 4시 30분까지 휴정을 선언했습니다. 저는 그 시간 동안 법정에 그대로 앉아서는 상상 속에서 제가 듣고자 하는 말을 계속 반복해서 들었습니다. 배심원들이 다시 법정에 들어서자, 판사는 배심원 대표에게 앞에 서서 판결하라고 요청했습니다. 배심원 대표는 입을 열었습니다. '우리는 피고 측에게서 어떤 유죄의 증거도 찾지 못했습니다.'"
-Mrs. G.R

만약 꿈을 판다면 당신은 어떤 꿈을 사려 할까?
[토마스 레벨 베도스, "꿈의 행성"]

당신은 소망이 성취된 꿈을 사지 않겠습니까? 그 꿈은 아무런 대가도 치를 필요가 없습니다. 배심원 대표를 상상 속에 단단히 잡고 그녀가 듣기 원하는 것을 듣는 것을 통해, 그녀는 배심원단의 만장일치의 판결을 얻어냈습니다. 존재하는 모든 것의 실체인 상상, G.R부인은 그것을 가지고 자신의 소원을 이뤘습니다.

"시는 깊은 생각으로부터 만들어진다"는 헤벨(Hebbel)의 말은 상상력을 사용하는 사람에게도 적용됩니다. 그들은 마음속의 보이는 것과 들리는 것의 환영을 이용해 현실을 창조하는 방법을 알고 있습니다. 어떤 것도 외부의 현실에 순응하는 것보다 치명적인 것은 없습니다. 우리를 에워싸고 있는 '현실이라는 고정적인 것'이 우리를 얽어매게 해서는 안 됩니다. 마음속의 형상을 바꾸어 그것으로 현실을 새롭게 만드십시오. R.O는 보는 것과 느끼는 기술을 '고용'해서 그녀가 원하는 영상을 창조했습니다.

"1년 전 아이들을 데리고 유럽으로 가면서 가구를 그대로 두고, 가정부에게 살던 아파트를 맡기고 떠났습니다. 몇 달 후 돌아와 보니, 가정부도 집안의 가구들도 모두 사라졌습니다. 아파트 관리인은 가정부가 제 요청으로 가구들을 옮긴다고 말했다 합니다. 저는 집에서는 아무것도 할 수가 없어 아이들을 데리고 호텔에 묵었습니다. 물론 경찰서에 가서 사고경위 진술도 했고, 또 사설탐정을 고용하기도 했습니다. 두 곳 모두 뉴욕 시내에 있는 이삿짐센터와 창고들을 모두 조사했지만, 소득이 없었습니다. 가구들과 가정부의 흔적은 어디에도 없는 듯 했습니다.

"모든 외부 수단을 다 동원해도 소용이 없자 지치기 시작했습니다. 그때 선생님의 가르침이 생각났고 이 문제에 대해 상상력을 사용해보기로 결심했습니다. 눈을 감은 채, 호텔 방에 앉아서 제가 제일 좋아했던 의자에 실제로 앉아 있다고 상상하면서 모든 가구를 마음속에서 다시 불러오기 시작했습니다. 거실을 가로질러 피아노가 있고, 그 위에 제 아이들의 사진이 놓여 있는 것을 봤습니다. 방 전체가 제게 생생한 현실로 다가올 때까지, 저는 피아노를 계속해서 쳐다보았습니다. 아이들의 사진을 볼 수 있었고 상상 속에서 제가 앉아있는 의자를 덮고 있는 천을 실제로 느낄 수 있었습니다.

"다음 날, 은행에서 볼일을 보고 나오는 길에 호텔이 아닌 아무것도 남아 있지 않은 제 아파트가 있는 방향으로 발길을 돌렸습니다. 모퉁이를 돌았을 때 친숙한 발을 보았던 것이 생각나 고개를 돌렸습니다. 가정부의 발이었습니다. 뛰어가 그녀의 팔을 잡았는데 그녀는 너무 겁에 질려있었습니다. 원하는 것은 가구들을 다시 돌려받는 것뿐이라고 안심시켰고, 우리는 택시를 타고 가구들이 있는 그녀의 친구 집으로 갔습니다. 제가 고용했던 경찰과 사설탐정도 몇 주 동안 해결하지 못한 일을, 상상력은 단 하루 만에 깔끔하게 해결했습니다." -R.O

이 여성분은 경찰에 신고하기 전에도 상상의 비밀에 대해 알고 있었습니다. 하지만 상상력의 중요성을 알고 있더라도 우리의 시선은 현실이라는 것에 고정되어 있어 상상력을 잊고 지냅니다. 하지만 공권력도 찾아내지 못한 것을, 우리가 상상력을 고용했을 때 노력 없이 찾아낼 수 있었습니다. 모든 것은 상상의 세계에 원천을 갖고 있지 못하다면 존재할 수 없습니다. 심지어 도난을 당했다는 것도 그렇습니다. 그녀는 자신의 거실에서 자신의 의자에 앉아 있는 모습을 상상함으로써, 도둑을 맞았다고 감각이 제공하던 상상 속의 원천에서 의식을 철수했습니다. 그리고 상상 속에서 이루어진 변화에 발맞추어 잃어버렸던 가구가 제자리로 돌아올 수 있었습니다.

원하는 모습으로 상상하고 있을 때가 가장 창조적 순간입니다. F.G는 상상 속에서 자신이 원하는 상상의 구조물들을 만들기 위해서 시각, 청각, 촉각, 후각, 심지어 미각까지 모든 그녀의 감각을 동원해서 만들어냈습니다. 다음은 그녀의 이야기입니다.

"저는 어릴 적부터 먼 곳으로 여행을 떠나는 꿈을 꿨습니다. 특히 서인도제도가 제 상상에 불을 붙였고, 저는 실제로 그곳에 있는 듯한 기쁨을 느꼈습니다. 꿈은 놀랍게도 아무런 대가를 요구하지 않았습니다. 하지만 그 꿈을 실현하기 위해서는 돈과 시간이 턱없이 부족했기에 성인이 되었을 때도 여전히 꿈으로만 놔둬야 했습니다. 지난해에 수술을 받기 위해 병원에 입원했습니다. 저는 선생님의 강의를 들은 적이 있기 때문에 병원에서 회복하는 동안 제가 좋아하는 백일몽을 강렬하게 만들어보기로 결심했습니다. 알코아 선박회사에 여행 전단지를 요청해서 제가 타고 갈 배와 객실 그리고 일곱 개의 휴양지를 고르고는 몇 시간이고 골똘히 봤습니다. 눈을 감고 상상 속에서 배에 올라타 바다로 출항하는 것을 느꼈고, 큰 배가 바다를 가를 때 물결이 부딪치는 소리를 들었으며, 열대 태양의 따뜻함을 얼굴에 느끼고 바다의 소금기를 맛보았습니다.

"병원에 갇혀있는 일주일 내내 실제 배를 타고 있다는 자유롭고 즐거운 경험 속에서 지냈습니다. 그리고 퇴원하기 하루 전에 그 여행 책자를 치워두고 잊어버렸습니다. 두 달이 지나고 한 광고 회사로부터 제가 응모권에 당첨됐다는 전화를 받았습니다. 근처의 슈퍼마켓에서 콘테스트 쿠폰을 몇 달 전에 응모하고는 완전히 잊었는데 그것이 1등 상을 받은 것입니다. 경품은 다름 아닌 알코아 선박회사에서 후원한 캐리비언 선박 여행입니다. 하지만 더 놀라운 것은, 제가 병원 침대에 누워 있을 때 상상 속에서 생활했던 바로 그 객실이 저에게 할당되었고, 제가 선택했던 배를 타고 제가 방문하고 싶었던 일곱 개의 휴양지 모두를 방문하게 되었다는 것입니다." -F.G.

여행은 특권이지만 부자에게 주어진 특권이 아니라
상상력이 풍부한 자의 몫이다.
[스티븐 베리언 스탠튼 "참된 삶"]

Chapter 7 Moods
감정

지금은 운명이 우리의 감정을 결정하기보다는,
감정이 우리의 운명을 결정하는 시대다.
[윈스톤 처칠]

　사람들은 자신의 감정을 원인으로 생각하지 않고, 어떤 일에 대한 결과로만 생각하고 있습니다. 감정은 상상의 활동이며, 감정이란 것이 없다면 어떤 창조도 일어날 수 없습니다. 우리는 단순하게 어떤 목적을 이루었기에 행복하다고 말하면서 그런 과정이 반대의 방향으로 진행될 수 있다는 사실을 모릅니다. 다시 말하자면 소원이 성취된 행복한 감정을 사실로 받아들였기 때문에 우리의 목적을 이룰 수 있다고 말입니다.
　감정은 삶의 환경들이 빚어낸 결과일 뿐 아니라 환경의 원인이 되기도 합니다.『감정의 심리학』에서 리벗 교수는 다음과 같이 말합니다.
　"단지 생각 자체만으로는 무엇도 만들어내지 못하고 어떤 일도 할 수 없다. 하지만 생각을 느낄 수 있다면, 즉 생각이 결과를 만들어낼 수 있는 상태와 동반된다면, 다시 말해 생각이 발동 요소인 성향을 일깨운다면 그때는 활동한다."

다음 이야기에 나오는 여성 분은 자신의 소망이 성취된 것을 아주 성공적으로 느꼈습니다. 그녀는 자신의 감정 상태가 그 밤의 분위기를 결정하게 해서, 행복한 꿈을 꾸게 했습니다.

"우리 모두 동화책을 좋아하지만, 동화책에 나오는 믿을 수 없는 부와 행운은 아주 어린 아이들을 위해서만 쓰인 거라 생각합니다. 하지만 정말 그럴까요? 제가 지금 이야기하는 것은 상상력의 힘을 사용하여 저에게 일어난, 믿기지 않는 놀라운 이야기입니다. 게다가 저는 나이도 적지 않습니다. 현시대는 전설이나 마법 같은 것을 더 이상 믿지 않습니다. 하지만 단순히 '상상이 현실을 창조한다'는 것과 '느낌은 상상의 비밀'이라고 선생님이 가르친 것을 사용한 결과, 갖고 싶었던 모든 것이 저에게 주어졌습니다.

"이런 기적 같은 일이 일어났을 당시, 저는 실직상태였고 기댈 가족조차 없었습니다. 필요한 것은 그야말로 생활에 필요한 모든 것이었습니다. 직업을 구하려면 타고 다닐 차가 필요했는데 제 차는 너무 낡아 이젠 고물상에 갈 날만 기다리고 있는 처지였습니다. 방세도 밀린 상태였고 직장을 구하러 다닐 마땅한 옷도 없었습니다. 그리고 오늘 같은 세상에 55세의 여성이 직업을 얻는 것 자체도 힘든 일이었습니다. 예금계좌는 거의 바닥을 보였고 기댈 친구조차 없었습니다.

"그래도 저는 거의 1년에 걸쳐 선생님의 강의에 참석했었고, 저의 절망이 제가 상상력을 쓰게끔 재촉하고 있었습니다. 말 그대로 저는 잃을 것이 하나도 없었습니다. 제게 필요한 것을 하나하나 모두 가지고 있다고 상상하며 시작하는 것이 당연했습니다. 그런데 너무도 많은 것들이 필요했기 때문에 그렇게 일일이 필요한 것들을 다 이루기에는 벅찬 일이었습니다. 걱정이 굉장히 많아져 잠을 이룰 수가 없었습니다. 어느 날 저녁, 선생님의 강의에서 단순히 '느낌', 또는 '굉장해!'라는 '말'을 사용했던 예술가의 경험담을 들었습니다. 제 경우에도 그렇게 해보기로 결심했습니다. 필요한 것을 모두 생각하고 상상하기보다는 제게 어떤 놀라운 일이, 내일도 아니고 다음 주도 아니고 바로 지금 일어나고 있다는 '느낌'을 가지려고 했습니다. 저는 잠들 때까지 계속 반복하고 또 반복했습니다. '굉장해! 마법 같은 일이 지금 일어나고 있어!' 그리고 그런 상태를 느끼면서 자려고 했습니다.

"저는 그 상상과 느낌을 두 달 동안 밤마다 계속 반복했습니다. 10월 초, 몇 달 동안 보지 못했던 친구를 만났는데 뉴욕으로 여행을 떠나는 길이었습니다. 저도 몇 년 전에 뉴욕에서 살았던 경험이 있어 그 친구와 뉴욕에 대해 잠깐 이야기를 나누고 헤어졌습니다. 그리고는 그 일에 대해선 완전히 까먹고 지냈습니다. 한 달이 지나고 이 친구가 제 아파트에 왔습니다. 그리고는 저에게 제 이름으로 된 2,500달러짜리 수표 하나를 건네주었습니다. 그렇게 많은 액수가 적혀있는 수표를 본 충격에서 정신을 차린 후, 제 앞에 펼쳐진 이야기는 마치 꿈만 같았습니다. 그것은 다른 한 친구와 관련되어 있었는데 그 친구는 저랑 25년 이상이나 만난 적도, 소식을 들은 적도 없는 친구였습니다. 이 과거의 친구는 저와 만나지 못했던 25년의 세월 동안 엄청나게 큰 부자가 되어 있었습니다. 지금 이 수표를 준 친구는 뉴욕을 여행하던 지난달에 갑부가 된 그 친구를 우연히 만나게 되었습니다. 서로 이야기를 나누는 중, 저에 대한 이야기도 나왔고, 제가 알아서는 안 되는 어떤 이유로 이 옛 친구는 자신이 얻은 큰 부를 저와 나누기로 결심했습니다. 지금까지도 저는 그 이유에 대해 개인적으로 듣지 못했습니다.

"그 후 2년 동안 필요한 일상의 물건들을 사는 데에 충분할 뿐만 아니라 자동차, 좋은 옷, 넓은 아파트와 같은 굉장한 것들을 사는 데에 충분한 액수의 수표를 그의 변호사로부터 매달 정기적으로 받았습니다. 제가 가장 좋았던 것은 매일 필요한 것을 구하러 다닐 필요가 없다는 것이었습니다.

"지난달에 한 통의 편지와 제 서명을 기다리는 계약서를 받았는데, 그 계약서에는 제 여생 동안 정기적으로 돈을 지급할 것을 보장한다는 내용이 적혀있었습니다!" T.K

어리석은 자가 자신의 어리석은 행동을 계속 고집한다면
결국 현명하게 될 것이다.
[블레이크]

윈스턴 처칠은 우리에게 구하고자 하는 것을 이미 소유하고 있다는 가정 아래 행동하라고 말합니다. 이 말은 셰익스피어의 "햄릿"에 나오는, "덕이 없다면 있는 척이라도 하라"는 말과 일맥상통합니다. 이것이 바로 '기적'의 비밀이 아니겠습니까?

그래서 성경에서는 중풍에 걸린 자에게, "일어나 침상을 걷고 걸어 나가라"[마가복음 9:10]고 말했습니다. 다시 말하자면 정신적으로 그가 이미 치료된 것처럼 행동하라는 것입니다. 그의 상상 속 행동이, 만약 치료되었다면 육체적으로 했을 행동과 일치하게 된다면 치유의 기적은 일어나게 됩니다.

"사람들은 어쩌면 제가 지금 할 이야기를 '그 일은 상상이 아니더라도 일어났을 거야'라고 말할지 모릅니다. 하지만 자세히 들여다본다면 분명 놀랄 것입니다. 이야기는 1년 전으로 거슬러 올라갑니다. 저는 로스앤젤레스를 떠나 딸이 있는 샌프란시스코에 도착했습니다. 항상 낙천적인 성격을 지녔던 딸이, 기대했던 모습과는 달리 심각하게 우울한 상태에 있었습니다. 딸이 왜 그러는지는 모르겠지만 이유도 묻지 않은 채, 딸아이가 직접 말해줄 때까지 기다렸습니다. 아이는 현재 재정적으로 아주 곤란한 상황에 있었고, 당장 필요한 돈이 3천 달러였습니다. 저는 돈이 없는 것은 아니지만 그렇게 큰돈을 당장 구하지는 못했습니다. 더군다나 제가 아는 딸은 제 도움을 받아들이지 않았을 것입니다. 돈을 한번 대출해 보라고 권유했지만 싫다고 했습니다. 대신에 딸은 '나의 방법', 즉 상상력을 이용할 테니 자신을 도와달라고 말했습니다. 저는 자주 선생님이 가르치고 있는 것을 딸아이에게 이야기했기에 그런 결정을 한 것 같습니다.

"제가 딸아이를 도울 수 있게 딸아이도 저에게 협력해야 한다는 조건 하에, 아이의 부탁을 흔쾌히 받아들였습니다. 우리는 돈이 모든 곳으로부터 다가오는 모습을 '보는 것'을 시도했습니다. 아이가 돈의 바다 한가운데에 있을 때까지, 모든 곳으로부터 돈들이 흘러들어오는 것을 느꼈습니다. 우리는 관련된 사람들에 대해서도 '기쁨'의 느낌을 항상 가지면서 이 상상을 했고, 그것이 이루어지는 방법에 대한 생각은 하지 않았고 오로지 모든 것에 기쁨만을 느꼈습니다.

"그 생각의 불씨는 딸아이에게 제대로 붙은 듯했습니다. 그래서 저는 그 후 며칠 동안 일어난 일들이 딸아이가 해낸 것임을 압니다. 물론 당시에 실제로 돈이 들어오지는 않았지만, 딸은 본래의 행복하고 자신만만한 성격을 되찾았습니다. 저는 아이의 집을 떠나 다시 저의 집으로 향했습니다.

"집에 도착했을 때 저는 엄마에게 전화를 했는데 엄마는 지금 당장 자신의 집으로 오라고 했습니다. 엄마는 91세의 인품있고 건강한 분입니다. 그날 하루는 좀 쉬고 싶었지만 지금 당장 와야 한다는 말에 엄마에게 갔습니다. 엄마는 제 딸아이를 위해 만들어 놓은 3천 달러짜리 수표를 건넸습니다. 그리고 세 장의 수표를 더 건넸는데 손주들을 위해 만들어 놓은 것이었고, 액수는 모두 합해 1,500달러가 됩니다. 왜 그랬냐고요? 엄마는 하루 전날, 자신이 가진 돈을 사랑하는 사람들에게 나눠주고 돈을 받을 때의 기쁨을 보고 싶다는 생각이 갑자기 들었다고 합니다.

"이 일이 어차피 일어날 일이었을까요? 아니요. 이런 식으로는 아닐 것입니다. 제 딸아이의 절박한 요구가 있은 지 얼마 되지 않아서, 게다가 딸아이가 기쁨의 감정으로 변화되자마자 이런 일이 갑자기 일어나지는 않았을 것입니다. 저는 딸아이의 상상에서 벌어진 일들이 이런 경이적인 변화를 만들었고, 받는 사람에게 큰 기쁨을 선사했을 뿐 아니라 주는 사람에게도 큰 기쁨을 선사했다는 것을 압니다.

"추신... 하나 빼먹은 것이 있는데 엄마가 후하게 나눠준 수표 중에는 제 것도 하나 들어있었는데 무려 3천 달러짜리였습니다!"

M.B

상상 속에서 의식의 초점을 변화시켜 얻을 수 있는 가능성은 가늠하지 못할 정도로 무한합니다. 어떤 한계도 없습니다. 삶의 드라마는 우리의 물질적인 행위가 만들어내는 것이 아닌, 우리의 분위기와 감정이 만들어내는 상상력의 활동입니다. 감정은 모든 것을 그 감정이 선언하고 있는 것을 향하도록 솜씨 좋게 인도합니다. 그래서 감정이야말로 삶의 환경들을 창조하고 사건들을 명령하는 것입니다. 소망이 성취된 감정은 일상적으로 묶고 있는 감각의 철창 위로 우리를 쉽게 들어 올려주는 높은 파도와 같습니다. 감정을 알아채고 이 상상의 비밀을 안다면, 우리의 감정이 단언하고 있는 것 모두를 실현할 수 있습니다.

다음의 이야기는 장난스러운 방법을 통해 감정을 유지하게 만들어, 놀라운 결과를 만들어낸 한 어머니의 이야기입니다.

"선생님도 사마귀에 대한 옛날 이야기를 들어보셨을 겁니다. 그건 누군가가 사마귀를 산다면 그 사마귀가 없어진다는 이야기죠. 저는 어렸을 때부터 그 이야기를 들어왔는데, 선생님의 강의를 듣기 전까지는 이 이야기에 숨어있는 진실을 깨닫지 못했습니다. 10살 된 아이가 있는데 다리에 보기 흉한 커다란 사마귀가 여러 개 있었습니다. 몇 년 동안 이 사마귀가 염증을 유발했죠. 저의 번뜩이는 '재치'를 아이를 위해 써보기로 결심했습니다. 아이는 엄마의 말을 법으로 여기면서 신뢰하기에 저는 아이에게 혹시 그 사마귀를 정말 없애고 싶은지 물었습니다. 묻자마자 '네'라고 대답했죠. 그런데 아이는 의사에게 가기는 싫다고 했습니다. 재밌는 게임 하나를 하자고 제안했고, 아이에게 사마귀 하나당 얼마의 돈을 주기로 했습니다. 이 방법이 아이에게는 잘 맞을 거라고 생각했죠. 그런데 아이는 그렇게 해서 어떻게 사마귀가 없어지는지 모르겠다고 말했습니다. 우리는 적정한 가격에 협상을 했고, 저는 말했습니다. '이제 엄마가 이 사마귀들 값을 치를 거야. 그러면 이젠 사마귀는 더 이상 네 것이 아니야. 다른 사람 것을 네가 계속 가지고 있지는 못해. 그러니까 너는 이제 사마귀를 계속 가지고 있을 순 없어. 곧 사라지게 될 거야. 하루나 이틀 아니면 한 달 정도가 걸릴 수도 있겠지. 그래도 이건 명심해. 엄마가 이것들을 샀으니 이것들은 이제 엄마 것이 됐어.'

"아이는 우리의 게임을 꽤나 즐거워했죠. 그리고 결과는 오래된 마법책에서 읽은 것과 같습니다. 정말 열흘도 안 되어 사마귀는 점점 사라지기 시작했고, 한 달이 되어갈 무렵에는 아이의 몸에 있던 모든 사마귀가 완전히 사라졌습니다!

"여기에는 속편이 있습니다. 그건 제가 다른 사람들에게도 사마귀를 샀거든요. 그들 역시 아주 재미있다고 하면서, 사마귀를 하나에 5센트,

7센트 아니면 10센트에 사가는 데에 동의했죠. 모두의 사마귀가 다 사라졌습니다. 그런데 제가 그것을 사라지게 한 건 상상력이라고 말했을 때 그 말을 믿었던 사람은 오직 저의 어린 아들밖에 없었습니다."

J.R.

자신이 어떤 감정에 놓여 있다고 상상한 사람은 그 감정의 결과를 얻게 됩니다. 자신이 어떤 감정 속에 있다고 상상하지 않은 사람은 앞으로 다가올 결과를 예측할 수 없습니다. 아일랜드의 위대한 신비주의자 A.E는 『환상의 양초』에서 이렇게 말했습니다.

"나는 지금까지 나와 상관없는 듯 보이고, 바꿀 수 없는 것처럼 보이는 환경 속에서 내 감정의 신속한 메아리와 대답을 인식했다. . . 그래서 내 안에서 새로운 감정이 일어나는 것으로 미래를 예언할 수 있게 되었고, 나는 어떤 특정한 사람들을 곧 만나게 될 것이라는 감정을 읽으면 그들을 만나게 되었다. 심지어 무생물조차 이런 감정의 메아리의 영향 아래 있었다."

하지만 인간은 새로운 감정이 자신 안에서 일어나는 것을 기다릴 필요가 없습니다. 인간은 자신의 의지로 행복한 감정을 창조해낼 수 있기 때문입니다.

Chapter 8 Through the Looking Glass
우리를 비추는 거울을 넘어서

거울을 바라보는 자,
그의 눈은 그 위에 머물 수도 있다.
하지만 그가 원한다면
거울 너머의 천국을 볼 수 있다
[조지 허버트 "불사의 영약"]

사물을 인식하기 위해서는 어떤 경로들을 거친 후에 우리의 뇌가 먼저 인식해야 합니다. 이런 것을 보더라도 우리는 주변의 환경들과 직접 결속된 것이 아닙니다. 우리의 의식은 대개 감각이 주는 정보에 초점이 맞춰져 있고 그것들에 제한되어 있지만, 우리는 그러한 감각을 넘어서 마음속에 품은 상상들에 초점을 맞출 수 있습니다. 그뿐만 아니라 그것들을 마음속에서 충분히 자리 잡게 하면 '감각이 시선을 머물게 한' 것들보다 더 실제같이 만들어낼 수 있습니다. 만약 이 말이 진실이 아니라면 인간은 환경에 그대로 영향을 받기만 하는 자동 기계가 되어, 환경을 조금도 바꾸지 못할 것입니다. 상상력이 본질인 인간은 뇌에 종속되어 살고 있는 존재가 아닌, 그것의 주인입니다. 외부 세상에서 감각으로 인식되는 것들에 만족하며 살 필요 없이 그것들을 넘어 관념적인 인식으로 나아갈 수 있습니다.

기계처럼 있는 그대로 반응하기만 하는 감각의 체계를 넘을 수 있는 능력은 인간이 찾아낼 수 있는 가장 위대한 발견입니다. 그것은 마음의 구조를 바꾼다면 환경들을 우리가 원하는 방향으로 만들 수 있는 힘을 가진 상상의 주체로서, 인간을 드러냅니다. 우리의 의식은 상상의 선봉대에 서 있으면서 우리의 눈을 사로잡는 감각에 이끌려 외부를 향해 뻗어가거나, 아니면 우리가 원한다면 감각을 넘어 내부로 인도되어서 소망이 성취된 느낌 속으로 들어갑니다.

감각기관을 통한 인식에서 관념적인 인식으로 가기 위해서는, 다시 말하면 보이는 상태에서 마땅히 그렇게 되어야 하는 상태로 넘어가려면 우리가 실제로 그곳에 있고 원하는 것을 이루었다면 보고 듣고 행동할 만한 것들을, 가능한 한 생생하게 상상해야 합니다.

다음의 이야기는 '우리를 비추는 거울을 넘어서', 자신을 옭아맨 사슬을 끊어버린 여성분의 이야기입니다.

"2년 전, 심각한 혈전 증상으로 동맥경화와 관절염이 생겨 병원에 입원했습니다. 신경은 손상됐고 갑상선은 부었습니다. 의사들은 제가 앓고 있는 병의 원인에 대해서 의견이 분분했고, 그들이 내린 어떤 처방도 효과가 없었습니다. 자유롭게 돌아다니는 일은 이제 꿈도 꿀 수 없었고 침대에 꼭 매여 사는 신세가 되었습니다. 엉덩이에서 발가락까지 상자에 꽉 껴서 튼튼한 끈으로 매여 있는 듯했고, 긴 압박 스타킹의 도움 없이는 발 하나도 바닥에 디딜 수조차 없었습니다.

"선생님이 가르친 것에 대해서 어느 정도 알고 있었기에 적용해보려 했습니다. 하지만 상황은 점점 악화되어 더 이상 강의에 참석할 수 없었기에 절망은 더욱 커져만 갔습니다. 하루는 친구가 저에게 엽서 한 장을 보냈는데 아름다운 바닷가의 모습이 담겨 있었습니다. 계속 꺼내 보고 싶을 정도로 사진은 너무 아름다웠습니다.

"엽서의 사진은 작년 여름, 부모님과 함께 해변에 갔던 장면을 떠오르게 했습니다. 잠시 동안 그 엽서의 사진은 살아있는 풍경이 되어서 마치 제가 해변을 뛰어다니는 것 같은 생각이 들게 했습니다. 발에 닿는 백사장의 모래와 발을 덮는 차가운 물이 느껴졌고, 또 귓가에는 해안에서 부딪치는 파도 소리가 들렸습니다. 비록 침대 위에 누워있는 신세였지만 이런 상상들로 인해 매우 기뻤습니다. 그래서 저는 거의 일주일 동안 상상 속에서 이 아름다운 장면에 푹 빠져 살았습니다.

"어느 날 아침, 소파에 앉기 위해 침대에서 일어나 앉으려 했습니다. 그때 온몸이 마비되는 듯, 참기 힘든 고통이 저를 덮쳤습니다. 앉지도 눕지도 못하는 상황이 되었고 영원 같은 1분의 시간 동안, 이 끔찍한 고통은 계속됐습니다. 그런데 이 고통이 멈췄을 때 제 몸은 자유를 찾았습니다. 다리를 꽉 묶고 있던 끈들이 잘려 나간 듯했습니다. 바로 직전까지 속박되어 있던 몸이, 눈 깜짝할 사이 해방됐습니다. 차츰 좋아진 것이 아니라 순식간에 자유가 찾아왔습니다."   -V. H

우리는 눈에 보이는 것에 의지해 걷는 것이 아니라,

믿음으로 걷는다

[고린도후서 5:7]

　눈에 의지해 걷는다면, 보이는 것들로 우리의 길을 인식합니다. 하지만 우리가 믿음에 의지해서 걷는다면, 상상 속에서 보고 있는 세상과 행동들로 우리의 삶을 만들어가게 됩니다.
　우리가 상상의 눈을 통해 인식하지 않는다면 감각기관을 통해 사물을 인식하게 됩니다. 두 가지 마음 태도 모두 가능합니다. 상상 속에서 만든 것들을 현실로 불러낼 수 있는, 창조력이 있는 상상의 힘을 쓰든, 아니면 상상의 힘은 내버려둔 채, 있는 그대로만 비추는 시선이 머문 곳에 의지하든, 우리는 결정을 내려야 합니다.
　인간 안에는 생명의 원리와 죽음의 원리가 모두 있습니다. 하나는 광대한 상상의 바다로부터 상상의 구조물을 만들어내는 상상력입니다. 다른 하나는 차가운 현실의 기반 위에서, 있는 그대로를 보여주고 있는 형상으로부터 그 모습 그대로 상상의 구조를 만들어내는 상상력입니다. 전자는 창조를 하지만, 후자는 변화를 만들어내지 못하고 현실을 그대로 유지할 뿐입니다. 우리는 믿음의 길을 선택하거나 눈에 보이는 길을 선택해야 합니다. 상상의 바다로부터 끄집어낼 수 있는 범위만큼 우리는 생명을 얻습니다. 그래서 보이는 그대로를 나타내기만 하는 '감각의 세상을 넘어갈 수 있는 능력'을 키우는 것은 삶의 영역을 확대하는 것입니다. 감각이 비추는 거울에 우리의 시선을 머물러서 상상력의 힘을 무력화시키면 삶의 범위는 그만큼 작아집니다.

현실이라는 그럴듯한 모습은 우리에게 자유를 안겨줄 수 있는 상상의 시선을 빼앗고 현실이 비추는 것만을 보게 할 뿐, 그 안에 있는 진실은 삼켜버립니다.

상상의 시선은 그 시선을 뺏기지만 않는다면 현실이라는 거울이 비추는 것을 넘어, 그곳에 있어야만 하는 것들을 볼 수 있습니다. 현실이 아무리 실제 같아 보여도 상상의 눈은 본 적도 없는 것을 바라볼 수 있습니다. 인식이란 것이 외부 사물에 대한 감각에만 고정되어 있으면 우리는 외부 세상에 지배당하게 되고 현실이라는 거울에만 시선이 머물게 됩니다. 이것으로부터 해방될 수 있는 것은 상상의 눈, 오직 '상상의 눈' 뿐입니다.

'결과를 생각하는 상태'에서 '결과로부터 생각하는 상태'로 옮겨가는 것은 가능합니다. 중요한 문제는 결과로부터 생각하는 것이고, 다시 말해 그 결과의 상태를 경험하는 것입니다. 이것이 중요한 이유는 이것을 통해 주체와 객체가 하나가 되기 때문입니다. 반면에 무언가를 생각한다는 것은 주체와 객체가 분리되어 있다는 것을 뜻합니다. 즉, 생각하는 자와 생각하는 대상이 분리된 채 존재합니다.

자신을 내려놓는 것(Self-abandonment)이 바로 비결입니다. 우리는 원하는 상태와 사랑에 빠져 그 상태에 우리 자신을 내려놓아야 합니다. 그렇게 하면 현재의 상태는 물러가고 우리가 원하는 상태 안에서 살게 됩니다. 상상력이 그 상태의 생명 위에 뿌리를 내리면 그것의 생명이 피어나게끔 상상력 그 자신을 내어줍니다.

믿음에 사랑이 더해지면 자신을 내려놓을 수 있습니다. 우리는 사랑하지도 않는 것에 우리를 내맡길 수는 없습니다. "그대가 그것을 사랑하지도 않는다면, 결코 어떤 것도 만들어 내지 못할 것이다." [지혜의 책, 11:24] 원하는 상태에 생명을 불어넣으려면 그것과 하나가 되어야 합니다.

"나는 살아 있지만 내가 사는 것이 아니요 하느님께서 내 안에 사시는 것이라. 내가 이제 육신으로 사는 삶은, 나를 사랑하시어 나를 위해 자신을 주신 하느님의 아들을 믿는 믿음으로 사는 것이다." [갈라디아서 2:20]

하느님은 창조물인 인간을 사랑해서 믿음으로 인간이 되었고, 이런 자아를 내려놓는 행동이 창조물을 창조자로 바꾸어 놓았습니다.

우리는 하느님의 사랑하는 자녀로서 하느님을 본받아야 합니다. 하느님이 우리를 사랑해서 자신을 우리에게 내려놓았던 것처럼 우리 역시 우리가 사랑하는 것에 우리 자신을 내려놓아야만 합니다. 어떤 상태를 경험하기 위해서는 그 상태가 되어야 합니다. 상상의 초점은 옮겨갈 수 있고, 지금은 단지 소망(상상 속의 활동이 낮게 조율된 것)에 불과한 것이 마음을 가득 채워, 그렇게 보고 있는 것과 하나가 될 수 있습니다. 상상의 초점이 그렇게 옮겨갈 수 있다는 것은 놀라운 일입니다.

상상의 초점을 이동하는 일은 전적으로 심리적인 것입니다. 상상의 초점은 공간적인 이동에 의해서 움직이는 것이 아니라 인식의 변화로 일어납니다. 감각이 느끼는 한계들은 마음속의 장벽에 불과합니다. 감각이 인식하는 한, 상상의 눈은 진리로부터 벗어나게 됩니다. 감각의 인식들을 떠나보내지 않는 한, 우리는 더 먼 곳으로 나아갈 수 없습니다. 다음 이야기의 여성은 순간적이고 놀라운 변화와 함께 감각의 한계들을 '떠나보냈습니다.'

"선생님이 가르쳐 주신 '황금 열쇠'에 대해 감사드립니다. 그 열쇠는 동생을 병원에서 해방시켰고 고통에서 벗어나게 했으며, 어쩌면 죽음에서 해방시켰는지도 모릅니다. 동생은 회복될 가능성도 없이 네 번째의 심각한 수술을 받게 되었습니다. 저는 걱정이 돼서 상상력에 관해 배운 것을 사용하기 시작했습니다. 동생이 진짜 원하는 것이 무엇인지를 저 자신에게 먼저 물어봤습니다. '동생은 이 몸 안에서 계속 지내기를 원할까? 아니면 몸을 떠나기를 원할까?' 이 질문이 계속 머릿속을 맴돌았습니다. 그러다 갑자기 동생이 병원에 입원하기 전, 부엌을 다시 리모델링하려던 것이 생각났습니다. 이것이 제 질문에 대한 답이라고 생각했습니다. 그래서 그것에 대해 상상하기 시작했습니다.

"부엌 리모델링을 바쁘게 하는 동생을 '보는' 것을 시도하다가, 문득 어렸을 적부터 몇 번이나 앉았던 주방 의자 등받이를 붙들고 있었는데, '어떤 일'이 일어나자 갑자기 병원에서 동생의 침대 옆에 제가 있는 것을 발견했습니다. 병원은 제가 생각조차 하기 싫어하던 곳이었습니다. 그런데 제가 그곳에 있었고 동생은 제 옆에 있었습니다. 동생이 제게 손을 내밀어 제 손을 꽉 잡았습니다. 동생의 목소리가 들렸습니다. '올 줄 알았어.' 제가 잡고 있는 동생의 손은 아주 건강한 손이었습니다. 제가 동생에게 '이젠 괜찮아. 너도 알잖아'라고 말하는 것을 들었습니다. 제 말은 기쁨으로 가득 차 있었습니다. 동생은 아무런 말이 없었지만, 그때 저에게 '이 순간을 기억해'라고 말하는 것을 분명히 들을 수 있었습니다. 깨어보니 저는 집에 돌아와 있었습니다.

"이 일은 동생이 병원에 들어간 날 밤에 일어났습니다. 다음날 올케한테 전화가 왔습니다. '정말 믿기지 않는 일이 일어났어요. 의사도 설명을 못하고 있는데 수술이 필요하지 않다고 하네요. 내일 퇴원해도 될 정도로 나았어요.' 다음 주 월요일에 동생은 다시 출근하게 됐고 그날 이후 건강을 되찾았습니다." - Jo

우리 삶을 만들고 있는 것은 현실이 아닌 상상입니다. 그녀가 동생을 찾는 데에 나침반이나 다른 물질적인 도구들은 필요 없었고, 오로지 '상상의 눈'만을 필요로 했습니다. 감각의 세상에 묶여있다면 두 눈이 보고 있는 것만을 볼 수밖에 없습니다. 하지만 상상의 세상 안에서는 우리가 보기 원하는 것들을 볼 수 있습니다. 우리가 이렇게 상상 속에서 보는 것들은 감각의 세상에서 창조됩니다. 우리는 습관적으로 외부 세상만 바라봅니다. 우리가 원하는 것을 보기 위해서는 상상의 힘을 의지적으로, 또 의식적으로 사용하는 것이 필요합니다. 우리의 상상 속에서 일어난 일들은 그것의 창조적인 과정에 맞추어 우리의 미래를 만듭니다. 상식은 우리가 단단하고 감각적인 세상 안에서 살고 있다고 말합니다. 하지만 이렇게 단단한 세상처럼 보이는 것들 모두 상상에서 비롯된 것입니다.

다음 이야기는 우리가 상상 속 시선을 멀리 옮길 수 있다는 것을 보여줍니다. 육체는 그대로 두고 이동할 수 있을 뿐만 아니라, 시공간을 넘어 멀리 떨어진 사람 앞에 나타날 수도 있습니다. 하지만 이것이 꿈이라고 한다면,

> 우리가 보고 있는 모든 것, 우리의 모습은
> 단지 꿈 안의 또 다른 꿈일까?
> [에드거 앨런 포]

"샌프란시스코에 있는 거실에 앉아서 런던에 있는 딸의 거실에 제가 있다고 상상했습니다. 딸의 거실을 떠올리며 주변을 채워나가자, 마치 실제로 그곳에 있는 듯한 생생함에 휩싸였습니다. 거의 완벽해지자 제가 그곳에 실제로 있다는 것을 알아차리게 됐습니다. 딸은 벽난로 옆에 서 있었는데 제 쪽으로 고개를 돌렸습니다. 잠시 후 저와 마주하게 되었고 서로 눈이 마주쳤습니다. 딸은 놀라서 당황했고, 저 역시 당황했는데 그러자 바로 샌프란시스코의 제 거실로 돌아오게 되었습니다.

"닷새 후, 딸에게서 편지가 왔습니다. 그 편지는 제가 상상 속의 여행을 시도한 날 쓰인 편지였습니다. 딸은 마치 제가 실제로 그곳에 있었던 것처럼 거실에서 저를 봤다고 했습니다. 너무나도 당황했는데 정신을 차려 말을 건네려던 차에 제 모습이 사라졌다고 했습니다. 이 '방문' 시간은 바로 그 정신적인 여행을 한 시간과 정확히 맞아떨어졌습니다. 딸은 이 믿기지 않는 경험을 사위에게 말했더니, 사위는 빨리 저에게 편지를 쓰라고 했답니다. 제가 분명히 죽었거나 아니면 죽어가고

있을 거라고 말이죠. 그때 바로 편지를 쓴 겁니다. 저는 죽거나 죽어가고 있지 않습니다. 오히려 보다 더 생생하게 살아있고, 이 엄청난 경험에 더욱 흥분돼 있죠." - M.L.J

그 무엇도 활동할 수 있는 것은 없고,
오직 전력을 다해 마음이 있는 곳만이 움직일 수 있을 뿐이다.
그렇다면 그대의 마음을 두고 있는 곳은 어디인가?
[토마스 칼라일]

　인간은 상상력, 그 자체입니다. 그렇기에 상상 속에 있는 곳에 우리가 존재합니다. 상상력이 바로 우리 자신이기 때문입니다. 상상력은 그것이 인식하는 모든 상태에서 활동적입니다. 진지하게 의식의 이동을 실험해 본다면 그곳에서 우리는 믿고 있는 것을 넘어선 가능성을 보게 될 것입니다. 감각들은 만약 우리가 '상상의 세계에서 깨어있었다면 거부했을 만한 것들'과 우리를 하나로 묶고는 '강제적이고 신성하지 못한 결혼식'을 거행합니다. 감각이 주는 정보들을 당신의 영양분으로 삼을 필요는 없습니다. 의식의 초점을 바꾸고 어떤 결과가 일어나는지 보십시오. 의식의 변화가 아주 조금이라도 일어났다면 우리는 그 미세하게 변화된 시선으로 세상을 다시 인식하게 될 것입니다. 보통의 경우에는 의식이 이동하기 위해서 육체적인 움직임이 동반되어야 합니다. 하지만 우리를 그런 한계 속에 묶을 필요는 없습니다. 우리의 인식 안에서 변화를 일으켜 이동할 수 있습니다.

감히 한계를 가늠할 수 없는 상상의 힘을 우리가 현실로 가져오고 있습니다. 어떤 공간적인 한계도 우리의 진정한 자아인 상상력을 가둘 수 없다는 것을 아는 것이 가장 소중한 깨달음입니다. 앞서 여성분의 경험은, 우리가 다른 이를 만날 때 진정한 자아는 육체의 한계를 벗어나 존재할 수 있다는 것을 보여줍니다. 또한 우리의 감각적인 인식이 일반적인 물질적 방법을 넘어 작용할 수 있다는 것도 보여줍니다. 그리고 이때 감각에 새겨지는 정보들은 일반적인 인식의 과정에서 생기는 것과 동일합니다. 이러한 과정 전체를 만들어냈던 불씨가 되는 것은 어머니가 '딸이 살고 있는 곳에 자신이 있다'는 아주 뚜렷한 생각이었습니다. 그리고 그녀가 진짜 그 장소에 있고, 딸도 그곳에 있었기 때문에 딸은 그녀를 알아볼 수 있었습니다.

우리는 이 경험을 물리적인 관점이나 물질적인 관점에서 이해하는 것을 바라지는 않고 오직 상상이라는 관점에서 이해하려고 합니다. 어머니는 '저 멀리 떨어진 곳'을 '이곳'으로 상상했습니다. 샌프란시스코는 '그곳'에 살고 있는 어머니에게는 '이곳'이었던 것처럼, 런던은 '그곳'에서 살고 있는 딸에게는 '이곳'입니다.

우리는 이 세상이 상식적으로 알고 있는 것과 본질적으로 다를지도 모른다는 생각을 거의 하지 못합니다. 블레이크는 말합니다.

나는 보이는 것들에 관해서 창문에게 묻지 않는 것처럼
내 이 식물의 눈과 물리적 눈에게 묻지 않는다.
나는 눈으로 보는 것이 아니라 눈을 통해 그 너머를 본다

이렇게 눈에 비춰진 것 너머를 보는 것은, 의식을 '이 세상' 뿐만 아니라 '다른 세상'으로 옮겨 놓을 수 있습니다. 신비가들이 쉽게 사용했던 이런 정신적인 여행, 즉 '눈에 비춰지는 것을 넘어서 보는 것'은 별자리를 관측하는 사람들이 더 알려고 노력했어야 할 부분입니다.

나는 인간의 땅을 두루 여행했다.
남자들의 땅 그리고 여자들의 땅 모두였다.
차가운 이 땅의 유랑자들은 결코 알 수 없는
아주 무시무시한 것들에 대해 듣고 보았다.
[블레이크, "마음의 여행자"]

아주 오래 전부터, 깨어난 사람들은 정신적인 여행을 했습니다. 바울은 말합니다. "나는 14년 전에 세 번째 하늘에 받아들여진 그리스도 안에 있는 사람 하나를 알고 있으니, 그가 몸을 지니고 그랬는지 몸이 없이 그랬는지는 나는 알지 못하고 하느님만 안다." [고린도 후서 12장] 여기에서 바울이 말했던 사람은 상상의 힘으로 혹은 그리스도의 힘으로 여행하는 자를 말합니다. 고린도 사람들에게 보내는 편지에는 이렇게 쓰여 있습니다. "그대 자신을 시험해보라. 예수 그리스도가 그대 안에 있다는 것을 깨닫지 못하는가?" 우리는 영적인 유산을 받기 위해서 '죽어야' 할 필요는 없습니다. "인간은 오직 상상력이고 하느님은 인간이다." [윌리엄 블레이크, "버클리에 대한 주석"] 이야기 속의 어머니가 했던 것처럼 당신도 자신을 시험해보십시오.

아서 에딩턴 경은 우리가 외부 세상에 대해 말할 수 있는 권리는 그것이 '공유된 경험'일 때뿐이라고 말했습니다. 우리가 어떤 것을 다른 이들과 함께 할 수 있거나 각각 다른 시간에 혼자서 같은 것을 경험할 수 있는 경우에만 '사실'이라 할 수 있다는 말입니다.

현실을 '공유된 경험'이라고 말하는 에딩턴 경의 정의를 받아들인다면 위에서 말한 이야기는 어머니와 딸이 함께 나눈 경험이기 때문에 지구나 색깔들처럼 실제한다고 할 수 있습니다. 상상하는 것의 한계가 어디까지인지는, 만약에 그런 한계가 있다 해도, 저는 그것을 모른다고 말할 수밖에 없습니다.

이상의 모든 이야기는 한 가지를 보여줍니다. 우리가 소망이 성취된 결실을 맛보기 위해서는 우리를 비추고 있는 거울을 넘어, 소망이 성취된 것을 나타내는 행동을 상상 속에서 시작해야만 한다는 것을 말이죠.

Chapter 9 Enter Into
하나 되기

관찰자가 자신의 '깊은 생각의 불타는 전차'에 올라타
자신의 상상 속 이미지들에게 다가가 하나가 될 수 있다면
그가 그렇게 할 수 있다면 그는 친구를 만들고,
이런 경이로운 이미지들 중 하나와 동반자가 될 것이다.
그러면 그것은 항상 그에게 유한한 것들을 넘어서게 하고,
그는 자신의 무덤에서 일어나,
하늘에서 주를 만나 행복하게 될 것이다.

[블레이크]

상상력은 우리가 소망이 성취된 마음속의 이미지 안으로 들어가 하나가 되기 전까지는, 소망에 대해 어떤 영향도 끼치지 못합니다. 소망이 성취된 이미지 안으로 들어가는 것은 블레이크가 말했던, "존재 바깥에 빈 공간, 우리가 그 안으로 들어간다면 그것은 자궁이 되는가?"라는 말과 닮아있습니다. 이것은 아담과 이브에 대한 진실한 신비적 해석이 아닐까요? 즉, 한 남자와 그의 분광에 대한 이야기가 아닐까요? 인간의 상상의 꿈들은 그의 분광, 즉 이브를 의미하며 "마치 농부

가 자신의 대지에 씨앗을 심듯이, 남자가 여자의 모든 신경들에 자신을 심는다. 그래서 여자는 남자의 거주하는 공간이 되고, 칠십 배나 비옥해진 정원이 된다"[윌리엄 블레이크, "내면의 여행자"]에서 말하는 것이 아닐까요?

창조의 비밀은 바로 상상의 비밀이기도 합니다. 우선 소망을 가진 후에 상상의 꿈인 '존재 바깥의 빈 공간'에 들어가 '그것을 둥글게 만들어 자궁이라는 거주 공간이 되어 칠십 배나 비옥해진 정원이 될 때까지' 소망이 성취된 느낌을 사실로 받아들이는 것입니다. 이렇게 마음의 형상과 하나가 되는 것은 그것을 '둥글게 만들어 하나의 자궁'으로 만드는 일입니다. 인간은 어떤 상태와 하나가 됨으로써 그 상태를 수태하고, 그것 안에 품은 것을 스스로 창조하게 합니다. 그래서 블레이크는, 이런 마음속 형상을 "그것 안에서 살지 않는 자에게는 그림자와 같은 것이고 단지 하나의 가능성에 지나지 않지만, 그것과 하나 되어 있는 자에게는 유일한 실상이 된다"고 말했습니다.

서쪽 해안으로 가던 길에 시카고에 잠시 들러 친구를 만났습니다. 친구는 중병에서 회복 중이었고 의사는 친구가 1층짜리 집으로 이사 가는 것을 권유했습니다. 의사의 충고에 따라 친구는 1층짜리 건물을 하나 샀습니다. 하지만 여태까지 살고 있던 3층짜리 넓은 건물을 살 사람이 없다는 현실에 직면했습니다. 친구를 만나러 갔을 때 굉장히 낙심해 있었습니다. 친구와 그의 아내에게 상상의 창조법칙을 설명하기 위해서 예전에 뉴욕에서 아파트 문제 때문에 저를 찾아왔던 유명한 여성에 대한 이야기를 들려줬습니다. 그녀는 아름다운 아파트를 시내에 하나 갖고 있었고, 또 교외에도 집을 하나 갖고 있었습니다. 그런데 그녀의 가족이 교외에 있는 집에서 여름을 보내려면 시내에 있는 아파트에 세를 줘야만 했습니다.

작년 봄에는 아파트 세주는 것을 어렵지 않게 해결했지만, 그녀가 저를 찾아왔을 시기는 이미 아파트를 임대하기엔 이사철이 지난 것처럼 보였습니다. 괜찮은 부동산 중개업자에게 세를 내주도록 일을 맡긴 상태였지만, 누구도 그 아파트에 세를 얻는 것에 관심이 없는 듯했습니다. 저는 그녀가 상상 속에서 어떤 일을 해야 할지를 말해줬습니다. 그녀는 제가 시킨 것을 했고 하루가 채 지나지 않아 세가 나갔습니다.

뉴욕의 그 여성분이 어떻게 자신의 상상력을 건설적으로 사용해서 아파트에 세를 내주게 되었는지 친구에게 설명했습니다. 그녀는 제가 제안한 것에 따라, 시내에 있는 아파트에서 잠들기 전에 자신이 교외에 있는 집의 침대에 누워있다고 상상했습니다. 상상 속에서는 시내의 아파트에서 세상을 바라본 것이 아니라 교외에 있는 집에서 세상을 바라보았습니다. 도심을 벗어난 곳의 신선한 공기를 마셨습니다. 이 느낌을 정말 현실처럼 만들어 자신이 정말 그곳에 있다는 느낌에 싸인 채, 서서히 잠 속으로 빠져 들었습니다. 그것이 목요일 밤이었습니다. 토요일 아침 9시에 그녀는 저에게 전화를 걸어, 금요일에 그녀가 제시했던 요구들을 모두 만족시켜주는 아주 완벽한 임차인이 나타나서 아파트를 임대했을 뿐 아니라 바로 그날 그가 이사 올 수 있도록 해주었다는 소식을 전해주었습니다.

저는 친구에게 그 여성분이 했던 것처럼 상상 속의 세계를 만들어보라고 했습니다. 즉, 이미 집이 팔렸다고 느끼면서 새로 산 집에 실제로 있는 것을 상상하면서 잠에 들라고 조언했습니다. 그리고 새로운 집의 이미지를 생각하는 것과 새로운 집의 이미지로부터 생각하는 것, 이 둘 사이의 큰 차이점에 대해 설명해줬습니다. 어떤 것을 생각하는 것은 그곳에 있지 못하다는 고백이고, 그것으로부터 생각하는 것은 그곳에 있다는 증거입니다. 마음의 형상 안으로 들어가서 마음속 형상과 하나가 된다면 그 형상에 실상의 질료를 불어넣게 됩니다. 그렇게 한다면 자동으로 현실에서도 새로운 집에 들어가게 됩니다.

누군가가 자신이 바라보고 있는 세상의 모습을 묘사한다면 그 모습은 전적으로 자신이 서 있는 위치에 좌우된다는 것과 인간이 상상력 자체라면 상상 속에 있는 곳에 실제로 있는 것이라는 것에 대해 설명했습니다. 이런 상식을 벗어난 인과관계의 개념은 친구와 아내를 혼란스럽게 만들었습니다. 제가 말했던 것이 그들에게는 마치 무슨 마법이나 미신처럼 느껴졌고 그들의 상식을 뒤흔들었습니다. 하지만 친구는 시도해보겠다고 약속했습니다. 그날 밤 저는 캘리포니아로 떠났습니다. 그리고 다음 날 저녁에 제가 타고 있는 열차의 차장이 저에게 전보를 전해줬습니다. '전날 새벽에 집 팔림.' 친구는 일주일 후, 제게 편지를 보내와서 자세히 말해줬습니다. 제가 시카고로 떠난 날 친구와 아내는 평상시처럼 예전 집에서 잠에 들었지만 마음은 새로운 집에서 새로운 세상을 바라보면서, 만약 이것이 사실이라면 어떤 느낌이 들게 될지를 상상하며 잠에 들었다고 합니다. 바로 그날 밤, 잠에서 깨어나

집이 팔렸다는 소식을 들었습니다.

마음의 형상과 하나 되기 전까지, 다시 말해 우리가 이브를 알기 전까지 그 사건은 세상 안으로 싹터 나오지 못합니다. 블레이크가 말하던 '빈 공간'으로부터 그 사건이 전개되어 나오려면 인간의 상상력 안에서 그 성취된 소망은 수태되어야만 합니다.

다음 이야기는 A.F부인이 상상의 시선을 변화시켜 상상 속에서 고집했던 장소에 실제로 들어가게 된 이야기입니다.

"결혼을 했을 때 남편과 저의 가장 큰 꿈은 유럽에서 1년을 보내는 것이었습니다. 어떤 사람들에게는 이 목표가 당연히 이룰 수 있는 것이겠지만 저희처럼 한정된 적은 돈으로 사는 사람에게는 터무니없고 완전히 웃음밖에 안 나오는 이야기입니다. 저희에게 유럽은 마치 다른 행성처럼 느껴졌습니다. 하지만 저는 선생님의 강의를 들었습니다. 그래서 영국에서 잠에 드는 것을 계속 밀고 나갔습니다. 왜 영국이냐고요? 제가 언젠가 버킹엄 궁전이 나오는 영화를 봤는데 그 장면을 보자마자 흠뻑 빠져버렸기 때문입니다. 제가 상상 속에서 한 것은 궁전을 바라보면서 궁전의 거대한 철문 밖에 서서, 철문을 만지며 제 손에 닿는 차가운 느낌을 갖는 것이 전부였습니다.

"많은, 아주 많은 밤 동안 제가 그곳에 '있다'는 큰 즐거움을 느끼며 이 상태에서 잠들었습니다. 얼마 뒤에 남편은 파티에서 어떤 사람을 처음 만났는데 그 사람의 도움으로 한 달 안에 아주 큰 대학에서 대학원 장학금을 받을 수 있게 되었습니다. 그런데 그 대학이 영국에 있다는 사실을 알았을 때 제 흥분은 이루 말할 수 없었습니다! 인간이 좁은 영역에 매여 있다고요? 그 다음 달에 우리는 대서양을 건너게 되었고, 우리가 극복할 수 없을 것 같이 보였던 어려움들은 마치 그것들이 원래 존재한 적도 없었다는 것처럼, 눈 녹듯 사라져 버렸습니다. 우리는 유럽에서 1년을 보냈고 그 해는 제 인생에서 가장 행복했던 시간이었습니다."

- A.F

세상을 보고 그것에 대해 말해본다면, 그렇게 묘사하는 세상의 모습은 전적으로 자신의 위치를 말해줍니다. 인간이 오직 상상력으로 이루어진 존재라면, 상상 속에 서 있는 곳에 반드시 존재하게 됩니다.

"집 짓는 이들이 버린 모퉁이 돌이 그들의 가장 큰 주춧돌이 되었다."[시편 118:22] 그 돌은 바로 상상력입니다. 저는 이 비밀을 당신에게 이해시키려 하고 있고, 이 비밀을 가지고 행동(Act)하든지 아니면 계속 반응(Re-act)만을 되풀이하든지, 그것은 당신의 몫입니다.

이것은 모든 것을 금으로 바꾸는 유명한 돌이나,
하느님의 손길에 닿아있고 하느님이 소유하고 있기에
사람들에게는 잘 알려지지 않았다.
[조지 허버트, "묘약"]

"낡은 집에서 살고 있지만 그래도 제 소유의 집이긴 합니다. 페인트

칠을 다시 하고 싶었고 내부 장식도 새로 하고 싶었는데 이를 할 만한 돈이 없었습니다. 선생님은 소망이 이미 현실이 된 것처럼 '살라고' 말했습니다. 그래서 이 낡은 집이 새집인 것처럼 상상하기 시작했습니다. 페인트도 새로 했고, 가구도 새 가구들이고, 새로 꾸민 실내 장식에 모든 것이 깔끔하게 정리된 집으로 상상했습니다. 그리고 이렇게 새로 단장한 방을 상상 속에서 걸어 다녔습니다. 칠이 아주 말끔하게 되어있는 것에 흐뭇해하면서 주위를 계속 서성였죠. 그리고 이 상상의 끝에는 수리업자에게 수표를 건네는 장면을 넣었습니다. 낮이며 잠자기 전이며, 할 수 있는 한 자주 이 장면 속으로 충실하게 들어갔습니다.

"이런 상상을 시작한 지 2주가 지나지 않아 런던의 로이드 조합으로부터 등기 하나를 받았습니다. 편지에는 한 번도 만난 적 없는 한 여성으로부터 7천 달러를 상속받았다는 내용이 적혀 있었습니다! 저는 그녀의 오빠를 거의 40년 전에 약간 알고 지냈습니다. 15년 전쯤 이 남자가 우리나라에서 죽었을 때 그 숙녀분의 부탁으로 작은 장례식을 치뤄줬던 적이 있습니다. 그때 그녀는 제게 편지를 써서 그의 죽음과 관련된 어떤 일을 부탁했지만, 그 후로는 어떤 소식도 오간 적이 없었습니다.

"이제 집을 다시 새롭게 꾸미는 것을 비롯해, 제가 원하는 다른 많은 일들을 할 수 있는, 아니 그보다 훨씬 더 많은 것을 할 수 있는 돈이 제 손에 쥐어져 있습니다." -E.C.A.

그 누구도 자신의 퇴색하고 유한한 눈으로 볼 수 있는 것보다
더 강렬하고 더 좋은 형태, 더 강렬하고 더 밝은 빛으로
상상하지 않는다면, 실제로는 전혀 상상하지 않는 것이다.
[블레이크]

자신을 다른 모습으로, 즉 다른 위치에 있는 모습으로 상상하지 않는다면 자신의 삶을 둘러싸고 있는 현재의 조건들과 환경들은 계속해서 변하지 않을 것이며, 지금 가지고 있는 문제들은 반복될 것입니다. 왜냐하면 현실의 모든 사건은 마음안의 형상으로부터 계속해서 영양분을 제공받기 때문입니다. 자신에 의해서 삶의 조건과 환경들은 만들어졌고, 자신에 의해서 그것들은 계속 유지됩니다. 그리고 그것들의 존재를 멈추게 할 수 있는 것 역시 자신밖에 없습니다.

원인세계의 비밀은 마음에 그려진 이미지들의 조합 안에 있습니다. 하지만 주의하세요. 반드시 의미를 내포한 것으로 조합되어야만 합니다. 그렇지 않으면 창조적 활동을 이루는 "말씀"에 형체를 부여하거나 실체의 옷을 입히지 못할 것입니다.

Chapter 10 Things which do not Appear
모습을 드러내지 않은 것들

눈에 보이는 것들 모두는 보이지 않는 것에서 만들어졌다.
[히브리서 11:3]

통치구조, 혁명, 전쟁, 그리고 국가의 흥망성쇠는 실제로는
인간의 마음에 심어진 생각들의 흥망성쇠의 관점에서 쓰일 수 있다.
[허버트 후버]

상상의 비밀은 신비가들이 찾아 헤매는,
풀어야 할 문제 중 가장 중요한 것이다.
최상의 힘, 최상의 지혜, 최상의 행복은
이 아득한 과거의 비밀을 풀어냈을 때 존재한다.
[더글라스 포셋]

　보이지 않는 곳에서 활동하는, 상상력의 창조력을 부정하는 사람과 논쟁을 하기에는, 너무나 큰 간극이 존재합니다. 인간은 자신의 상상력을 이용하여 말 그대로 "존재하지 않는 것을 존재 안으로 불러냅니

다."[로마서 4:17] 상상을 통해 모든 것이 창조되며, 그런 활동이 없었다면 "만들어진 것 중, 어떤 것도 만들어지지 않았을 것입니다." [요한복음 1:3]

그렇게 원인이 되는 활동은, 물질적인 사건들을 끊임없이 만드는 마음속 이미지들의 조합으로 정의될 수 있습니다. 우리는 마음의 이미지를 조합해서 행복한 결과로 만들고, 그 외의 것이 끼어들지 않도록 해야 합니다. 그리고 세상에서 일어나는 일들은 강제해서는 안 되고, 그 일이 스스로 일어나게끔 해야 합니다.

모든 존재와 사람들 안에서 활동하고 존재하는 유일한 것이 블레이크가 믿었던 것처럼 상상력이라면 사람들의 마음에 미묘한 변화를 일으키기 시작했던 것이 포도를 밟던 어떤 여인이 아니라고 확신하지는 못할 것입니다.

다음 이야기의 할머니는 매일 같이 자신의 어린 손녀를 위해 포도를 밟기 시작했습니다. 그녀는 말합니다.

"지금 하는 이야기는 가족이나 친구들이 정말 이해할 수 없다고 말한 사건입니다. 킴은 지금 두 살 반이 된 제 손녀입니다. 아이가 태어났을 때 제가 한 달간 돌봤었고, 그 후로는 1년 전에 다시 볼 때까지 보지 못했습니다. 게다가 1년 전에 손녀를 만났을 때도 겨우 2주밖에 보지 못했습니다. 하지만 이렇게 아이를 볼 수 없었던 동안에도 항상 상상 속에서 아이를 제 무릎에 놓고 꼭 껴안고는 아이에게 말했습니다.

"저는 킴에게 '하느님이 내 안에서 자라고 있네. 하느님이 내 안에서 사랑을 주고 있네'처럼 아름다운 이야기들을 상상 속에서 계속 들려줬습니다. 처음에는 어린 손녀의 대답을 얻으려고 했습니다. 제가 '하느님이 내 안에서 자라고 있네'라고 말하기 시작했을 때 아이는 '나'라고 대답하려 했습니다. 지금은 제가 그 말을 하기 시작하면 아이는 문장 전체를 따라 합니다. 또 이런 일도 일어났습니다. 상상 속에서 제가 아이를 무릎에 놓고 돌본 지 몇 달이 지나자, 상상 속의 손녀도 점점 자라고 무거워지기 시작했다는 것입니다.

"킴은 지금까지 제 사진을 본 적이 없습니다. 기껏해야 제 이름이야 들어봤을 정도겠죠. 그런데 언젠가 가족들이 말하기를, 아이가 저에 관해 말한다고 합니다. 어떤 누구에게 말하는 것이 아니라 그냥 혼잣말로 그렇게 한다고 하네요. 어떤 때는 거의 한 시간이나 계속하기도 하고 전화기로 가서는 마치 제게 전화하는 것처럼 한다고 합니다. 아이는 혼잣말로 이렇게 합니다. '우리 할머니는 나를 사랑한다. 우리 할머니는 매일 나를 보러온다.'

"제가 상상 속에서 어떤 일을 했는지는 잘 알고 있지만 그런 일이 실제로 일어나니, 저 역시 너무 놀랄 수밖에 없네요." - D.B.

상상력이 풍부한 남녀 모두 자신들의 마법 같은 힘을 계속해서 내뿜고 있습니다. 반면 수동적인 사람들, 즉 강한 상상력이 없는 이들은 계속해서 강한 상상력을 가진 이들이 발산하는 마법의 영향 아래 있습니다.

세상에 형체를 갖춘 모든 것은 상상 속의 원천으로부터 창조되거나 유지되지 않고서는 존재할 수 없습니다. 그래서 이 원천에 어떤 변화가 생긴다면 외부에 비춰진 것들도 내면의 변화와 조화를 이루어 변합니다. 상상을 통해서 혐오스럽고 불완전한 내면의 내용물들을 새로운 형상으로 대체하는 것은, 새로운 형상으로 그 자리를 채워 넣는 창조를 하는 것입니다. 만약 우리가 고귀한 이상에만 집중하고, 그보다 못한 것에 만족하지 않는다면, 이상은 반드시 승리할 것입니다.

"저는 선생님의 책인 『씨 뿌릴 때, 수확할 때』를 읽었습니다. 그 책에서 한 교사가 상상력을 이용해 자신의 일상 경험을 새로 써서 문제를 일으키는 소녀를 사랑스러운 숙녀로 변화시켰다는 이야기를 읽었을 때, 저도 남편이 근무하는 학교의 한 어린 남학생을 돕고 싶다는 생각이 들었습니다.

"그 학생과 관련된 문제를 설명하려면 몇 페이지가 필요할 겁니다. 남편은 그동안 이렇게 어려운 학생과 힘든 학부모를 만나본 적이 없다고 말했습니다. 그 학생은 너무 어려서 퇴학시킬 수 없었고, 교사들은 그저 자신의 반에 아이가 오지 않기를 바랄 뿐이었습니다. 더 큰 문제는 아이의 어머니와 할머니가 학교 운동장에서 진을 치고 모든 이와 문제를 일으키고 있다는 겁니다.

"저는 아이를 돕고 싶었고, 물론 남편도 돕고 싶었습니다. 그래서 밤마다 두 가지 장면을 상상했습니다. 하나는 평범하고 행복해 보이는 아이를 '보는 것'이었고, 다른 하나는 남편이 '자기야, 믿을 수 없어. R이 이제는 보통 아이처럼 행동해. 그리고 그 두 여자가 주변에 없으니 정말 천국 같아'라고 말하는 것을 '듣는 것'이었습니다.

"이 상상의 연극을 마음에서 상영한 지 두 달이 지났을 때, 남편이 '학교 주변이 마치 천국 같아졌어'라고 말했습니다. 제가 상상했던 것과 완전히 일치하지는 않았지만, 그것으로 충분했습니다. 아이의 할머니는 어떤 일 때문에 이 도시를 떠나야 했고, 아이의 어머니도 같이 떠났습니다.

"게다가 새로 부임한 선생님이 R의 도전을 받아들이겠다고 하였고, 그 아이는 놀랍게도 제가 상상했던 대로 점점 변하고 있습니다."
- G.B.

사용하지도 않는 법칙을 쥐고 있는 것은 아무 소용이 없습니다. "나는 이로운 스무 개의 가르침을 전하는 것이, 그중에 하나를 따르는 것보다 쉽다"고 말했던 포샤와는 달리, G.B는 그 가르침을 실천했습니다. 상상 속 믿음을 받아들이고 그에 따라 사는 것은 어려운 일이 아닙니다.

그분이 나를 보내시어 상처받은 이들에게 상처를 감싸게 하시고,
억압되어 있는 자에게 자유를,
속박된 자에게 가둬놓은 문의 개방을,
선포하게끔 하셨다.
[이사야 61:1]

Chapter 11 The Potter
토기장이

'그대는 일어나, 토기장이의 집으로 내려가서
내가 그곳에서 그대에게 할 말을 들으라.'고 말하시니,
내가 토기장이의 집에 내려갔더니,
토기장이가 물레들 위에서 작업하는 것이 보이더라.
그는 진흙으로 빚은 토기를 자신의 손으로 망가뜨리고
보기 좋은 그릇이 나올 때까지 계속 토기를 만들고 또 만들었다.

[예레미야 18:2-4]

여기서 토기장이는 상상력을 뜻합니다. 다른 이들은 손상된 것들을 쓸모없는 것으로 생각하여 던져버리지만, 깨어난 상상력은 그것을 자신이 원하는 모습으로 재창조합니다. "오! 주여, 그대는 우리의 아버지입니다. 우리는 진흙이요, 주는 우리의 토기장이시니, 우리는 모두 주의 손으로 만든 작품입니다." [이사야 64:8]

이렇게 상상력이 빚어낸 작품을 창조물로 보고, 주 하느님을 우리의 상상력으로 바라보는 관점은 우리를 보다 깊은 창조의 신비 안으로 이끌어 주는 '최고의 길잡이'입니다.

사람들이 하느님의 상상력과 인간의 상상력을 동일시하지 않으려는 이유는, 자신이 상상력을 잘못 이용해 현재 불만족스러운 상황을 만들었다는 책임을 인정하고 싶지 않기 때문입니다. 하느님의 상상력은 인간의 상상력을 원래의 신성한 상태로 끌어올리기 위해 인간의 차원까지 내려왔습니다.

시편 8장은 인간이 하느님보다 약간 낮은 존재로 창조되었다고 말하는데, 이는 천사들보다 낮다는 잘못된 번역과는 다릅니다. 천사들은 인간의 감정적 특성을 대표하며, 인간을 섬기기 위해 존재합니다. 히브리서 1장 14절에서 "모든 천사들은 섬기는 영이 아니냐? 그들은 구원을 받을 자들을 돕기 위해 보내진 자들이다"라고 언급하며, 천사들이 인간보다 우위에 있지 않음을 강조합니다.

상상력은 진정한 인간이자 하느님과 하나입니다. 상상력은 창조하고 형상을 유지하고 그리고 변형시킵니다. 기억에만 의존하는 상상력이 사라지면, 상상력은 진정한 창조를 시작합니다. 상상력이 주로 기억에 의존한다면, 현실을 그대로 유지시킬 것입니다. 하지만 상상력으로 기존의 주제를 변경하거나, 삶의 현실을 정신적으로 바꾸거나, 기억 속의 경험을 넘어 새로운 것으로 대체할 때, 상상력은 세상을 변화시킵니다. 다음 이야기에 나오는 한 재능 있는 젊은 예술가는 상상력을 이용해 자신이 꿈꿨던 것을 현실로 만들었습니다.

"그림을 그리기 시작한 후로, 아이들의 방을 꾸밀 만한 스케치와 그림을 즐겨 그렸습니다. 그러나 이 분야에서 경험이 풍부한 선배들과 친구들은 저를 낙담하게 했습니다. 그들은 제 작품을 좋아하고 재능을 인정했지만, 이런 유형의 작품으로는 명성을 얻거나 판매하기 어려울 것이라고 말했습니다.

"하지만 저는 그런 말에 굴복하지 않고 '나는 명성을 얻고 작품도 잘 팔릴 것이다'라고 항상 생각했습니다. 하지만 방법은 떠오르지 않았습니다. 지난 가을, 선생님의 강의를 듣고 책을 읽은 후, 상상력을 이용해 제가 원하는 현실을 창조하기로 결심했습니다. 저는 제가 갤러리에서 매우 흥분한 채로 있고, 벽에 제 그림만 걸려 있는 것을 상상하기 시작했습니다. 즉, 여성 단독 특별전을 열게 된 것입니다. 또한 제 그림들에는 그림이 판매되었다는 것을 나타내는 빨간 별이 붙어 있는 것을 상상했습니다.

"그리고 이것이 실제로 저에게 일어난 일입니다. 크리스마스 바로 전날, 친구와 통화를 했는데 친구는 파사데나에 위치한 미술품 수입상을 운영하는 사람에게 제 작품을 보여줬다고 했습니다. 그가 저를 만나보고 싶어 했고, 저는 작품 샘플 몇 개를 가지고 만나러 갔습니다. 첫 번째 작품을 보자마자, 저에게 봄에 여성 단독 특별전을 열어보자고 제안했습니다.

"4월 17일 전시회가 열린 첫날 저녁, 한 실내장식가가 와서 제 작품이 마음에 들어 아이들 방을 위한 콜라주 작품을 만들어달라고 부탁했습니다. 이 작품은 『굿 하우스키핑 9월호』에 '1961년 올해의 집'으로 소개될 예정이라고 했습니다.

"전시회 동안 또 다른 실내장식가가 저를 칭찬하며, 제 작품을 판매

할 수 있고 전시회를 열어줄 수 있는 '적절한' 실내장식가와 '적절한' 갤러리 운영자를 소개해줘도 될지 물었습니다. 더욱이, 이번 전시회는 갤러리와 저 모두에게 재정적으로 큰 성공을 가져왔습니다.

"흥미로운 것은, 이 세 남성이 '뜻하지 않게 갑자기' 저에게 접근했다는 것입니다. 상상하는 것 외에는 특별히 누군가를 만나려고 한 적이 없음에도 불구하고, 이제 저는 명성을 얻었고 제 스튜디오도 갖게 되었습니다. 이제 어떤 의심도 없습니다. '상상이 현실을 창조한다'는 원칙을 진지하게 적용해 보면, 결코 '아니오'라는 답을 받지 않을 것이라고 확신합니다." - G.L.

그녀는 토기장이의 창조력을 전시회를 통해 시험해서 입증해냈습니다. 오직 게으른 마음만이 이 도전을 받아들이지 못할 뿐입니다. 바울은 말합니다. "하느님의 영은 그대 안에 계시니", "그대가 믿음 안에 있는지 그대 자신을 시험하고 스스로 입증하라. 예수 그리스도께서 그대 안에 계신 것을 스스로 알지 못하는가? 정말 그대가 그렇지 못하다면 시험을 해보지도 못할 것이다. 나는 그대가 우리는 실패하지 않았다는 것을 발견하기를 바란다."[고린도후서 13:5-6]

"그분에 의해서 모든 것이 지어졌고, 그분이 없다면 지어진 것 중 어떤 것도 지어진 것이 없다"[요한복음 1:3]고 한다면, 인간이 자신을 시험해 진정한 창조자를 발견하는 것은 어렵지 않을 것입니다. 이 시험은 자신의 상상력이 "죽은 것에게 생명을 주고 존재하지 않는 것을 현실로 부르는"[로마서 4:17] 만물의 근원임을 증명할 것입니다.

우리는 우리 내부에서 활동하는 토기장이의 존재를 그가 수행하는 작업을 통해 짐작해 볼 수 있습니다. 우리는 이 토기장이를 모든 존재의 근원으로 인식하지 못합니다. 토기장이, 즉 예수 그리스도의 본성은 창조하는 것이고 그가 아니라면 어떤 창조도 일어나지 않습니다.

이 책에 기록된 모든 이야기는 바울이 고린도 사람들에게 제안했던 것과 같은 실험입니다. 하느님은 진실로 인간 안에, 모든 인간 안에 존재합니다. 하느님은 완전히 인간이 되었습니다. 하느님은 우리가 갖고 있는 어떤 장점들이 아니라 우리의 진정한 자아, 바로 우리의 상상력입니다.

하느님의 상상력과 인간의 상상력은 하나이며 같은 힘입니다. 그러나 둘 사이에는 큰 차이가 있습니다. 이를 다이아몬드와 흑연에 비유해 보면, 다이아몬드는 세상에서 가장 단단한 광물이고, 흑연은 연한 광물입니다. 두 광물 모두 탄소로만 이루어져 있지만, 그것의 다른 배열로 인해 큰 차이가 생깁니다. 이 차이가 탄소 원자의 구조 때문이든, 다른 이유 때문이든, 다이아몬드와 흑연이 오직 탄소로만 이루어져 있다는 점에는 모두 동의합니다.

삶의 목적은 욕망을 창조적으로 실현하는 것입니다. 인간에게 욕망이 없다면, 문제들이 끊임없이 생기는 이 세상에서 제대로 살아갈 수 없을 것입니다. 욕망은 우리에게 어떤 부족함을 알려주며, 삶을 더 즐겁게 만들라는 요구입니다. 욕망은 눈에 보이는 이득을 항상 내포하고 있습니다. 기대되는 이득이 클수록, 욕망도 그만큼 강해집니다. 이기적이지 않은 욕망이란 없습니다. 심지어 우리가 다른 이를 위한 욕망을 가질 때에도 여전히 우리의 욕망을 만족시키려 합니다. 우리의 욕망을 실현시키기 위해서는 욕망이 성취된 것을 나타내는 장면을 상상해야 하고 그 장면은 일정한 범위로 제한되어야 합니다. 그 장면 속에서 잠시라도 자연스러운 기쁨을 충분히 느끼면서 상상의 무대에서 공연을 합니다. 이것은 마치 아이들이 옷을 입어보면서 여왕 놀이를 하는 것과 같습니다. 우리는 원하는 모습이 된 것을 상상해야만 합니다. 그리고 상상의 무대에서 단지 관객으로서가 아니라 '배우로서' 장면에 참여해야만 합니다.

다음 이야기에 나오는 여성은 상상 속에서 자신이 원하는 곳에 있다고 상상함으로써, '여왕'의 무대를 연출했습니다. 그녀는 이 무대에서 진정한 배우였습니다.

"우리 동네에 있는 아주 큰 극장에서 제가 꼭 보고 싶어 했던 유명한 팬터마임 공연이 열리고 있었습니다. 저는 너무도 좋아하는 이 공연을 1층 오케스트라석에서 보고 싶었지만, 현실은 발코니 좌석을 구입할 돈조차 없었습니다. 그래서 잠자기 전, 오케스트라석에서 공연을 보는 기쁨을 상상하며 그 감정을 제 것으로 만들기로 결심하고, 멋진 공연을 감상하며 잠에 들었습니다. 상상 속에서 1층 오케스트라석에 앉아 있었고, 막이 올라가면서 공연자들이 무대로 나왔을 때의 박수 소리를 들었습니다. 이런 상상은 실제로 강렬한 흥분을 느끼게 해줬습니다.

"다음 날 오후, 저의 재정 상황은 전혀 달라지지 않았습니다. 주머니에는 정확히 1달러 37센트만 있었습니다. 게다가 차에 휘발유를 넣어야 했는데, 그러면 37센트만 남게 됩니다. 하지만 전날 밤 공연장에 실제로 있었다는 상상을 한 것을 기억하고 있었습니다. 그래서 공연을 보러 가기로 결심하고, 평소 잘 입지 않는 옷으로 갈아입었습니다. 주머니에 있던 것들을 새 옷으로 옮기다 1달러 45센트가 들어 있는 것을 발견했습니다. 이 돈으로 휘발유를 넣을 수 있다는 사실에 입가에 미소가 번졌습니다. 결국 발코니 티켓 값을 손에 쥐게 되었습니다. 기분 좋게 옷을 입고 극장으로 향했습니다.

"매표소 앞에 있으면서, 제가 원하던 1층 오케스트라석이 375달러나 되는 것을 보고 실망감이 커지기 시작했습니다. 당황해서 고개를 돌리고 거리를 가로질러 차 한 잔을 마시러 카페에 갔습니다. 매표소에서 본 발코니 티켓 가격을 잊고 차를 마시는데 16센트를 써버렸습니다. 놀라서 제가 갖고 있는 돈을 다시 세어보니 1달러 66센트만 남아 있었습니다. 극장으로 돌아가서, 가장 저렴한 1달러 55센트짜리 좌석을 구입했습니다. 저에게는 10센트 동전만 남았고, 입구로 들어가자 안내원이 티켓을 반으로 찢으며 '위층, 왼쪽으로 가세요'라고 말했습니다. 공연이 시작되려고 했지만, 저는 안내원의 지시를 무시하고 아래층의 여자 화장실로 들어갔습니다. 여전히 1층 오케스트라석에 앉겠다는 결심을 굽히지 않고, 그 좌석에 내면의 시선을 고정했습니다. 그때 여러 명의 여성이 화장실에 들어와 이야기를 나누었습니다. 그 중 한 여성의 말이 제 귀에 들어왔습니다. '마지막까지 기다렸는데 약속을 못 지킨다는 전화를 받았어. 티켓을 줬어야 했는데, 이제 와서는 너무 늦었어. 생각지도 못하고 안내원에게 티켓을 건넸는데, 말리기도 전에 안내원이 티켓을 이미 반으로 찢어버렸다고.' 저는 거의 크게 웃을 뻔했습니다. 밖으로 나와 그 여성에게 못쓰게 된 표를 발코니 표 대신 사용해도 되는지 물었습니다. 그 분은 친절하게도 티켓을 저에게 주었습니다. 그분이 저에게 준 티켓은 1층 오케스트라석 중앙, 여섯 번째 줄이었습니다. 제가 그날 밤 상상했던 것처럼, 막이 올라가기 바로 직전, 그 자리에 앉을 수 있었습니다." - J.R.

상상 속에 있는 곳에 우리는 실제로 존재합니다. 여기 두 가지 구분되는 것이 있는데, 하나는 '결과를 생각하는 것'이고 다른 하나는 '결과로부터 생각하는 것'입니다. 결과로부터 생각하는 것은 상상의 무대에서 원하는 결과를 상연하는 것을 말하고 이것은 현실을 창조합니다. 이렇게 내부의 무대에서 펼쳐지는 공연은 현실세계에서 실제 소원이 실현된 후에 우리가 취할 법한 행동이어야 합니다.

지혜롭게 삶을 영위하기 위해서는 우리의 상상 무대에서 일어나는 일을 인식하고, 상상 속에서 벌어지는 일이 우리가 추구하는 목표와 일치하는지 주의 깊게 관찰해야 합니다. 세상은 진흙이며 우리의 상상력은 토기장이입니다. 따라서 우리는 항상 가치 있고 긍정적인 결과를 상상해야 합니다.

원하면서 행동을 하지 않는 자는 역병을 낳는다.
[윌리엄 블레이크]

우리의 현실은 상상으로부터 흘러나옵니다. 외부 세상의 모습은 인간의 상상력이 반영된 것들입니다.

인간은 베틀의 북이다.
하느님은 이 북이 베틀을 지나가도록 움직임을 부여했으나,
쉴 것을 허락하지 않으셨다.
[헨리 본]

"제가 운영하는 작은 사업체는 몇 해 전 파산 직전이었습니다. 몇 달 동안 매출이 지속적으로 감소했고, 당시 경제 상황도 좋지 않아 다른 수천 개의 중소기업과 마찬가지로 저 또한 재정적 어려움을 겪었습니다. 부채가 늘어나 필요한 금액은 최소 3,000달러였습니다. 회계사는 사업장을 닫고 구할 수 있는 것들만 구해보라고 조언했습니다. 하지만 저는 상상력에 초점을 맞추기로 결심했습니다. 선생님이 가르치신 것을 알고 있었지만, 실제 그 방법으로 문제를 해결해본 적이 없었습니다. 상상력이 현실을 창조한다는 개념에 대해 회의적이었지만, 절망적인 상황이 저에게 그것을 시도할 용기를 불어넣었습니다.

"사무실에서 예상치 못하게 4천 달러를 송금 받는 것을 상상했습니다. 예금 계좌가 거의 비어 있었기 때문에, 새로운 주문이 들어와야만 생길 수 있는 돈이었습니다. 하지만 넉 달 아니 그보다 오랜 시간 동안 이 정도의 매출을 기록해 본 적이 없었기에 이렇게 많은 양의 주문

을 받는 것은 사실상 무리였습니다.

"현실이 그러함에도 불구하고, 사흘 동안 꾸준히 그 금액을 받는 장면을 상상했습니다. 넷째 날 아침, 오랫동안 연락이 없던 한 거래처에서 전화가 와서 만나자고 했습니다. 그 공장에 필요한 기계 견적서를 미리 가져가야 했습니다. 서류더미에서 부랴부랴 찾아서 가지고 간 주문서에 서명을 받았지만, 그 계약에 필요한 물품을 맞추려면 넉 달 혹은 다섯 달 정도가 걸립니다. 또 주문된 물품이 도착할 때에야 대금을 지불 받기 때문에 현재 직면한 재정적 어려움을 해결해주지는 못했습니다.

"감사 인사를 하고 자리에서 일어나려는 순간, 그분이 저를 멈추고 4천 달러가 조금 넘는 수표를 건네며 말했습니다. '세금 문제 등을 고려해 물품 대금을 미리 지불하겠습니다. 문제가 되나요?' '아니오, 전혀 문제될 것 없습니다.'

"수표를 손에 쥔 순간, 이 일이 왜 일어났는지 깨달았습니다. 단 3일 동안의 상상이 절망적인 몇 달 동안 해결할 수 없었던 일을 해냈습니다. 상상력이 4천 달러를 쉽게 가져다 준 것처럼 4만 달러를 가져다 줄 수도 있다는 것도 이제 압니다." - L.N.C

오 주여, 당신은 나의 아버지십니다
우리는 진흙이고 당신은 우리의 토기장이시니,
우리는 모두 당신의 손에 빚어진 작품입니다.

[이사야서 64:8]

Chapter 12 Attitudes

기억

마음속의 것들은 유일한 실체이다.
우리가 물질이라 부르는 것,
아무도 그것이 거주하고 있는 곳을 알지 못하니,
그것은 거짓된 진실 속에 있으며, 사기 속에 있다.
마음 혹은 생각, 그 외에 존재가 머무는 곳이 어디 있을까?
어리석은 자의 마음을 넘어 어디에 있을까?

[블레이크]

  기억, 그것이 아무리 잘못되었더라도 그것과 흡사한 것을 현실로 불러내기에 충분합니다. 만약 우리가 어떤 사람을 지금까지 알고 있던 모습으로 기억한다면 그 기억의 이미지에 맞춰서 그를 재창조하는 것이고, 나아가 과거가 현재 안에서 재인식되는 것입니다. 상상은 현실을 창조합니다. 누군가에게 어떤 개선할 여지가 있다면 우리는 그렇게 개선된 모습으로 마음속에서 재창조해야 합니다. 우리의 '기억 속에 남아있는 짐'을 그대로 짊어지고 있는 그의 모습이 아니라 우리가 바라는 그의 모습으로 새롭게 마음속에서 창조해야 합니다.

믿음을 가질 수 있는 모든 것은 진실한 형상이다.
[블레이크]

다음 이야기는 상상이 현실을 창조한다는 것을 믿고 그 믿음 안에서 낯선 사람에 대한 마음 태도를 바꿔서 증거의 열매를 현실로 가져온 이야기입니다.

"20년 전, 저는 학교를 다니기 위해 보스턴에 처음 왔습니다. 그때 한 노숙자가 배고프다며 돈을 달라고 했습니다. 당시 저의 재정 상황도 좋지 않았지만, 제가 가진 돈을 그에게 주었습니다. 몇 시간 후, 그 사람이 술에 취해 저를 다시 막고 돈을 요구했습니다. 제가 힘들게 벌어서 준 돈이 그렇게 낭비되었다는 사실에 화가 났습니다. 그래서 거리에서 구걸하는 사람의 말을 다시는 듣지 않겠다고 굳게 다짐했습니다. 이후로 그 약속을 잘 지켰습니다. 하지만 거절할 때마다 양심의 가책을 느꼈고, 때로는 그 죄책감이 위통을 유발할 정도였습니다. 그렇다고 제 결심을 꺾을 수는 없었습니다.

"올해 초, 저는 강아지와 산책하다가 배가 고프다며 돈을 구걸하는 사람을 만났습니다. 오랜 시간 동안 그런 구걸을 거절해왔던 저는 이번에도 거절했습니다. 그럼에도 불구하고 그 남자는 제 반응을 우호적으로 받아들이며, 제 강아지를 칭찬하면서 뉴욕에서 스패니얼을 키우는 가족에 대해 이야기했습니다. 그 순간, 저는 큰 죄책감을 느꼈습니다. 그가 떠난 후, 상상 속에서 그 장면을 원하는 방식으로 재창조하기로 결심했습니다. 그 자리에 서서 잠시 눈을 감고 마음속에서 상황을 다르게 상상했습니다. 우선 그 사람이 제게 다가오는 것을 상상했습니다. 그런데 이번에는 그가 제 강아지를 칭찬하면서 말을 붙이게 했습니다. 잠시 동안 이야기를 나누다가 그가 이렇게 말하도록 상상했습니다. '젊은 친구! 난 내일부터 시작하는 일자리를 얻었어요. 하지만 여태까지는 계속 일거리가 없어서 오늘 밤은 정말 배가 고프군요. 이런 부탁을 하긴 정말 싫지만, 지금 먹을 것이 정말 절실해요.' 상상 속의 주머니에 손을 넣고는 상상 속의 5달러를 그에게 주었습니다. 이렇게 상상 속에서 불러온 장면으로, 제가 느끼고 있던 죄책감과 고통이 즉각적으로 사라졌습니다.

"저는 선생님이 가르치신 것을 통해 상상 속의 행동이 현실이라는 것을 압니다. 그래서 다른 이가 요구하는 것을 제가 그에게 줄 수 있고, 상상 속의 행동에 믿음을 유지해서 그 안에서 그가 가지고 있는 현실을 부여할 수 있다는 것을 알고 있었습니다.

"4개월이 지난 후, 강아지를 데리고 산책하고 있을 때 4개월 전에 만났던 그 사람을 또 만났습니다. 이번에는 그가 제 강아지를 칭찬하면서 말을 걸기 시작했습니다. '예쁜 강아지군요.' 그가 말했습니다. '젊은 친구! 나를 기억할 거라고는 생각하지 않지만 예전에 당신에게 돈을 좀 달라고 부탁했었던 적이 있었죠. 그때 거절해줘서 고마웠어요. 내가 '고맙게'라고 말한 이유는 그때 돈을 줬다면 아마도 지금까지 돈을 구걸하고 다녔을지도 몰라서죠. 지금은 그렇게 구걸하지도 않고 바로 내일 아침에 시작되는 일자리를 구했네요. 더군다나 이제는 구걸하지 않고 살 수도 있고 어느 정도 자존감도 되찾았어요.'

"4개월 전쯤 상상 속에서 그가 직업을 구했다고 했을 때 그 말이 사실이란 것을 알았습니다. 하지만 실제로 제 앞에 육신을 가지고 다시 나타나 그 사실을 확인시켜주었을 때 엄청난 만족감이 들었다는 사실을 부인할 수는 없었습니다." - F. B

나에겐 은과 금이 없지만, 내가 가진 것을 그대에게 준다.
[사도행전 3:6]

그 어떤 것도 버려야 하는 것은 없습니다. 모든 것은 반드시 구원되어야만 합니다. 우리의 기억을 다시 재창조할 수 있는 상상력이 바로 이런 구원이 일어나는 장소입니다. 길을 잃은 사람에게 길을 잃은 것에 대해 비난하는 것은 이미 벌을 받고 있는 사람에게 다시 벌을 주는 것입니다. "내가 길을 잃은 죄인을 동정하지 않는다면 누구를 동정해야 하나?"[블레이크] 그 사람의 예전 모습 그대로가 아니라, 앞으로 그 사람이 되어야 할 모습이 바로 우리의 상상 속에서 자리 잡아야 될 그의 모습입니다.

벤 볼트여, 상냥한 앨리스를 기억하지 못하는가?
머리는 갈색이었고, 자네가 그녀에게 미소를 주면
그녀는 기쁨의 눈물을 흘렸고,

자네가 눈살을 찌푸리면 온몸을 와들와들 떨었던
그 앨리스를 기억하지 못하는가?
[조지 듀 모리에]

만약 우리가 다른 사람을 현재 상태보다 더 나은 모습으로 상상한다면, 그 사람은 점차 발전할 것입니다. 기적을 일으키는 사람은 최선을 다하기보다는 용서하는 마음을 실천하는 사람입니다. 다른 사람을 새로운 모습으로 상상하는 것은 받는 이와 주는 이 모두를 변화시킵니다. 상상력은 아직 도덕가들과 교육자들로부터 충분한 인정을 받지 못했습니다. 그러나 상상력이 합당한 대접을 받게 될 때, 우리는 "억압받는 자들이 자유를 얻는 시대"[이사야 61:1]를 맞이할 것입니다.

기억이 없다면 어떤 것도 존재할 수 없습니다. 그렇기 때문에 기억 속의 모습이 우리의 기대에 부합하지 않는다면, 그것을 우리가 바라는 모습으로 새롭게 꾸며야 합니다. 상상에는 창조의 힘이 부여되어 있으며, 우리가 다른 사람에 대해 가지고 있는 기억은 그 사람의 발전을 돕거나 저해할 수 있습니다. 또한 그 사람의 나아가는 경로를, 그것이 성장을 향하든 후퇴를 향하든, 쉽고 빠르게 만듭니다.

빛을 잃고 불꽃마저 사라진 듯한 석탄조차도
조금만 위치를 바꾸면 다시 빛나서 타오른다.

상상이 반지를 만들어내고, 배우자를 찾아주며, 사람들을 멀리 보낼 수 있다는 사실을 다음 이야기가 보여줍니다.

"남편은 어릴 적 부모님의 이혼으로 할머니, 할아버지 밑에서 자라면서 어머니와는 별다른 친밀감을 느끼지 못했고, 어머니 역시 남편과 크게 가까워지지 못했습니다. 63세의 시어머니는 32년간의 이혼 생활로 외로움과 고통을 겪었고, 남편과 시어머니 사이에서 중재자 역할을 하려 노력하는 저로서는 시어머니와의 관계가 다소 긴장되었다고 할 수 있습니다. 시어머니는 저에게 친구 같은 사람과 재혼하는 것이 가장 큰 바람이라고 털어놓았지만, 그 나이에는 그것이 불가능하다고 생각하고 있었습니다. 남편은 어머니가 다시 결혼해 우리와 멀리 떨어진 곳에 살기를 바랐고, 저 역시 같은 생각이었지만, '중국으로 이주하시는 건 어떨까?'하는 생각을 품었습니다. 이러한 바람을 실현하기 위해, 상상 속에서 시어머니를 완전히 달라진 모습으로 변화시키며 행복하고 즐거움이 넘치는 모습으로 상상했습니다.

"이런 소망을 제 안에 진득하게 묻어두고는 상상 속의 드라마에서 시어머니에 대한 느낌을 바꿔 원하는 것을 시어머니에게 '드려야' 한다는 것을 알았습니다. 상상 속에서 완전히 다른 모습으로 변해있는 시어머니를 봤습니다. 행복하고 즐거움이 넘치는 여성이었고 새로운 관계 속에서 안정되어 있고 만족을 느끼고 있었습니다. 머릿속에서 시어머니가 떠오를 때마다 새로운 모습의 시어머니를 보려 했습니다.

"3주 후, 시어머니가 몇 달 전에 만난 친구와 함께 우리 집을 방문했습니다. 그분은 최근에 홀로 되었고, 시어머니와 동갑이며 재정적으로 안정되었습니다. 우리는 그분이 마음에 들었고 두 분이 서로 좋아하는 것이 제 눈에는 확실히 보였기에 묘한 흥분이 들었습니다. 하지만 남편은 그런 일은 불가능하다고 말했습니다. 저는 그렇게 생각하지 않았습니다.

"그날부터 시어머니의 얼굴이 떠오를 때면 시어머니가 저에게 왼쪽 손을 내미는 것을 '보았고' 시어머니 손가락에 끼워진 '반지'를 보고 감탄하면서 멋지다고 말했습니다. 그렇게 한 달이 지나서 시어머니와 친구 분이 다시 집으로 왔습니다. 제가 두 분을 맞이하러 나갔을 때 시어머니는 자랑스럽게 자신의 왼쪽 손을 내밀었습니다. 손가락에는 반지가 끼워져 있었습니다.

"두 분은 2주가 지나 결혼을 했고, 그 후로 시어머니를 보지 못했습니다. '시내를 벗어난' 새로 지은 집에 들어가 살고 계시고 새 아버님이 우리 집까지 장거리 운전하는 것을 싫어하셨기 때문에 저희가 느끼기에 시어머니는 '중국으로 이민'간 것처럼 느껴졌습니다."   - J.B

행동에 저항하는 의지와 행동을 바꾸는 결심 사이에는 아주 큰 차이가 있습니다. 행동을 바꾼 사람은 새로운 행동을 하지만, 행동에 저항하는 사람은 반복되는 행동을 합니다(re-acts). 하나는 창조를 하고, 다른 하나는 반복만을 되풀이합니다.

우리가 만들어낸 상상의 패턴 너머에는 어떤 실체도 없습니다. 기억은 소망처럼, 낮에 꾸는 꿈을 닮았습니다. 그런데 왜 그것을 낮의 악몽으로 만드나요? 기억을 낮에 꾸는 꿈처럼 대해서, 자신의 가슴속에서 피어나는 소망에 맞춰 꿈을 만들어낼 때만 용서할 수 있습니다.

다음 이야기에서 R.K는 우리의 태도로 인해 다른 사람의 능력을 앗아갈 수 있다는 것을 깨달았습니다. 그는 자신의 태도를 바꾸어 현실을 변화시켰습니다.

"저는 돈을 빌려주는 사람도 아니고 투자회사에서 일하는 것도 아닙니다. 하지만 친구가 자신의 공장 확장을 위해 자신을 믿고 돈을 빌려달라고 부탁했습니다. 개인적인 우정을 이유로 합리적인 이자율로 대출을 해주고, 1년 후 갱신할 수 있는 권리를 줬습니다. 약속 기간이 끝났을 때, 친구는 이자 지불을 미룬 채, 약속한 내용의 연장을 요청했습니다. 저는 그의 요청을 수락했지만, 한 달이 지난 후에도 약속을 지키지 못했고, 추가 연장을 요청했습니다.

"앞서 말했듯이, 저는 돈을 빌려주는 일을 하는 사람이 아닙니다. 20일 이내에 제 빚을 갚기 위해 친구에게 빌려준 돈을 모두 받아야만 했습니다. 그럼에도 불구하고 제 신용 문제를 감수하며 기한을 다시 연장하기로 결정했습니다. 보통 이런 상황에서는 법적인 압박을 가하는 것이 일반적인 해결책이지만, '타인의 능력을 빼앗지 말라'는 선생님의 경고를 기억하며, 제가 친구의 변제 능력을 빼앗고 있다는 것을 깨달았습니다.

"사흘에 걸쳐 저는 상상 속에서 한 장면을 구상했습니다. 예상치 못한 주문이 친구에게 밀려와서, 이제 대출금을 전액 갚을 수 있다고 말하는 장면이었습니다. 나흘째 되던 날, 친구로부터 전화를 받았습니다.

친구는 자신에게 일어난 일을 '기적'이라고 불렀습니다. 엄청난 양의 주문을 받았고 큰 계약도 체결되어, 이자를 포함한 대출금 전액을 모두 갚을 수 있게 되었다고 말했습니다. 실제로 친구는 그 금액을 모두 저에게 보냈습니다."   R. K

상상력과 상상한 상태 사이의 구분은 상상의 비밀을 이해하는 데 있어 가장 중요한 요소입니다.

오직 마음속의 것만이 현실이다.
믿을 수 있는 모든 것은 하나의 진실한 형상이다.
[블레이크]

Chapter 13　ALL TRIVIA
소소한 것들

막연한 지식은 동떨어진 지식이 될 뿐이고,
구체적인 것 안에 지혜와 행복이 있다.
[블레이크]

상상력을 사용하여 특정한 목표를 달성해야 합니다. 목표가 사소해 보일지라도, 우리는 상상력을 활용해야만 합니다. 사람들이 자신의 목표를 뚜렷하게 만들어서 상상하지 않기 때문에, 확실할 수 있었던 결과조차 불확실하게 만듭니다. 특정한 목표를 상상하는 것은 그것을 다른 것들과 명확하게 구분 짓는 행위입니다. "경계선이 아니라면, 우리는 어떻게 밤나무와 떡갈나무를 구별하며, 소와 말을 구별할 수 있을까?" [윌리엄 블레이크, "인간의 신성한 형태"] 명확한 경계를 설정하는 것은 마음을 범람하는 형태 없는 추상적인 것들로부터 특정한 사물의 실체를 선언하는 것입니다.

이 땅 위의 삶은 상상력을 통해 이미지를 창조하는 유치원입니다. 창조하려는 대상의 크기가 크든 작든, 그것은 중요하지 않습니다.

블레이크는 다음처럼 말했습니다. "예술뿐만 아니라 삶에서도 적용되는 중요하고 황금 같은 규칙은 경계선이 더 명확하고 예리할수록, 작품은 더 완벽해진다는 것이다. 반면 경계가 흐리며 뚜렷하지 않을수록, 위작의 의심만이 더 커진다. 집을 짓고 정원을 가꾸는 것이, 경계를 뚜렷이 하고 명확하게 하는 것 외에 무엇인가? . . . 경계선이 무너지면, 당신의 삶 역시 무너진다."

다음 이야기는 겉보기에 사소한 것들, 즉 제가 '장난감'이라고 부르는 것들을 얻는 것에 관한 것입니다. 그러나 이것들은 그것을 창조한 선명한 상상의 이미지 때문에 중요합니다. 첫 번째 이야기를 보내왔던 여성은 '모든 것을 가진 사람'이라고 할 수 있는 사람입니다. 정말 그렇습니다. 그녀는 재정적인 면과 사회적인 면 그리고 교육적인 면에서도 풍요롭습니다. 그녀는 다음과 같이 말합니다.

"선생님의 가르침을 실천한 결과, 제 인생은 확연히 달라졌습니다. 2주 전, 선생님께서 '장난감'에 대해 언급하셨을 때, 저는 상상력을 이용해 '물건'을 얻어본 적이 없다는 사실을 깨달았고, 이를 시도해보기로 마음먹었습니다. 선생님은 한 젊은 여성이 상상 속에서 모자를 쓴 것만으로 실제로 모자를 받게 되었다는 이야기를 해줬습니다. 저에게 모자는 필요하지 않은 것이었지만, '물건을 얻는' 상상력을 시험해보고자 패션 잡지에서 모자 한 개를 골라 화장대 거울에 붙인 뒤, 그 모자를 쓰고 집을 나서는 상상을 했습니다. 이 과정을 단 한 번만 했습니다.

"그 다음 주에 친구들과 점심 약속이 있었고, 그중 한 명이 바로 그 모자를 쓰고 나타났습니다. 우리 모두 그 모자를 칭찬했습니다. 그 다음 날, 특별 배송으로 한 소포를 받았는데, 그 안에는 그 모자가 들어있었습니다. 모자를 썼던 친구가 그것을 별로 좋아하지 않았으며, 왜 구매했는지조차 모르겠다고 하면서, 그 모자가 저에게 잘 어울릴 것 같다고 생각하여 보내게 되었다는 쪽지가 동봉되어 있었습니다!" - G.L

'꿈에서 현실로' 옮겨가는 것은 인류를 움직이게 하는 힘입니다. 우리는 상상력의 차원에서 온전히 살아야 합니다. 그리고 이는 의식적이며 신중하게 이루어져야 합니다.

"어린 시절부터 새를 매우 좋아했습니다. 새들을 관찰하고 새 지저귀는 것을 듣고 먹이 주는 일이 저의 큰 즐거움입니다. 특히 작은 참새에게 애정을 가지고 있습니다. 그래서 아침마다 빵 부스러기처럼 새들이 좋아할 만한 것들을 준비했습니다.

"하지만 큰 새들이 나타나 참새들의 몫까지 독차지하는 상황이 벌어졌습니다. 참새들이 남겨진 껍질만 먹는 모습을 보며 마음이 아팠습니다.

"상상력을 이용해 이 문제를 해결하려는 생각이 처음에는 우스꽝스러워 보였지만, 점점 더 매력적으로 다가왔습니다. 상상 속에서 큰 새들이 참새들의 몫을 빼앗지 않고 각자의 몫만 취한 후 사라지는 모습을 그려봤습니다. 이 상상을 한 달 가까이 지속했습니다. 그랬더니 어느 날 아침, 비둘기들이 사라진 것을 발견했습니다. 며칠 동안 참새들은 아침 식사를 충분히 즐겼고, 큰 새들은 그 구역에 나타나지 않았습니다. 결국 큰 새들이 돌아왔지만, 신사처럼 참새들의 지역을 침범하지 않고 있습니다. 큰 새들은 제가 던져준 먹이를 먹되 참새들의 몫을 남겨둡니다. 그런데 참새들이 정말 제 마음을 이해하는 것 같습니다. 제가 참새들 사이로 걸을 때 더 이상 저를 두려워하지 않거든요." - R.K

우리의 가슴에게 일을 맡기지 않는다면, 즉 소망이 성취된 느낌 안에 살고 있지 않는다면 우리는 그곳에 있지 않다는 것을 위의 경험담이 증명했습니다. 우리는 상상력, 그 자체입니다. 상상 속에 있는 곳이 진정으로 우리가 있는 곳이고, 상상 속에 존재하는 모습이 진정한 우리의 모습입니다.

"2월 초, 저희 부부는 새로 이사한 집에서 한 달을 보냈습니다. 이 집은 말로 표현할 수 없을 정도로 아름다웠으며, 바위절벽 위에 위치해 있고, 앞마당은 바다였으며, 바람과 하늘이 이웃이고, 갈매기들이 손님이었습니다. 남편과 저는 이러한 경치에 황홀해 했습니다. 새집을 지으면서 느끼는 기쁨과 슬픔을 알고 있다면, 새집이 주는 기쁨을 이해할 것이고, 주머니가 비어있을 때의 슬픔도 알 것입니다. 그 집에는 수백 가지 아름다운 물건들이 필요했습니다. 그러나 우리가 가장 원했던 것은 실용적이지 않은 하나의 그림이었습니다. 그것은 바로 광활한 바다를 배경으로, 하얀색의 거대한 범선이 당당히 떠 있는 그림이었습니다. 집을 짓는 동안, 이 그림은 제 마음속에 남아있었기에 거실 한편에는 이것을 위한 공간을 남겨두었습니다. 남편은 그림을 위해 적녹색 장식등을 설치했습니다. 그림을 위한 휘장 같은 것은 준비되었지만, 실제 그림은 기다려야 했습니다. 그렇지만 우리는 상상 속에서 그 벽에 걸린 그림을 '보는 것'을 멈출 수 없었습니다.

"어느 날 쇼핑을 하다가 작은 갤러리에 들어섰고, 문에 들어서는 순간 갑자기 멈춰 섰습니다. 뒤따라오던 한 남성이 이로 인해 화판에 부딪혔습니다. 사과한 후, 방 건너편에 걸려 있는 그림을 가리켰습니다.

"그곳에는 제가 찾던 그림이 걸려 있었습니다! 그렇게 아름다운 것은 이제껏 본 적이 없었습니다. 남성은 자신이 갤러리의 주인이라고 소개하며, '이 그림은 영국의 유명한 거장이 그린 범선 진품입니다'라고 말했습니다. 그는 화가에 대해 계속 설명했지만, 그의 말은 들리지 않았습니다. 그 아름다운 그림에서 눈을 뗄 수 없었기 때문입니다. 그때, 저는 아주 특별한 경험을 했습니다. 잠시 동안 미술 갤러리가 사라지고 그 그림이 저희 집 벽에 걸려있는 것을 보았습니다. 주인이 말한 천문학적인 가격에 다시 정신을 차리고 '어쩌면 나중에...'라고 웃으며 대답했습니다. 그는 계속해서 그 화가에 대해 언급하며, 그 영국 거장의 작품을 판화로 똑같이 재현할 수 있는 유일한 미국 화가에 대해서도 언급했습니다. '부인께서 운이 좋다면 그 판화 중 하나를 구할 수도 있을 것입니다. 저도 그 작품을 봤는데, 세세한 부분까지 완벽했습니다. 대부분의 사람들은 진품보다 판화를 더 선호하죠'라고 말했습니다.

"판화와 그림, 저는 이 둘의 차이에 대해서는 몰랐습니다. 오직 제가 원하는 것은 그 경치를 담고 있는 그림이었습니다. 그날 저녁, 남편이 돌아왔을 때 오늘 제 눈에 들어왔던 그림에 관해서 말하며 갤러리를 한번 방문해 보라고 사정했습니다. '어쩌면 우린 그 판화를 하나 구할 수 있을지도 몰라. 그 남자가 그러는데. . .' '어.' 남편은 제 말을 끊고서는, '그런데 지금 그 그림을 살 형편이 안 되는 건 알고 있잖아'라고 말했습니다. 대화는 거기에서 끊겼고 식사를 마친 그날 밤, 거실에 서서는 벽에 걸려있는 그림을 상상 속에서 '보았습니다.'

"다음 날, 남편은 약속이 길어지지 않을 것 같은 고객과의 약속이 있었습니다. 하지만 약속은 예상보다 길어져 어둠이 짙어진 후에야 집으로 돌아왔습니다. 남편이 들어섰을 때, 저는 집의 다른 곳에서 바쁘게 일하고 있어 멀리서만 인사를 나눴습니다. 잠시 후, 망치 소리가 들리자 무슨 일을 하고 있는지 보기 위해 거실로 갔습니다. 거기에는 제가 원하던 그 그림, 바로 그 그림이 거실 벽에 걸려 있었습니다. 그 순간, 처음으로 느껴보는 환희가 밀려들었고, 미술품 갤러리의 남자가 한 말이 떠올랐습니다. '운이 좋다면, 그의 판화 중 하나를 얻을 수도 있을 것입니다.' 운이라고요? 이제 남편이 겪은 이야기를 해보겠습니다.

"남편은 방금 이야기했던 고객과 통화를 하고 나서, 고객의 허름한 집으로 찾아갔습니다. 고객은 자기를 소개하고, 남편을 작고 어두운 부엌으로 안내해 빈 테이블 옆에 앉혔습니다. 남편이 서류가방을 테이블 위에 놓고 올려다본 순간, 벽에 걸린 그림이 눈에 들어왔습니다. 남편은 저에게 그 그림에서 눈을 뗄 수가 없어서 짧은 대화만 나눌 수 있었다고 말했습니다. 고객은 계약서에 서명하고 계약금으로 수표를 건넸는데, 남편이 당시 생각했던 것보다 10달러가 부족했습니다. 이 사실을 고객에게 말하자, 고객은 자신이 낼 수 있는 돈이 그것밖에 없다며 제안을 했습니다. '당신이 저 그림에 관심이 있는 것 같은데, 저것은 제가 이 집에 이사 왔을 때부터 있었습니다. 그래서 누구 것인지 모릅니다. 저는 저 그림이 필요 없어요. 만약 당신이 10달러를 깎아준다면 저 그림을 드리겠습니다.'

"남편이 회사로 돌아와 계약서를 다시 확인했을 때, 그 고객이 추가로 10달러를 낼 필요가 없다는 것을 알게 되었습니다. 결국, 우리는 그 그림을 아무 대가 없이 얻게 되었습니다." - A.A.

다음 이야기를 쓴 R.L에게 아마도 이렇게 말해야 할 것입니다.

여인이여 그대는 믿음 속에서 기쁜 마음을 갖고 있구나.
[셰익스피어, "아무것도 아닌 것에 대한 큰 소동"]

"버스 파업이 있던 어느 날, 시내에 갈 일이 있었습니다. 그런데 파업 중이라, 운행 중인 가장 가까운 버스를 타려면 집에서 열 블록을 걸어가야 했습니다. 집으로 돌아오려 할 때 그 길로 가면 시장이 없어 식사준비 할 음식을 사지 못할 거라는 생각이 났습니다. 반찬은 있는 걸로 그럭저럭 만들 수 있었지만 빵이 필요했습니다. 하루 종일 쇼핑을 한 후에 버스노선이 있는 열 블록을 되돌아오는 것이 제가 할 수 있는 전부였고, 빵을 사러 더 멀리 가야 한다는 것은 도저히 불가능했습니다.

"전 잠시 동안 조용히 그 자리에 서서는 머릿속에서 빵이 어른거리고 있는 장면을 그렸습니다. 그런 후에 집으로 출발했습니다. 버스를 탔을 때 너무 피곤해, 앞좌석을 잡고는 그곳에 있던 종이봉투 위에 그대로 앉을 뻔했습니다. 피곤한 승객들은 너무 지쳐있어 서로를 쳐다보는 사람도 거의 없었습니다. 자연히 호기심이 들어 그 안을 엿봤습니다. 그곳에는 빵 한 덩어리가 놓여있었습니다. 다른 빵도 아닌, 제가 항상 구입하던 그 빵이었습니다!"   - R.L

소소한 모든 것. 우리에게 아무런 대가도 없이 그런 소소한 것들이 제공되고 있습니다. 그것들을 얻는 데에 필요하다고 생각되는 보편적인 방법들을 거치지 않고, 상상은 그 모든 것을 제공하고 있습니다. 인간은 진정한 가치와는 무관한 방법으로 부를 평가하고 있습니다.

오라, 그리고 포도주며 우유를
아무런 돈도, 아무런 대가도 치르지 말고 사라.
[이사야 55:1]

Chapter 14 The Creative Moment

창조의 순간

세속적인 사람은 하느님 영이 주는 선물을 받아들이지 못하니,
그들에게는 이러한 선물이 어리석은 것으로 여겨지기 때문이며,
하느님의 영이 주는 선물은 영적으로 식별되기에
세속적인 사람은 하느님의 영의 선물을 이해할 수도 없더라.
[고린도전서 2:14]

사탄도, 그의 파수꾼들도 찾지 못하는
하루의 순간이 있다. 근면한 자가 이 순간을 찾아내면
그 순간은 증식한다. 그리고 누군가가 그 순간을 발견했을 때
올바르게 활용한다면, 그날의 모든 순간을 새롭게 한다.
[블레이크]

보이는 그대로 사물을 받아들이기보다 상상력에 의지해서, 그 대상을 '마땅히 되어야만 하는 모습'으로 받아들일 때가 바로 블레이크가 말했던 '그 순간'입니다. 이때 영적인 인간의 일은 완성되며, 시간의 모든 중대한 사건들이 그 순간의 변화된 모습에 맞추어 세상을 형성하

기 시작합니다.

블레이크에 따르면, 사탄은 단지 '반응하는 자(Reactor)'에 불과합니다. 그는 스스로 행동을 시작하지 않고, 오로지 반응만을 합니다. 이러한 관점에서 볼 때, 우리가 일상에서 발생하는 일들에 단지 '반응하기만' 한다면, 우리는 사탄의 역할을 하고 있는 것이라고 말할 수 있습니다. 인간은 자신의 현실을 단편적으로만 보고, 오직 그 현실, 즉 사탄의 상태에서만 반응합니다. 그는 새로운 행동을 취하거나 창조를 하지 않고, 반복되는 행동을 통해 '되풀이되는 창조'만을 합니다.

단 한 번의 진정한 창조의 순간, 그리고 소원이 성취된 한 번의 느낌은 전 생애동안 반복되기만 했던 순간들보다 더 값지다고 할 수 있습니다. 그 순간, 하느님의 일은 끝난 것입니다.

그때 블레이크처럼 우리는 말할 수 있습니다.

"존재하는 생명체들 또는 인간들 안에서 하느님은 오직 행동(Act)하고, 존재(Is)한다."

상상 속의 과거와 상상 속의 미래가 있습니다. 반응을 해서 과거가 현재 속으로 재창조될 수 있다면, 그와 마찬가지로 우리의 꿈을 상상의 무대에서 연기해, 미래를 현재로도 가져올 수 있습니다.

나는 이 순간, 미래를 현재의 순간에 느낀다.
[셰익스피어, "맥베스"]

영적인 사람은 반응(React)이 아닌 행동(Act)을 합니다. 영적인 사람은 원하는 것을 지금 이 순간 상상 속에서 실현할 수 있습니다. 영적인 사람의 좌우명은 항상 "그 순간은 지금이다"입니다.

보라, 지금이 받아들일 수 있는 시간이요. 지금이 구원의 날이다.
[고린도후서 6:2]

우리와 꿈 사이를 막고 있는 유일한 것은 바로 현실이라는 장벽입니다. 하지만 현실이란 것 역시 상상에 의해 창조된 것입니다. 자신의 상상을 변화시킨다면 현실 역시 변화될 것입니다.

이 이야기를 쓴 젊은 여성은 마지막 장면이 나타나기 전까지 자신이 무엇을 했는지 몰랐습니다. 하지만 그녀는 '그 순간'을 발견했고, 상상의 무대에서 꿈을 연기함으로써 미래를 현재로 가져왔습니다. 그녀의 이야기는 다음과 같습니다.

"저는 상상 속에서 일어난 일이 겨우 4분 만에 현실로 드러나는 것을 목격했습니다. 이 이야기는 어제 아침, 실제 일이 일어난 지 얼마 안 돼서 일어난 그대로 정확하게 썼습니다. 선생님께선 아마 제가 들려드리는 이야기를 흥미롭게 여길 거라 생각되네요.

"저는 중앙차선에서 운전하고 있었는데 교차로에 적색 신호등이 켜져 있어서 조금씩 속도를 줄이고 있었습니다. 그런데 회색 옷을 입은 나이 드신 여성이 거리를 가로질러 제 차 앞을 지나가는 것이 눈에 띄었습니다. 막 출발하려는 버스를 세우려고 손을 흔들면서 가고 있었습니다. 버스는 그 노부인을 태우려는 듯 천천히 움직이는가 싶더니, 거의 도착하기 전에 출발해 버렸습니다. 그녀는 가까운 공중전화로 빠르게 걸어갔습니다.

"신호등이 녹색으로 바뀌고 제 차가 움직이기 시작하면서, '버스 뒤에 있었다면 내가 태워줬을 텐데'라는 생각이 들었습니다. 그녀는 멀리서 보기에도 분명히 당황해 있는 것처럼 보였습니다. 그러나 갑자기 저의 소망이 정신적인 드라마로 전개되었고, 운전을 하면서 다음과 같은 상상이 연출되었습니다.

"…저는 차 문을 열어 회색 옷을 입은 그 노부인이 들어오게 하고, 그녀는 안도의 한숨을 쉬며 저에게 연신 감사하다고 말합니다. '저는 몇 블록만 가면 됩니다. 친구를 만나러 가는 길인데, 버스를 놓쳐서 친구들이 저를 두고 가는 것이 아닌지 걱정됐어요.' 상상 속에서 그녀를 몇 블록 뒤에 내려주고, 그녀는 친구들이 여전히 기다리고 있는 것을 보고 기뻐합니다. 그녀는 저에게 다시 감사를 전하며 걸어갑니다.

"이렇게 머릿속에서 진행된 상상은 제가 보통 속도로 한 블록을 운전하는 동안 계속되었습니다. 이 상상은 '현실'과 같이 만족스러운 느낌을 주었고, 곧 잊혔습니다. 네 블록을 더 가서 적색 신호등에 섰을 때도 제 차는 여전히 중앙차선에 있었습니다. 차창을 두드리는 소리에 고개를 돌려보니, 인품 있어 보이는 모습에 회색 옷을 입은 백발의 노부인이 서 있었습니다. 그녀는 미소를 지으며 몇 블록만 제 차를 탈수 있냐고 물었습니다. 그녀는 급히 달려온 듯 숨을 헐떡이고 있었습니다. 분주한 차도 한가운데에서 그녀의 갑작스런 등장에 저는 당황하여, 순간적으로 아무 대답도 못하고 그저 몸을 기울여 차 문을 열어주었습니다. 그 부인은 차에 타자마자, '그렇게 열심히 버스를 잡으려고 달려갔는데, 버스를 놓치니 난처하네요. 이렇게 성가시게 하는 것이 좋지 않다는 것을 알지만, 몇 블록 뒤에서 친구들을 만나기로 해서요. 걸어가면 아마 친구들을 만나기 어려울 것 같아서...'라고 말했습니다. 여섯 블록을 더 가서 내려주었을 때, 그녀는 '오, 세상에! 친구들이 아직도 기다리고 있어요'라고 소리치며, 다시 감사를 표하고 친구들에게 걸어갔습니다.

"저는 깨어있는 상태에서 꾼 꿈이 물질적인 현실로 드러나는 것을 방금 목격했기 때문에 멍한 상태에서 운전을 계속했습니다. 그 일이 일어나는 동안 무슨 일이 일어났는지를 깨달았습니다. 저는 가능한 한 빨리, 사건의 모든 부분을 적어내려갔고, 놀랍게도 '깨어있는 꿈'과 실제로 일어난 사건이 똑같다는 것을 발견했습니다. 상상과 현실의 여성 모두 나이가 들었고, 친절했으며, 회색 옷을 입고 있었고, 버스를 잡으려고 숨이 차 있었으며, 버스를 놓쳤습니다. 둘 다 친구들을 만나기를 원했고, 친구들은 어떤 이유로 오래 기다릴 수 없는 상황이었습니다. 둘 다 몇 블록을 지나 차에서 내렸고, 친구들과 성공적으로 만났습니다.

"저는 깜짝 놀랐고, 당황했고, 의기양양해졌습니다! 만약 그곳에 우연의 일치 또는 우연한 사건과 같은 것이 없다면, 그렇다면 저는 상상이 거의 순식간에 '현실'이 되는 것을 목격한 것입니다."   - J.R.B.

사탄도, 그의 파수꾼들도 찾지 못하는
하루의 순간이 있다. 근면한 자가 이 순간을 찾아내면
그 순간은 증식한다. 그리고 누군가가 그 순간을 발견했을 때
올바르게 활용한다면, 그날의 모든 순간들을 새롭게 한다.

"선생님의 저서 『서치(Search)』을 처음 읽었을 때부터, 어떤 비전을 경험하기를 간절히 원했습니다. 선생님이 '약속'에 대해 언급하신 이후, 이 욕망은 더욱 강렬해졌습니다. 이런 바람에 대한 영광된 대답으로, 제 눈앞에 주어졌던 비전에 관해 말하고 싶습니다. 그러나 2주 전에 일어난 일이 없었다면 이러한 비전은 저에게 주어지지 않았을 것입니다.

"제가 수업을 진행하고 있는 대학 건물에서 약간 떨어진 곳에 주차했습니다. 차에서 내릴 때 주위가 매우 조용한 것을 눈치 챘습니다. 거리는 황량한 들판처럼 아무도 없었습니다.

"그때, 갑자기 소름 끼치는 욕설 소리가 들렸습니다. 소리가 난 방향으로 시선을 돌렸을 때, 한 남자가 막대기를 휘두르며 '죽여 버리겠어. 죽여 버리겠어'라고 외치는 것을 보았습니다. 그가 저에게 점점 다가오는 가운데, 이 순간이 제가 믿고 있는 것을 시험해 볼 좋은 기회라고 생각했습니다. '우리가 하나라면, 나와 저 부랑자와 아버지가 하나이기에, 나는 어떤 해도 입지 않을 것이다.' 그 순간, 제 두려움은 사라졌습니다. 저를 향해 다가오는 사람 대신, 저는 빛을 느꼈습니다. 그 남자는 한 걸음 앞까지 다가왔지만, 갑자기 고함을 멈추고 막대기를 내리며 조용히 지나갔습니다.

"저의 믿음을 시험한 그 순간 이후, 저를 둘러싼 모든 것이 이전보다 더 생생해진 듯했습니다. 꽃들은 더 활짝 피어있고, 나무는 더 푸르게 보였습니다. 저는 이전에는 몰랐던 평화와 생명의 '일체감'을 느끼게 되었습니다.

"지난 금요일, 저는 집으로 돌아왔습니다 여느 날과 다른 점이 하나도 없었습니다. 원고 작업을 오래 했음에도, 피로감을 느끼지 못해 다음 날 새벽 2시까지 잠들지 않았습니다. 그 후에 불을 끄고 누웠는데 잠든 것은 아니지만 졸린 것 같은, 붕 떠 있는 느낌에 빠졌습니다. 제 표현으로 하자면 반은 깨어있고, 반은 잠든 상태였습니다. 이런 상태에서 종종 사랑스러우면서도 낯선 얼굴들이 제 앞에 나타났지만, 이번 새벽에는 완전히 달랐습니다. 아주 완벽한 어린 아이의 얼굴이 제 앞에 나타났고, 그 아이는 저를 향해 고개를 돌리며 미소를 지었습니다. 그 얼굴은 빛나고 있었고, 제 머리를 빛으로 채웠습니다.

"저는 흥분되고 짜릿한 기분을 느꼈습니다. '이 아이는 분명히 그리스도일 거야'라고 생각했습니다. 하지만 제 안에서 무언가가 소리를 내지 않고 말했습니다. '아니다. 이 아이는 당신이다.' 이 경험 이후 저는 다시는 예전과 같지 않을 것이라고 느꼈고, 언젠가 '약속'을 경험할 수 있을지 모른다고 생각했습니다.

　- G.B

우리의 상상력이 현실과 행동을 창조한다는 것을 알게 되면, 우리의 모든 꿈은 실현될 것입니다. 하지만 상상력은 사물을 창조하는 것 이상의 더 깊고 본질적인 것을 우리에게 요구합니다. 그것은 바로 상상력과 하느님의 일체성에 대한 깨달음이며, 상상력이 현실에서 행하는 모든 일이 실제로는 인간을 통해, 그리고 인간 안에서 그 일을 하는 하느님 자신임을 깨닫는 것입니다. 인간은 상상력 그 자체입니다.

Chapter 15 "THE PROMISE" Four Mystical Experiences
"약속" 네 개의 신비한 경험들

　G.B의 아이에 대한 비전을 제외하고, 제가 지금까지 언급한 모든 사례들은 상상력을 의식적으로 사용한 예입니다. 이야기 속의 인물들은 자신들의 소망이 이루어진 것을 가정한 상상 속의 무대를 창조했습니다. 그런 다음, 그 무대에 자신들이 직접 참여하고 있다고 상상함으로써, 그 상상이 나타내고 있는 것을 현실로 만들었습니다. 이것은 하느님의 법칙을 현명하게 사용하는 방법입니다. 그러나 "법으로는 아무도 하느님 앞에서 의로움을 얻을 수 없다"고 말해집니다. [갈라디아서 3:11] 많은 사람들은 상상력이 삶에 가져다주는 효과에는 관심이 있지만, 하느님의 약속을 이루는 믿음의 틀에는 관심이 없습니다. "내가 너의 몸에서 나올 너의 아들을 너에게 세우리니... 나는 그의 아버지가 되고 그는 나의 아들이 될 것이다." [사무엘하 7:12-14]

　하느님이 우리 몸에서 "피에 의해서도 아니고, 육신의 의지로도 아니고, 사람의 의지로도 아닌, 하느님에 의해" 태어날 아들을 주실 것이라는 '약속'에 대해 사람들은 관심이 없습니다. [요한복음 1:13] 그들은 하느님의 법칙을 알고 싶어할 뿐, 하느님의 약속에 대해서는 관심이 없습니다. 그러나 이 기적적인 탄생은 그리스도교 초기부터 모든 인류가 반드시 경험해야 한다고 분명히 말해져 왔습니다.

"그대는 위로부터 태어나야만 한다." [요한복음 3:7] 여기에서 제가 하고자 하는 것은 '위로부터 태어남'이 불필요한 부분이 아니라, 하느님의 '창조의 유일한 목적'이라는 것을 이해시키고자 하는 것입니다.

특히, 저의 네 가지 신비한 경험을 기록하는 이유는 "예수 그리스도, 신실한 증인, 죽은 자들 가운데서 첫째로 나신 분"[요한 계시록 1:5]이 이 '위로부터의 태어남'에 대해 말하려고 했다는 것을 보여주기 위함입니다.

"그들이 보내지 않았다면 어떻게 복음을 전파할 수 있겠는가?" [로마서 10:15]

수년 전, 저는 정신적으로 신들의 사회 안에 들어가게 되었습니다. 그 세상은 '자신의 내부에서 하느님이 깨어난 사람들'이 모인 곳입니다. 제 말이 이상하게 들릴지 모르겠지만, 신들은 정말 모임을 갖습니다. 제가 그 세상에 들어갔을 때 저를 처음 반긴 것은 무한한 권능의 현신이었습니다. 그 현신은 우리 인간들에게는 알려져 있지 않은 하나의 권능이었습니다. 그런 후에 저는 무한한 사랑의 현신을 만나게 되었습니다. 그분은 저에게 물었습니다. "세상에서 가장 위대한 것이 무엇인가?" 저는 바울의 말로 대답했습니다. "믿음, 소망, 그리고 사랑이 중요합니다. 하지만 이 중에서 가장 위대한 것은 사랑입니다." 그 순간 무한한 사랑은 저를 축복해 감싸앉았고, 저의 몸은 무한한 사랑의 현신과 융화되어 한 몸이 되었습니다. 저는 그와 완벽하게 하나가 되어 그를 마치 제 영혼인 것처럼 사랑했습니다. '하느님의 사랑'이라는 말은 이제껏 단지 말뿐이었습니다. 하지만 이제는 거대한 의미를 가진 실체가 되었습니다. 인간이 지금까지 사랑에 대해서 상상할 수 있는 그 어떤 것도 사랑의 현신과 하나가 되어 느낄 수 있는 것과는 비교하지 못합니다. 이 땅에서 이것과 가장 비슷한 것을 말해본다면 하나의 몸을 가졌지만 분리되어 있는 세포를 예로 들 수 있습니다.

이 지고한 기쁨의 상태에 머무는 동안, 외부에서 하나의 음성이 울려 퍼졌습니다. "푸른 피를 타도하라!" 이 외침이 들려오고, 저는 처음 저를 맞이해줬던 무한한 권능의 현신 앞에 서게 되었습니다. 그분은 저의 눈을 응시하며, 말소리는 들리지 않았지만 저는 그분이 말하는 것을 들을 수 있었습니다. "행동할 시간이다." 저는 갑자기 신성한 세계로부터 빠져나와 지상으로 돌아왔습니다. 저는 저의 이해의 한계로 인해 고통을 받았지만 이 날 신성세계는 저를 동료로 받아들였고, 하느님이 인간에게 준 약속인, 그리스도를 전파하기 위해 저를 보냈다는 것을 알게 되었습니다.

이 신비적인 경험을 겪은 후, 저는 모든 세상이 하나의 무대라는 말을 문자 그대로 받아들이게 되었고, 하느님이 모든 역할을 하고 있다는 것도 믿을 수 있게 되었습니다. 이 무대의 목적은 무엇인가요? 창조물인 인간을, 창조주인 하느님으로 변화시키는 것입니다. 하느님은 그분이 만든 창조물인 인간을 사랑하였습니다. 그래서 이런 자아를 내려놓는 행동이 창조물인 인간을 창조주인 하느님으로 바꿀 것이라는 믿음으로 인간이 되었습니다.

이 연극은 하느님이 인간 위에서 십자가에 못 박히는 것(인간이 되는 것)에서 시작하여 인간의 부활(하느님이 되는 것)로 끝납니다. 우리가 하느님이 되도록, 하느님은 우리 인간이 되었습니다. 즉, 생명을 가진 인간이 생명을 주는 영이 되게 하기 위해, 하느님은 인간이 되었습니다.

내가 그리스도와 함께 십자가에 못 박혔으나 그럼에도 나는 살아 있다. 그러나 내가 사는 것이 아니요, 그리스도께서 내 안에 사시는 것이다.
내가 이제 육신으로 사는 삶은 나를 사랑하시어 나를 위해 자신을 주신 하느님의 아들을 믿는 믿음으로 사는 것이다.
[갈라디아서 2:20]

하느님은 스스로 인간의 형체를 취해, 인간이란 십자가 위의 죽음에 복종해서 인간의 두개골인 골고다에서 십자가형을 받았습니다. 하느님 스스로 인간을 살아있는 존재로 만들기 위해 죽음의 문(인간의 두개골)에 들어가서 인간의 무덤 속에 누운 것입니다. 하느님의 자비는 죽음을 잠으로 바꿨습니다. 그 후, 인간이 하느님이 다시 되기 위한, 놀랍고도 상상할 수 없는 인간의 변형은 시작됐습니다.

하느님이 십자가형을 받아 어떤 존재의 무덤 속에 들어가지 않고는, 그 누구도 의식을 가진 생명에게 허락된 경계를 넘어갈 수 없습니다. 하느님은 이제 우리의 자아 안에서 십자가에 매달렸고, 우리와 하나가 되었습니다. 그분은 우리 안에서 우리의 경이로운 인간의 상상력으로서 살아 있습니다. "인간은 상상력, 그 자체이고, 하느님은 인간이고, 우리 안에서 존재하고, 우리는 그분 안에서 존재한다. 인간의 불멸의 몸은 상상력, 즉 하느님, 그분이다." [블레이크]

하느님이 우리 안에서 깨어날 때 우리는 하느님을 닮아있을 것이고, 또한 하느님도 우리와 닮아 있을 것입니다. 우리 안에 있는 하느님이 깨어나면, 우리의 본성에게 부여하게 될 고양된 손길로, 모든 불가능이 우리 안에서 녹아 없어질 것입니다.

여기 세상의 비밀이 있습니다. 하느님은 인간에게 생명을 주고 자유를 주기 위해 죽음을 택했습니다. 왜냐하면 하느님이 그분의 창조물을 아무리 명확하게 인식하고 있을지라도 상상의 창조물인 인간이 하느님을 인식한다는 것이 당연하지는 않기 때문입니다. 이 기적을 이루기 위해, 하느님은 죽음을 택해야만 했습니다. 그 후, 인간으로서 다시 깨어나야만 했습니다.

그 누구도 블레이크처럼 이것을 잘 표현하지 못했습니다. 블레이크(더 정확히 말하자면 예수님)는 말합니다. "내가 죽지 않는다면, 너는 살 수 없다. 하지만 만약 내가 죽으면, 나는 다시 일어날 것이고 너도 나와 함께 있을 것이다. 너를 위해서 죽지 않는 이를 사랑할 수 없으며, 너를 위해 죽지 않는 이를 위해 너는 죽을 수 없다. 만약 인간을 위해 하느님이 죽지 않고 끊임없이 자신을 인간에게 주지 않는다면, 인간은 존재할 수 없다."

그러므로 하느님은 죽음을 맞이했습니다. 즉, 하느님은 인간을 위해 자신을 아낌없이 주었습니다. 하느님은 창조된 인간이 결국 하느님으로 일어서게 될 것이라는 희망을 가지고 자신을 인간으로 만들어 자신이 하느님인 것을 잊었습니다. 하느님은 인간의 십자가 위에서 자신을 완전히 인간에게 내줬기 때문에 "나의 하느님, 나의 하느님, 왜 나를 버리셨습니까?"라고 외쳤습니다. 하느님은 자신이 하느님이라는 것을 완전히 잊었습니다. 하지만 하느님이 한 인간 안에서 깨어나면, 그 사람은 자신의 형제들에게 "우리가 왜 내부에 계신 하느님께 구하지 않고, 여기서 덜덜 떨며 외부에 계신 하느님께 도움을 청하는가?"라고 말할 것입니다.

죽음에서 부활한 최초의 인간은 예수 그리스도로 알려져 있습니다. 그는 잠들었던 자들 가운데 첫 번째 열매이자, 죽음에서 첫 번째 태어난 자입니다. 하느님은 인간의 형태를 취하고 죽음을 맞이했으며, 이제 인간으로서 죽음에서 부활했습니다. 예수 그리스도는 자신이 아버지가 되어, 죽은 아버지를 부활시킵니다. 아담, 즉 전체 인류 안에서 하느님은 잠들어 있다가, 예수 그리스도, 즉 개성화된 하느님 안에서 깨어납니다. 이 깨어남을 통해, 창조된 인간은 창조주 하느님이 되었고, "세상이 있기 전부터 나는 있었다"고 진실로 말할 수 있게 되었습니다. 하느님이 인간을 너무나 사랑해서 인간과 완전히 일체가 되어 자신이 하느님이라는 것을 잊었듯, 인간도 하느님을 사랑하여 자신을 하느님과 완전히 동일시할 때, 보이는 세계를 초월해 '하느님의 생명'을 살게 됩니다.

인간을 하느님으로 변화시키는 이 연극은 성경을 통해 우리에게 드러납니다. 성경은 비유와 상징을 통해 완벽한 일관성을 갖추고 있습니다. 구약에는 신약이 숨겨져 있고, 신약은 구약을 드러냅니다. 성경은 하느님의 법칙과 약속에 대한 비전입니다. 이는 역사를 가르치려는 것이 아니라, 깊은 잠에서 깨어나 하느님으로서 일어나게끔, 고난의 용광로를 통해 믿음을 다지는 것을 목적으로 합니다. 성경의 인물들은 과거에 살지 않고 상상력의 '영원한 현재'에 존재합니다. 그들은 영혼의 영원한 영적 상태를 형상화한 것으로, 영원한 죽음을 거쳐 영원한 삶으로 깨어나는 인간의 여정을 상징합니다.

구약은 하느님의 약속에 대해 말하고, 신약은 이 약속이 어떻게 성취되었는지에 대해 말하는 것이 아니라, 이 약속이 어떻게 성취되고 있는지에 대해서 말합니다. 성경의 중심 주제는 예언자가 말한 대로, 우리에게 한 아이가 태어나고 한 아들이 주어지는, 직접적이고 개인적인 신비적 경험에 있습니다. "우리에게 아이가 태어날 것이며, 아들이 주어졌으니, 정부가 그의 어깨 위에 있을 것이며, 그의 이름은 경이로운 상담자, 능하신 하느님, 영원한 아버지, 평화의 왕이라 불릴 것이다. 그의 정부와 평화의 증가에는 끝이 없을 것이다." [이사야 9:6-7]

우리가 경험하게 될 그 신비로운 순간, 아이가 우리 앞에 드러날 때, 우리는 그 아이를 보고 그 존재를 경험합니다. 이러한 경이로운 계시에 대한 반응은 욥이 말한 것처럼, "내가 전에는 귀로만 들었으나, 이제는 눈으로 당신을 봅니다"라고 할 수 있습니다. 이 탄생 이야기는 우화나 비유, 혹은 인간의 마음을 사로잡기 위해 꾸며낸 이야기가 아니라, 진정한 신비적 사실입니다. 이것은 자신의 두개골에서 나온 자신의 탄생을 상징하는, 배냇저고리에 싸여 바닥에 누워있는 아이의 탄생에 관한 개인적이고 신비로운 체험입니다.

누군가의 두개골에서 태어나는 아이에 대한 이야기를 듣는 것과 실제로 이 기적적인 아이를 손으로 들어보고 눈으로 보며, 그 탄생을 경험하는 것 사이에는 큰 차이가 있습니다. 이는 구약에서 제기된, "물어보라, 아이를 낳으려는 남자가 있는지 알아보라. 내가 보니 마치 진통하는 여인처럼 남자들이 각기 자기 손으로 허리를 짚고 모든 얼굴들이 창백하게 변하는 것은 어쩐 일이냐?"[예레미야 30:6]라는 질문에 대한 답입니다. '허리'로 잘못 번역된 히브리어 '찰랏'은 자아를 끌어내는 행위, 자아를 철수하는 행위, 자신을 분만하는 과정을 의미합니다. 자신의 두개골에서 자신을 끌어내는 것은 예언자가 말한, 위로부터 반드시 태어나야 하는 탄생과 같습니다. 이 탄생은 인간에게 하느님의 왕국으로의 입구를 제공하고, 존재의 가장 높은 차원에 대한 깊은 통찰을 선사합니다. 오랫동안 "깊은 것은 깊은 것을 부른다... 그대 자신을 일으키소서! 오 주여, 어찌하여 잠들어 계시나요? 일어나소서!"라고 말해졌습니다.

복음서에 기록된 사건은 실제로 인간에게 일어납니다. 하지만 반드시 찾아오게 될 개개인이 분만하게 될 그 시간이 언제인지는 그 누구도 모르고, 오직 아버지만이 알고 있습니다. "내가 그대에게, 그대는 다시 태어나야만 한다고 말한 것을 이상히 여기지 말라. 바람이 임의로 불어서 그대가 그 소리를 들어도 어디서 와서 어디로 가는지 알지 못하듯이 성령으로 난 사람은 모두 그와 같더라"[요한복음 3:7-8]라고 우리에게 말해집니다.

요한복음에 담긴 이 계시는 진실입니다. 여기 제가 경험한 '위로부터

의 태어남'에 대해 말씀드리겠습니다. 저 역시 바울처럼 이를 다른 사람에게서 전해들은 것도, 배워서 알게 된 것도 아닙니다. 위로부터 태어나는 신비로운 경험을 통해 알게 된 것입니다. 이와 같은 신비로운 태어남에 대해 진실되게 말할 수 있는 이는 오직 그 경험을 한 사람뿐입니다. '위로부터의 태어남'이 실제로 진실이라고는 상상조차 못했습니다.

경험하기 전에, 과연 누가, 아이가, 경이로운 상담자가, 전능한 하느님이, 영원한 아버지가, 평화의 왕이 자신의 두개골 속에 있다고 믿을 수 있겠습니까? 경험하기 전에, 누가 자신의 창조주가 자신의 배우자이며, 만군의 주가 자신의 이름이라는 것을 이해할 수 있겠습니까? [이사야 54:5] 과연 누가, 창조주가 자신이 창조한 인간 안으로 들어가 그것을 자신으로 인식하면서, 이렇게 하느님과 인간의 결합으로 인해 인간의 두개골로부터 아들을 탄생시키며, 그 탄생이 인간에게 영원한 생명과 창조주와의 영원한 하나됨을 가져다 준다고 믿을 수 있겠습니까?

저는 지금 그날 밤에 겪은 것을 말하려고 하지만, 저의 생각을 다른 사람들에게 강요할 뜻은 없습니다. 단지 나이가 들었는데도 어떻게 다시 태어날 수 있고, 어떻게 다시 어머니의 자궁 안으로 들어가 태어날 수 있으며, 어떻게 이런 것들이 가능한지에 대해 니고데모처럼 궁금해 하는 사람들에게 희망을 줄지 모르기 때문에 이야기합니다. 그래서 저는 지금 "이 비전을 기록하여", 다음의 말을 따르려고 합니다. "판들 위에 알기 쉽게 새겨 그가 달려가면서도 읽을 수 있게 하라. 그러나 비전은 정해 놓은 때가 있으니 결국은 말할 것이요, 거짓말하지 아니하리라. 더딜지라도 기다리라. 그때가 더디지 아니하고 반드시 이를 것임이라. 보라, 마음이 교만한 사람은 그 안에 정직함이 없음이라. 그러나 의인은 자기 믿음으로 말미암아 살리라."[하박국 2:2-4]

  1959년 7월 20일 새벽, 샌프란시스코에서 저는 아주 아름다운 꿈을 꾸고 있었습니다. 그러나 갑자기 저의 두개골 밑바닥에서 시작된 강렬한 진동에 의해 꿈이 방해받았습니다. 그리고 완전히 의식이 깨어있는 상태에서, 현실과 다름없는 드라마가 펼쳐지기 시작했습니다. 꿈에서 깨어난 저는 제 두개골 안에 완전히 갇혀 있는 것을 발견했습니다. 두개골의 밑부분을 통해 나가려고 안간힘을 썼습니다. 무언가가 길을 내주었고, 머리를 아래로 하여 두개골의 밑을 통해 움직이는 것을 느꼈습니다. 조금씩 몸을 비집고 밖으로 나왔습니다. 거의 나올 무렵, 침대의 발을 붙잡고 나머지 몸통을 두개골에서 끌어내고는 바닥에 잠시 누워 있었습니다.

  그리고 일어나서 침대에 누워있는 제 몸을 바라보았습니다. 그것은 마치 큰 시련에서 회복 중인 것처럼, 창백한 얼굴로 이리저리 몸을 뒤척이고 있었습니다. 그 몸이 침대에서 떨어지지 않기를 바라며 생각에 잠겼을 때, 이 모든 드라마를 시작한 진동이 제 머리뿐만 아니라 방 구석에서 오고 있다는 것을 깨달았습니다. 바람이 심하게 불어 창문을 흔들 정도로 진동이 발생하는 것인지, 그 구석을 살펴보았습니다. 머리 안에서 느끼는 진동이 방 구석에서 오는 것과 관련이 있다는 것을 알아차리지 못했습니다.

다시 침대를 돌아봤을 때, 제 몸은 사라지고 그 자리에는 제 형제 셋이 앉아있었습니다. 맏형은 제 머리가 있던 자리에, 둘째와 셋째 형은 발이 있던 자리에 각각 앉아 있었습니다. 형들은 제 존재를 인식하지 못하는 듯했지만, 저는 형들을 인식하고 생각을 알 수 있었습니다. 그들의 눈에는 제가 보이지 않는다는 사실을 깨달았습니다.

형들 역시 방구석에서 오는 진동에 불안해하는 것을 알아차렸을 때, 보이지 않지만 느낄 수 있는 진동이 실재임을 깨달았습니다. 셋째 형이 가장 불안해하며 그 원인을 조사하기 위해 그곳으로 갔습니다. 바닥에 있는 무언가를 발견하고 외쳤습니다. "네빌의 아기야." 저의 다른 두 형들은 믿을 수 없다는 듯 물었습니다. "네빌이 어떻게 아이를 가질 수 있지?"

형은 배냇저고리에 싸인 아이를 들어 침대 위에 놓았습니다. 그때, 저는 보이지 않는 손으로 아이를 안고 말했습니다. "잘 지내니, 내 사랑하는 아가야?" 아이는 저를 바라보며 웃었고, 저는 이 세상으로 다시 깨어났습니다. 이 경험은 제가 겪은 수많은 신비로운 경험 중 가장 대단한 것이었습니다. 이것에 대해 깊이 생각해 보았습니다.

테니슨은 죽음을 전사로 묘사했습니다. 한밤중에, "검은 말 위에 탄" 해골로서, 하지만 가레스의 검이 그 두개골을 가를 때, 그 안에서는...

새롭게 피어난 꽃처럼 싱그러운 젊은 소년의 밝은 얼굴이 드러났다.

[왕의 목가]

제가 경험한 다른 두 가지 비전에 대해서도 이야기해보겠습니다. 성경은 신비적인 사실입니다. 모세의 율법, 선지자들과 시편에 기록된 '우리에게 약속된 아이'에 관한 모든 이야기는, 각 개인의 상상력 안에서 신비하게 체험되어야만 합니다. 아이의 탄생은 "그대는 내 아들이다. 오늘 내가 그대를 낳았다"[시편 2:7]고 말해진, 주의 기름부음 받은 자, 다윗의 부활을 알리는 징후이자 전조입니다.

1959년 12월 6일 아침, 로스앤젤레스에서 아이가 태어나고 5개월이 지났을 때, 저는 이전에 경험한 비슷한 진동을 머리에서 느꼈습니다. 이번에는 머리의 윗부분에서 강렬한 진동이 시작되었습니다. 갑자기 폭발하듯이 진동하였고, 저는 검소하게 꾸며진 방 안에 서 있었는데, 문이 열린 쪽에 기대어 있는 성경 속의 주인공인 저의 아들 다윗을 발견했습니다. 그는 십 대 초반의 소년이었으며, 얼굴과 체형에서 비범한 아름다움이 돋보였습니다. 사무엘상에 표현된 것처럼 아름다운 눈과 매우 잘생긴 건장한 소년이었습니다.

한순간도 저 자신이 지금의 제가 아닌, 다른 존재라고 느껴본 적은 없습니다. 그런데도, 이 소년 다윗이 제 아들이며, 그 역시 저를 아버지로 알고 있음을 알았습니다. "위로부터 오는 지혜는 의심을 넘어서" 있었습니다. [야고보서 3:17] 제가 아들의 아름다움에 감탄하며 그 모습을 묵상하고 있을 때, 비전은 서서히 사라지고 저는 깨어났습니다.

"나와 주께서 내게 주신 자녀들은 시온산에 계신 만군의 주로부터 이스라엘에 주신 징후와 전조들이다." [이사야 8:18] 하느님은 다윗을 저에게 아들로 주셨습니다. "내가 네 몸에서 나올 네 아들을 네 뒤에 세우리니... 나는 그의 아버지가 되고 그는 나의 아들이 될 것이다." [사무엘하 7:12-14] 오직 하느님을 아는 유일한 방법은 아들을 통하는 것입니다.

"아들이 누구인지는 아버지 외에 아무도 모르며, 또 아버지가 누구인지는 아들과 아들이 나타내고자 하는 자 외에는 아무도 모른다." [누가복음 10:22] 다윗의 아버지가 되는 경험은 이 지상에서의 인간 여정의 종착점을 의미합니다. 인생의 목적은 다윗의 아버지, 주님의 기름 부음 받은 자, 그리스도를 찾는 것입니다.

"아브넬아, 이 젊은이가 누구의 아들이냐?" 아브넬이 대답했습니다. "왕이시여, 당신의 영혼이 살아 계신다면, 저는 알 수 없습니다." 사울 왕이 말했습니다. "그 젊은이가 누구의 아들인지 알아봐라." 다윗이 필리스타아인을 죽이고 돌아왔을 때, 아브넬이 그를 사울 왕 앞으로 데려갔고, 그의 손에는 필리스타아인의 머리가 들려 있었습니다. 사울이 그에게 물었습니다. "젊은이여, 너는 누구의 아들이냐?" 다윗이 대답했습니다. "저는 베들레헴 사람 이새의 아들입니다." [사무엘상 17:55-58] 이새는 '있음'을 의미하는 Be 동사의 모든 형태입니다. 다른 말로, '나는 I AM의 아들이다(I AM the Son of who I AM),' '나는 독생자이다,' '나는 하느님 아버지의 아들이다'라고 말합니다.

"나와 나의 아버지는 하나이다." [요한복음 10장 30절]

"나는 보이지 않는 하느님의 형상이다. 나를 본 자는 아버지를 본 것이다." [요한복음 14장 9절]

누구의 아들이냐는 질문은 다윗 자체가 아니라 그의 아버지에 관한 것입니다. 그리고 이스라엘에서 자유를 약속받은 이는 다윗이 아닌 다윗의 아버지였습니다. [사무엘상 17:25] 사무엘상 17장의 55, 56, 58절에 나타난 왕의 질문은 다윗 자신이 아니라 다윗의 아버지에 대한 것입니다.

"나의 종 다윗을 찾았다. 그가 나에게, '그대는 나의 아버지이시나이다. 주는 나의 아버지시요, 나의 하느님이시며, 내 구원의 반석이시다.'라고 소리쳐 부르짖을 것이다. 나는 그를 지상에서 가장 높은 왕들 중의 장자로 삼으리라.'" [시편 89:20;26-27]

위로부터 태어난 자는 다윗을 발견하고, 그가 바로 자신의 아들임을 알게 될 것입니다. 그리고 그는 언제나 우리와 함께 있는 바리새인들에게 물을 것입니다. "그리스도에 대해 어떻게 생각하느냐? 그는 누구의 아들이냐?" 그들이 "다윗의 아들"이라고 대답하면, 그는 그들에게 말할 것입니다. "그렇다면 다윗이 성령 안에서 그리스도를 주라 부르며... 다윗이 그리스도를 주라고 부른다면 그리스도가 어떻게 다윗의 아들이 될 수 있느냐?"[마태복음 22:41-45] 아들의 역할에 대한 인간의 오해는 아들을 우상숭배의 대상으로 만들었습니다. "어린 자녀들아, 우상들로부터 자신을 지켜라."[요한1서 5:21]

하느님이 깨어난다면, 깨어난 사람은 자신이 아버지라고 불렀던 사람의 아버지가 됩니다. "다윗의 아들 예수 그리스도"[마태복음 1:1]로 표현된 이는 다윗의 아버지가 됩니다.

이제 저는 아버지 다윗이라고 부르지 않을 것입니다. "나는 다윗을 찾았다. 그는 나에게, '그대는 나의 아버지이시나이다'라고 소리쳐 부르짖을 것이다."[시편 89장] 이제 저는, 인간이 하느님이 될 수 있도록 인간이 된 하느님, 즉 엘로힘이라는 것을 압니다. "우리 종교의 신비는 참으로 놀랍더라."[디모데전서 3:16] 만약 성경이 역사였다면, 그것은 더 이상 신비가 아닐 것입니다. "아버지의 약속을 기다리라."[사도행전 1:4] 즉, 하느님의 아들인 다윗이 당신을 아버지로 드러낼 것입니다. 예수 그리스도가 말한 이 약속은[누가복음 24:44] 하느님이 당신에게 그의 자손이자 당신의 자손인 그리스도를[갈라디아서 3:16] 기꺼이 주실 때 성취될 것입니다.

비유적 표현은 문자가 나타내는 실체에 주목하게 하고 그것을 강조하기 위해 사용됩니다. 진리는 문자 그대로이며, 사용된 언어는 비유적입니다. "성전의 휘장이 위에서 아래까지 찢어지고, 땅이 흔들리며 바위들이 갈라지더라."[마태복음 27:51]

1960년 4월 8일 아침, 다윗의 아버지라는 사실이 제게 계시된 지 4개월 만에 저는 놀라운 체험을 했습니다. 제 머리 꼭대기부터 척추 끝까지 번개가 치듯이 몸이 갈라졌습니다. 마치 번개에 맞은 나무처럼 둘로 쪼개졌습니다. 그 후, 황금빛 액체 같은 빛이 제 척추를 따라 뱀처럼 위로 올라가는 것을 느꼈고, 그 빛이 두개골에 이르렀을 때, 마치 지진과 같은 진동을 경험했습니다.

하느님의 모든 말씀은 진실로 입증되니, 그분에게 피신하는 자에게는 방패가 되어 주시더라.
그분의 말씀에 더하지 말라. 그러면 그분이 그대를 책망하실까 함이며 네가 거짓말쟁이가 될까 함이다.
[잠언 30:5-6]

그리고 모세가 광야에서 뱀을 높이 들어 올린 것처럼
인자도 그렇게 들어올려져야 한다.
[요한복음 3:14]

이런 신비적 경험을 통해 성경이 세상의 역사, 인물, 사건이라는 생각에서 벗어나게 되었고, 우리 삶 속에서 그것의 진정한 의미를 복원할 수 있게 되었습니다. 성경의 약속은 "우리 안에서" 이뤄져야 합니다. 하느님의 약속은 이루어질 것이며, 당신은 이러한 경험을 하게 될 것입니다. "그러면 너는 예루살렘과 모든 유대와 사마리아와 이 땅의 끝까지 이르러 내게 증인이 되리라." [사도행전 1:8]

예루살렘에서... 유대에서... 사마리아에서... 이 땅의 끝까지 영역을 확장하는 것은 하느님의 계획입니다. 약속은 여전히 그 약속된 시간을 향해 익어가고 있습니다. 하지만 당신이 당신의 아들인 다윗을 찾고, 그가 당신을 하느님 아버지로 드러낼 때까지의 여정은 얼마나 험난하고 긴 여정일지 모릅니다. 그러나 그 여정은 결코 실패하지 않을 것이며, 결국 목적지를 향해 가속화될 것입니다. 그러니 기다리십시오. 시간의 지연은 없을 것입니다.

주에게 너무 경이로운 것이 어디 있더냐?
봄이 되었을 때, 약속된 시간에 나는 그대에게 돌아올 것이고,
사라는 아들을 가질 것이다.
[창세기. 18:14]

Prayer : Art of Believing
―
기도 :믿음의 기술

16	가역성의 법칙
17	의식의 두 가지 측면
18	상상력과 믿음
19	통제된 상상
20	생각을 전달하는 법칙
21	좋은 소식
22	가장 위대한 기도

Chapter 16 Law of Reversibility

가역성의 법칙

　기도는 모든 문을 여는 열쇠와 같습니다. 만약 하나의 열쇠로 모든 문을 열 수 있다면, 우리는 그것을 마스터키라 부를 것입니다. 세상 모든 문제에 대한 해결책, 그 열쇠는 바로 기도입니다.

　나의 영혼을 위해 기도하라.
　이 세상이 꿈꾸던 것보다 더 많은 것들이
　기도에 의해서 이루어진다.
　[테니슨]

　기도는 하나의 기술이며, 그 기술을 숙달하기 위해 연습이 필요합니다. 기도에서 가장 우선되어야 할 것은 상상력의 통제입니다. 말만 되풀이하는 것은 기도와는 거리가 멉니다. 진정한 기도를 위해서는 마음의 고요함과 평화가 필요합니다. "헛된 반복을 하지 말라."[마태복음 6:7] 왜냐하면 기도는 비밀 속에서 이루어지며, "비밀을 보시는 아버지께서 아낌없이 보상하실 것이다"[마태복음 6:4]라고 말해지기 때문입니다. 기도를 할 때 사용되는 관습적인 예법은 대부분 미신이며, 기도에 엄숙함을 부여하기 위해 고안된 것입니다. 기도의 예법을 사용하는 이들 대부분은 기도를 관장하는 법칙을 무시한 채 기도하고 있습니다. 그들은 기도로 얻은 결과가 예법 때문에 발생했다고 생각하며 형식을 본질로 오해합니다. 기도의 본질은 믿음이지만, 믿음만으로는 충분하지 않으며, 믿음에 이해가 더해져야 합니다. "그러니 지혜를 얻으라. 또 네가 얻은 모든 것으로 명철을 얻으라."[잠언 4:7]

이 책은 기도가 응답받을 수 있는 조건과 응답받지 못하는 조건을 설명함으로써, 우리에게 알려지지 않은 법칙을 명확히 이해시킬 것입니다. 관찰을 통해 일반화한 것을 법칙이라고 부릅니다. 기도를 관장하는 조건을 명확히 설명하는 이러한 법칙은 가역성이라는 보편적인 법칙에 기초하고 있습니다.

소리에서 물리적 운동이 발생한다는 사실은 가역성, 즉 거꾸로 물리적 운동으로 음성을 재생산할 수 있다는 사실(축음기)을 생각하기 훨씬 전부터 사람들은 알고 있었습니다. 전기가 마찰력을 발생시킨다는 것은 몰랐지만 오래전부터 마찰력으로 전기가 발생한다는 사실은 알았습니다. 사람들이 에너지의 변화를 반대로 만드는 것에 성공했는지 성공하지 못했는지는 별개로, 우리는 모든 에너지의 변화가 그 반대 방향으로도 일어날 수 있다는 것을 알고 있습니다. 만약에 열이 물리적 운동을 발생시킨다면, 물리적 운동으로 열을 낼 수 있습니다. 전기가 자기장을 발생시킨다면, 자기장도 역시 전기를 만들 수 있습니다. 목소리가 어떤 파동을 낸다면 그 파동은 일정한 목소리를 다시 재현해낼 수 있습니다. 원인과 결과, 에너지와 물질, 작용과 반작용은 같은 것이고 서로 바뀔 수 있습니다.

이 법칙은 에너지 변화의 반대 방향도 예측할 수 있게 해줌으로 매우 중요합니다. 만약 당신이 원하는 것이 실현되었을 때 어떤 느낌이 들지, 어떤 상태에 있을지 안다면, 그 느낌과 상태를 일으켜 원하는 것을 현실화할 수 있습니다. 기도할 때 이미 원하는 것을 가졌다고 믿는다면, 바로 이러한 가역성의 법칙에 따른 것입니다. 구체화된 기도가 특정한 느낌이나 의식 상태를 당신 내부에서 일으킨다면, 그 느낌이나 상태는 반드시 당신의 기도를 현실로 만들 것입니다. 에너지가 어떤 다른 성질로 변화되고, 또한 그 반대의 방향으로도 바뀔 수 있다는 것을 생각해본다면 항상 소원이 성취된 느낌을 사실로 받아들여야 합니다. 원하기만 하던 모습들, 가지고 싶었던 것들, 그저 이렇게 소망하기만 하던 것을 넘어 이제는 이미 그 모습이 되었고, 이미 그것을 가지고 있다고 내부에서 주장해야 합니다. 이것들은 만약 당신의 목적이 실현돼서 현실이 되었다면 당신이 가졌을 기쁨을 생각함으로써 쉽게 그 느낌을 가져볼 수 있습니다. 이렇게 소망이 현실로 이루어졌다는 느낌 안에서 살고, 움직이고, 존재해야 합니다.

소망이 이루어진 것처럼 느끼고 이를 유지한다면, 그 느낌이 만들어 낸 상태가 반드시 현실화될 것입니다. 이 법칙은 "믿음은 바라는 것들의 실체요, 보이지 않는 것들의 증거이다"[히브리서 11:1]라는 성경 구절과 "보이지 않는 것들을 보이는 것처럼 부르니, 보이지 않던 것들이 나타났다"[로마서 4:17]라는 말을 설명해 줍니다. 당신이 느끼는 것이 현실화될 때까지 소망이 이루어진 것처럼 느끼고 이를 지속적으로 유지해야 합니다. 하나의 물질적인 현실이 어떤 마음속의 상태를 불러일으켰다면, 반대로 그 마음속의 상태는 하나의 물질적인 현실을 불러일으킬 수 있습니다. A라는 결과가 B라는 원인에 의해 생겨났다면, 반대로 B의 결과를 A라는 원인으로 만들어 낼 수 있습니다. 그러므로 이렇게 말해집니다.

 너희가 구하는 것이 무엇이든, 기도할 때 이미 받았다고 믿으라.
 그러면 그대로 이루어질 것이다.
[마가복음 11장 24절]

Chapter 17 Dual Nature of Consciousness

의식의 두 가지 측면

의식의 두 가지 측면을 명확하게 이해한다면 참된 기도를 이해할 수 있는 기초가 마련됩니다. 의식은 현재의식이라는 면과 잠재의식이라는 면을 지니고 있습니다. 현재의식이 차지하고 있는 곳 밑에는 무한하게 거대한 의식이 자리하고 있습니다. 그것은 잠재의식이며, 의식의 가장 중요한 부분입니다. 이것은 자발적 행동의 원인이 됩니다. 잠재의식은 인간의 존재, 바로 그 자체입니다. 현재의식은 인간이 인식하고 있는 부분입니다.

"나와 나의 아버지는 하나이나 나의 아버지는 나보다 더 위대하시다." [요한복음 14:28] 현재의식과 잠재의식은 하나입니다. 하지만 잠재의식은 현재의식보다 더 위대합니다.

"나는 스스로 아무것도 할 수 없고, 내 안의 아버지가 그 일을 하신다." [요한복음 5:30] '현재의식의 나'는 아무것도 할 수 없고, '아버지인 잠재의식'이 일을 합니다. 잠재의식은 모든 것을 아는 곳이며, 모든 것이 가능한 곳입니다. 모든 것이 그곳으로 향하고, 그곳에서 나옵니다. 모든 것이 잠재의식에 속하며, 모든 것은 잠재의식과 연결되어 있습니다.

우리가 지금 인식하는 것들은 인식하지 못하는 것들로부터 만들어집니다. 우리의 잠재의식이 받아들인 것은 우리의 행동뿐만 아니라 우리의 외적인 존재의 패턴을 형성합니다. 잠재의식만이 "우리의 형상을 따라, 우리의 모습대로 인간을 만들자"라고 말할 수 있는 권능입니다. [창세기 1:26] 인간의 깊은 곳 안에 만물은 잠들어 있고, 잠재의식이 그것을 사실로 받아들였을 때 객관적인 실체로 깨어납니다.

잠이라는 상태 속에서도, 잠들지 않는 의식이 있으며, 몸이 잠든 동안 이 잠들지 않는 것은 무한한 보물창고에서 그것이 사실로 받아들인 것을 현실 세상으로 가져옵니다.

기도는 이 무한한 창고를 여는 열쇠입니다. "만군의 주가 말씀하시니, 이제 그것으로 나를 시험하여 내가 하늘의 창문들을 열어 너희에게 복을 부어 주지 않나 보라. 그것을 받을 만한 충분한 장소가 없으리라." [말라기 3:10] 기도는 잠재의식의 상태를 수정하거나 완전히 바꿉니다. 이렇게 잠재의식의 구조가 변화되면 세상의 구조 역시 변합니다.

현재의식은 보고, 경험하고, 교육받은 것을 토대로 판단합니다. 그렇게 이성은 오감과 외적인 것들에 의존해서 판단하기 때문에 이성이 부정하는 것들을 믿는다는 것이 어렵습니다. 하지만 믿고자 하는 것을 사실로 받아들이면, 그 받아들인 전제에 맞춰 현실로 나타납니다. 기도의 진정한 기법을 마스터하고 싶다면, 두 가지 의식 상태를 명확히 구별해야 합니다. 의식의 이중성을 이해하고 잠재의식의 중요성을 깨달을 때까지는 기도의 원리를 진정으로 이해할 수 없습니다.

감각이 거부하는 것들을 사실로 받아들이는 기법인 기도는 대부분 잠재의식을 다룹니다. 기도를 통해, 잠재의식은 소망이 성취된 것을 받아들이게 되고, 그것으로 인해 결말로부터 생각하게 되면, 그 결말을 세상에 펼쳐냅니다. "너희 안에 있는 그분이 세상 안에 있는 그보다 더 위대하시다." [요한일서 4:4]

잠재의식은 세상에 생명을 불어넣어 활동하게 만드는 '편재하는 의식'입니다. 그 의식은 생명을 불어넣는 영입니다. 모든 실상 안에는 유일한 영혼, 바로 잠재의식이 있습니다. 불멸의 잠재의식은 모든 창조물을 관통해 흐르고 있습니다. 믿음 안으로 녹아든 생각과 느낌은 잠재의식에 변화를 주고, 잠재의식에 임무를 부여합니다. 그러면 잠재의식은 그 임무를 충실하게 수행합니다.

현재의식은 전제를 만듭니다. 잠재의식은 이 전제를 필연적인 결말 속으로 펼쳐놓습니다. 잠재의식이 주도적인 이성의 힘에서 제한을 받지 않는다면 우리 행동들의 원인은 외부 인간의 몫이 아니라 내부 인간의 몫이라고 말해야 할 것입니다. 인간은 자신의 느낌을 통해 잠재의식에게 생각을 전달합니다. 잠재의식은 텔레파시를 통해 마음에서 마음으로 생각을 전달합니다. 표현되지 않은 다른 사람에 대한 확신은 그들이 의식적으로 인지하거나 동의하지 않아도 그들에게 전달되며, 그들이 잠재의식적으로 받아들이면 그들의 행동에 영향을 미칩니다. 상대방에게 보낸 생각이 유일하게 상대방에 의해서 거부되는 경우는, 상대방이 그 생각을 '그 누구에 대해서도 이루어지기를 바라지 않을 때'입니다. 하지만 상대방이 한 사람에게라도 그 상태를 소망하고 있다면 상대방은 그 생각을 받아들이게 되고 믿게 됩니다. 그래서 잠재적인 마음을 관장하는 믿음의 법칙에 의해서 상대방은 잠재적으로 그 생각들을 받아들이게끔 되고, 그렇게 받아들여진 것에 따라서 그것이 상대방의 외부 세상에 나타납니다.

 잠재의식은 암시에 의해 완벽하게 통제됩니다. 객관적인 마음이 부분적으로 잠재적인 상태로 철수해 들어갈 때, 즉 객관적인 감각들이 사라지거나 잠잠해질 때가 바로 암시를 주기 위한 최상의 상태입니다. 이렇게 부분적으로 잠재적인 상태를 가장 잘 묘사할 수 있는 말은 '통제된 상상'일 것입니다. 그 상태 안에서 마음은 어떤 것도 잘 받아들일 수 있는 수동적인 상태가 됩니다. 이것이 바로 의식의 집중입니다. 기도를 하려고 한다면 마음에는 충돌되는 것이 없어야만 합니다. 현재의 상태에 등을 돌리고, 존재하기 바라는 것들을 보십시오. 소망이 성취된 느낌을 사실로 받아들이십시오. 그러면 가역성이라는 보편적인 법칙에 의해서 소망은 현실이 될 것입니다.

Chapter 18 Imagination and Faith

상상력과 믿음

　기도가 성공적으로 이루어지기 위해서는 현재 의식과 잠재 의식이 일치해야 합니다. 이 일치는 상상력과 믿음을 통해 가능해집니다. 상상력이 풍부한 사람들은 그들의 상상력을 통해 마법 같은 힘을 발휘하는 반면, 상상력이 부족한 사람들은 이러한 힘의 영향을 받습니다. 우리의 마음 안에서 미묘한 변화를 만든 사람이 우리의 양말을 꿰고 있는 우리의 어머니가 아니라고 확신할 수 있을까요? 의도치 않게 다른 사람에게 마법 같은 힘을 발휘할 수 있다면, 의도적으로 더 강한 힘을 발휘할 수도 있을 것입니다.

　우리가 보고, 만지고, 설명하고, 이야기 나눌 수 있는 모든 것은 상상력이 풍부한 사람에게는 단지 하나의 도구에 불과합니다. 그들은 통제된 상상력을 사용하여 깊은 내면에서 활동하기 때문에 외부의 것들에 흔들리지 않습니다. 그런 사람은 이성의 족쇄에 매여있을 필요가 없습니다. 그가 따르고자 하는 유일한 구속은, '소망이 성취된 분위기'를 제외한 다른 분위기들은 제거하라고 가르치는 신비로운 본능뿐입니다.

우리가 이 세상의 환경과 조건들을 창조하고자 할 때 유일하게 필요한 마음의 재능은 '상상력과 믿음'입니다. 의식의 법칙을 성공적으로 사용하기 위해 필요한 믿음은 전적으로 주관적인 것입니다. 그리고 기도하는 사람이 이런 주관적인 믿음을 성공적으로 얻기 위해서는 객관적인 마음의 영역에서 일어나는 반발을 잠재워야만 합니다. 이것은 객관적 감각이 거부하고 있는 것을 현실로 느끼고 받아들일 수 있는 능력에 좌우됩니다. 상대방에게 어떤 믿음을 전해주기 위해서 상대방이 수동적이거나 당신의 암시에 동의할 할 필요는 없습니다. 상대방의 동의나 인지가 없더라도, 기도를 통해 그 사람에게 내면의 명령을 내릴 수 있으며, 그는 반드시 기도하는 사람의 내면에서 이루어진 명령을 받아들여 외부의 세상 속에 나타낼 것입니다. 우리가 텔레파시를 통해 다른 이와 즉각적으로 교류를 할 수 있다는 사실은 의식의 기본 법칙입니다.

정신적 교류를 위해, 당신은 원하는 상대를 마음으로 부릅니다. 그 사람에게 집중하고, 마치 현실에서 누군가의 주의를 끌기 위해 이름을 크게 부르듯이, 상대방의 이름을 마음속으로 부릅니다. 상대방이 답하는 것을 상상하고, 마음속으로 상대방의 목소리를 듣습니다. 당신이 그 사람으로부터 듣고 싶은 것을, 평상시 대화투로 말하는 것을 상상합니다. 마음속에서 그에게 답하고, 당신이 그의 좋은 소식을 목격했을 때의 기쁨을 표현합니다. 당신이 원하는 것을 마치 현실처럼 뚜렷하게 듣고, 그 새로운 소식에 짜릿함을 느꼈다면, 다시 객관적인 의식 상태로 돌아옵니다. 마음속 대화는 그것이 확인한 것을 반드시 깨우게 됩니다.

"그대가 명하는 것은 이루어질 것이다."[욥 2:28] 마음 안에서 이루어진 대화가 현실이라는 실체의 옷을 입기 위해 어떤 강한 의지를 필요로 하는 것이 아닙니다. 마음속에서 대화한 것이 현실이라는 뚜렷한 생각과 뚜렷한 느낌을 지니면 됩니다. 믿음과 의지가 충돌하면 항상 믿음의 승리로 끝납니다. "만군의 주가 말씀하시기를, 힘으로도 아니요, 능력으로도 아니며, 오직 나의 영(sprit:정신)에 의해서다."[스가랴서 4:6] 원하는 것을 끌어당기는 것이 아닙니다. 진실이라 믿는 것을 끌어당기는 것입니다. 그래서 이런 내적인 대화 속으로 들어가서, 실제 전화로 대화를 할 때처럼 현실이라는 느낌을 부여하세요. "만약 그대가 믿는다면, 모든 것은 믿음이 있는 자에게 가능하다. 그래서 나는 그대에게 말하니, 그대가 구하는 것은 그것이 무엇이더라도 그대가 기도할 때 이미 받았다고 믿어라. 그러면 그것들은 그대에게 주어질 것이다."[마가복음 9:23] 당신이 결과에 서 있다면, 그것들은 스스로를 세상에 드러낼 수 있는 방법들을 모색할 것입니다. 어떤 지혜로운 자의 해결책도 결과에 서 있는 것보다 더 완벽하고 효과적일 수는 없습니다. 당신이 친구에게 바라던 소망이 이미 이루어진 것처럼 마음속으로 말하십시오.

상상력은 모든 것이 자라나는 태초의 공간입니다. 그리고 믿음은 만물이 형체의 옷을 입게 만드는 질료입니다. 잠재된 상태로 의식의 깊은 곳 안에 있는 것들은, 상상력에 의해 형체를 부여받을 수 있습니다. 어떤 약이나 성스러운 물건, 혹은 성스러운 장소가 치료의 힘을 발휘했다고 믿고 있지만 그것들은 모두 상상력과 믿음이 준 결과일 뿐입니다. 치료의 효과를 주는 본질은 그것들 안에 존재하는 것이 아니라, 그것을 받아들인 정신 안에 존재합니다. "문자는 생명을 빼앗고, 영(정신)은 생명을 준다." [고린도후서 3:6]

암시를 통해서 잠재의식을 완벽하게 조절할 수 있습니다. 믿고 있는 것이 진실이든 거짓이든, 모두 동일한 결과를 얻습니다. 의학 이론이나, 혹은 유물이나 신성한 장소에 대한 성직자들의 주장에는 문제가 없습니다. 환자의 잠재의식은 건강에 대한 암시를 특정 조건에 맞춰 받아들이고, 이러한 조건이 충족되는 즉시, 건강을 실현하려고 합니다. "믿는 자에게는 모든 것이 가능하기에, 그대의 믿음에 따라서 그것들은 그대에게 이루어졌다." [마태복음 9:29] 어떤 상태를 확신에 차서 기대하는 것은 현실로 만드는 가장 효과적인 방법입니다. 치료될 것이라는 확신으로 기대하면 다른 의학적인 치료가 하지 못하는 일들을 해낼 것입니다.

환자가 의학이나 전통적인 믿음에 의문을 갖는다면, 즉 그 이론이 정말 진실한 것인지에 대한 의문이 생겨서 모순되는 암시를 갖는다면 치료는 항상 실패합니다. 감정을 잘 느끼지 못하거나 지나치게 이성적인 것도 기도에 방해가 됩니다. 이런 사람들은 감각이 부정하는 것을 믿을 수 없습니다. 자신을 믿게 하려고 강요하면 더 큰 의심만을 일으킬 뿐입니다. 이러한 반대 암시를 피하기 위해, 환자가 자신에게 주어진 암시를 모르게 하는 것이 좋습니다. 다른 사람의 행동을 치유하거나 영향을 주는 가장 효과적인 방법은 '침묵의 치료 또는 원격 치료'

라고 불리는 것입니다. 환자가 자신에게 어떤 암시가 주어진다는 것을 객관적으로 인식하지 못하고 있다면, 암시하는 것과 모순되는 믿음을 만들어낼 가능성은 없습니다. 환자를 위해서 어떤 일들이 이루어지는지, 환자 본인은 알 필요가 없습니다. 잠재의식과 현재의식의 사고 과정을 고려할 때, 환자는 자신에게 이루어지는 일을 모르는 편이 더 낫습니다. 객관적인 마음이 암시를 아예 모르고 있을수록, 잠재적인 마음은 자신의 역할을 더 잘해냅니다. 환자의 잠재의식은 암시를 받아들이고는 그 생각을 스스로 했다고 여깁니다. 이것은 "우리는 우리의 행동을 결정하는 원인들을 알지 못한다"는 스피노자의 주장이 진실임을 보여줍니다.

잠재의식은 우주의 관리자입니다. 잠재의식을 사용하는 사람은 생각과 느낌을 통해 잠재의식을 변화시킬 수 있씁니다. 눈에 보이는 상태는 내면에 있는 잠재의식의 진동이 외부로 표현된, '진동하는 결과물'입니다. 잠재의식의 진동은 상응하는 진동을 당신에게서 깨어나게 만드는 '진동하는 원인'입니다. 훈련된 사람들은 잠재의식의 진동이 자신이 원하는 상태와 일치하지 않는 한, 그것이 내부에서 원인으로 자리 잡는 것을 용납하지 않습니다. 마음이 훈련된 사람은 가역성의 법칙을 이해해서, "사랑스럽고 듣기 좋은 것"만을 상상하고 느껴, 자신의 세상에 그것을 비춰냅니다. 자신 안에서 깨어난 아름다운 상상은 다른 이들 안에서 그것과 비슷한 것을 반드시 불러일으킬 것입니다. 마음이 훈련된 사람은 구세주를 특정 인물로 생각하는 것이 아닌, 자신을 현재의 상태로부터 구원해 줄 특정한 상태라고 생각합니다. 병든 이에게는 건강이 구세주입니다. 배고픈 이에게는 음식이 구세주입니다. 목마른 이에게는 갈증을 해소해 줄 물이 구세주입니다. 훈련된 자는 소망이 성취되었다는 느낌을 사실로 받아들여 구세주와 함께 걸어 나갑니다. 모든 변화를 일으킨 에너지는 가역성의 법칙에 의해, 어떤 특정한 느낌을 현실의 상태로 변화시킵니다. 그는 결코 수확하기 위해 4개월을 기다리지 않습니다. 만약 4개월이 되기 전에 자신 안에서 수확의 기쁨을 일깨워낸다면 그 기쁨은 지금 당장 수확을 하게 만들 것입니다.

바로 지금이 보잘 것 없는 것들에게 아름다움을, 슬퍼하는 것들에게 기쁨을, 실의에 빠진 영들에게 찬양의 말을 주어야 할 때이다.
그것은 영광에 찬, 주께서 심은 올바름의 나무라고 불릴 것이다.
[이사야 61:3]

Chapter 19 Controlled Reverie

통제된 상상

최면에 사용되는 마음의 법칙은 모든 사람에게도 적용됩니다. 사람들은 암시를 통해 통제될 수 있으며, 최면 상태에서는 객관적인 감각 기능을 부분적으로 혹은 완전히 멈추게 만듭니다. 그러나 객관적 감각이 최면 상태에서 아무리 깊게 잠들더라도 주관적 기능은 항상 민감하게 깨어 있어, 최면 상태에 있는 사람도 주변 상황을 인지할 수 있습니다. 잠재의식이 얼마나 잘 활동할 수 있는지, 또 얼마나 그 영향력을 행사할 수 있는지는 현재의식이 잠에 빠진 정도에 따라 결정됩니다. 현재의식에 직접적으로 암시를 걸었을 때는 암시의 효과가 없다가도 최면상태에 들어가면 암시는 강한 효과를 나타냅니다. 최면상태란, 단순히 객관상태에 대해 인식이 사라진 상태일 뿐입니다. 최면에서는 암시를 직접적으로 걸리게 하기 위해서 현재의식을 잠들게 해서 잠재의식의 힘이 드러나게 합니다. 이런 관점에서 본다면, 만일 당신이 어떤 정신적 암시를 진실이라고 받아들였다면, 당신을 객관적으로 인식하지 못하는 사람에게는 당신과 관련하여 깊은 최면 상태에 있는 것과 같습니다. 그래서 "생각으로라도 왕을 저주하지 말라. 침대 위에서도 부자를 저주하지 말라. 이는 하늘을 나는 새가 그 말을 전해줄 것이고, 날개 달린 것들이 그 문제를 말해줄 것이기 때문이다"[전도서 10장 20절]라고 말해집니다. 당신이 타인의 모습이라고 진실하게 믿는 것은 그 사람 안에서 깨어납니다.

일반적인 최면과는 달리, 도움을 받고자 하는 사람이 최면상태에 들어갈 필요는 없습니다. 암시의 대상이 암시를 의식적으로 인식하지 못하더라도, 암시자가 상대방에 대한 암시에 대해 확신과 믿음을 갖고 진실로 받아들인다면 성공적인 기도를 마치기 위한 이상적인 조건을 갖춘 것입니다. 암시자는 마음속으로 상대방이 이미 원하는 행동을 한 것처럼 상상하고, 그가 원하는 일을 해낸 것에 대해 축하합니다. 그 사람이 있었으면 하는 상태에 있는 것을 마음속으로 보세요. 그렇게 마음속에서 선언했던 내면의 주장은 바깥세상에서 깨어날 것입니다. 당신의 상상을 잘 통제하고 있다면 상대방이 불신하고 있더라도 아무런 문제가 되지 않습니다.

어느 정도 내면으로 철수한 상태에서 확신에 찬 주장을 한다면 당신이 단언한 것들은 그 사람에게서 깨어납니다. 결과를 성공적으로 이뤄내는데 필요한 것은 마음속에서 단언하고 있는 것이 진실이라는, '믿음을 통한 확신'이 전부입니다. 원하는 상대방의 모습을 보고 그의 목소리를 듣는 것을 상상하세요. 이것은 당신을 상대방의 주관적 마음에 접촉하게 합니다. 당신이 상대방에게서 듣기 원하는 것을 그가 말한다고 상상하세요. 당신이 그가 건강하고 풍요롭다는 말을 하고 싶다면, 그가 당신에게 이렇게 말하는 것을 상상하세요. "나는 지금 정말 기쁘다." "나는 지금처럼 기쁠 수가 없다." 그러면 당신은 그에게 "네가 잘된 것을 보게 되어 기쁘다"는 말을 해줍니다. 그의 기쁨을 보고 그가 얻은 행운에 대해 듣는 것을 상상합니다.

정신적 대화를 통해 다른 사람의 주관적 이미지와 교류할 때, 당신이 듣고 말하는 모든 것이 진실임을 의심하지 말아야 합니다. 상상 속에서 듣고 본 것에 대해 조금이라도 믿음이 없다면, 상대방은 당신의 상상에 따르지 않을 것입니다. 이는 당신의 주관적 마음이 확고한 생각만을 전달하기 때문입니다. 오직 흔들림 없는 확고한 생각만이 그 생각들이 향하고 있는 사람의 내면에서 그것들과 유사한 진동들을 깨어나게 할 수 있습니다. 통제된 상상 속에서 생각을 주의 깊게 불어넣어야 합니다. 상상력을 통제하지 않으면 상상력이 당신을 통제할 것입니다. 당신이 확신을 가지고 암시하는 것은 그것이 무엇이라도 잠재의식에 대한 하나의 명령이 되며, 정신적으로 단언한 것을 세상에 구현합니다. 상대방은 당신이 상상에서 선언한 상태를 실행할 뿐만 아니라, 그 결정을 스스로 내린 것처럼 행동합니다.

잠재의식을 통제하는 것은 모든 것을 지배하는 일입니다. 모든 상태는 마음에 따라 제어됩니다. 믿음을 제어하면 잠재의식을 제어할 수 있습니다. 또한 그렇게 믿음을 제어하는 것은 내면의 것을 외부의 세상에 드러나게 하는 가장 강력한 요소입니다. 상상력과 믿음은 창조의 비밀입니다.

Chapter 20 Law of Thought Transmission
생각을 전달하는 법칙

하느님은 그분의 말씀을 보내시어 그들을 치유하시고,
파멸로부터 구하셨다.

[시편 107:20]

그분은 건강하다는 의식을 그가 보내고자 하는 사람에게 보냈고, 그렇게 보내진 건강하다는 의식은 상대방 안에서 유사한 진동들을 깨어나게 했습니다. 상대방이 건강한 것을 마음속으로 그렸고, 상대방이 건강하다는 말을 듣는 것을 상상했습니다. "하느님의 어떤 말도 헛되이 돌아오지 않을 것이다."[이사야 55:11] 그러니 당신이 들었던 그분의 건강에 대한 증언을 굳게 잡으십시오.

기도를 성공적으로 수행하기 위해선, 당신의 목적을 아주 뚜렷하게 해야 합니다. 원하는 것을 구하기 전에 무엇을 원하는지 알아야 합니다. 기도는 소망이 성취된 느낌을 갖는 것입니다. 기도에서 구하는 것이 무엇이든, 어디에 있든, 누구와 관련되었든 상관없습니다. 소망하는 것이 이미 실체가 되었다는 것을 자신에게 확신시키는 것 외에는 해야 할 것이 없습니다. 기도를 끝마쳤을 때 당신은 더 이상 소망하던 것을 구하려고 하지 않습니다. 성공적으로 기도를 마쳤다면 소망하는 상태를 현실로 받아들였기 때문에 갈망과 욕망은 사라집니다. 그리고 그렇게 잠재의식이 사실로 받아들인 것은 가역성의 법칙을 통해, 그것이 선언하고 있는 것을 세상 속에 드러낼 것입니다.

어떤 에너지를 전달하려면 전달하는 매개체가 필요합니다. 예를 들어 전깃줄이나 수도관, 공기 분사장치, 빛의 사출장치 같은 매개체를 이용해야 합니다. 영상이나 음성을, 빛을 통해 전송하는 원리를 생각해보면 치유의 목적으로 정신적인 말씀을 전달하는 것을 이해하는 데 도움이 됩니다. 실제의 목소리와 정신적인 말씀 사이에는 많은 유사성이 있습니다. 생각하는 것은 소리 없는 말하기이고, 말하는 것은 큰 소리로 생각하는 것입니다.

광전화의 원리는 이렇습니다. 빛은 거울에 의해 반사되어 원격 수신기로 전송됩니다. 거울의 뒷면은 마이크가 있습니다. 마이크에 말하면 거울이 진동하고, 진동하는 거울은 반사된 빛을 변형시킵니다. 변형된 빛은 당신의 목소리를 그대로 전달하는 것이 아니라, 기계적으로 변환한 상태에서 전달합니다. 그것은 멀리 도달하여 수신기 내의 디스크에 충돌하고, 디스크를 변형된 대로 진동시켜 당신의 목소리를 재생산합니다.

"나는 세상의 빛이다." 나의 존재를 인식하는 것, 즉 'I AM(나는)'은 내 마음을 지나는 모든 것을 드러내는 빛입니다. 세상에 아직 나타나지 않은 것을 마음속으로 볼 수 있는 능력은, 내 마음이 생각을 반영할 수 있는 민감한 거울임을 증명합니다. 기억 속의 이미지를 다시 인식하는 것은 거울에 비친 내 모습을 인식하는 것과 같은 시각적 행위에 기반합니다. 두 경우 모두 동일한 원리가 적용됩니다.

의식은 내 마음의 거울에 비춰진 빛이며, 그 빛은 내가 생각하는 사람을 향해 공간을 통해 투사됩니다. 마음속에서 상대방에게 말을 하면, 내 마음의 거울이 진동하게 됩니다. 진동하는 마음은 그것에 비춰진 의식의 빛을 변화시킵니다. 변화된 의식의 빛은 의도된 대상에게 도달하여 그의 마음 거울에 영향을 줍니다. 그 결과, 그 사람의 마음이 변화에 따라 진동하며, 이 과정을 통해 내가 정신적으로 단언한 것이 그 사람 내부에서 재현됩니다.

'믿음'이라는 확고한 마음의 태도는 의식의 빛이 내 마음의 거울에 반사될 때 내 의식을 지속적으로 변화시킵니다. 믿음으로 인해 변화된 의식은 내 세계의 환경들에 모습을 드러냅니다. 세상을 변화시키려면 먼저 그것에 대한 내 관념을 변화시켜야 합니다. 어떤 사람을 변화시키려면, 그 사람에 대한 나의 관념을 바꿔서 그가 이미 원하는 모습으로 변화돼 있다고 믿어야만 합니다. 마치 그 사람이 이미 그런 모습이 된 것처럼 마음속에서 대화를 나눕니다. 다른 이의 모습이라고 믿고 있는 우리의 확신이 그에게 현실로 이루어질 만큼, 사람들 모두 다 충분히 민감한 마음의 거울을 갖고 있습니다. 그래서 만약 내 믿음이 그 사람에게서 모습을 드러내지 않는다면 그 원인은 나에게 있는 것이지 상대방에게 있는 것이 아닙니다. 내가 단언한 상태를 진실이라 믿는다면, 결과는 따라옵니다. 모든 사람은 변화될 수 있고, 모든 생각은 전달될 수 있으며, 모든 생각은 현실화될 수 있습니다.

내면의 말, 즉 잠재의식에서 진실로 받아들인 것은 그것이 선언하는 것을 깨웁니다. 그것들은 생명을 얻어 움직일 것입니다. "그것들은 헛되이 돌아오지 않을 것이니, 내가 원하는 것을 이룰 것이다. 그리고 내가 그것들을 보낸 곳에서 번성할 것이다"[이사야 55:11]라는 말처럼, 내면의 말에 어떤 특정한 목표를 띠고 있는 지성이 부여되고, 그것이 지니고 있는 목표가 현실이 될 때까지 그 말은 계속해서 존재할 것입니다. 즉, 상대방 안에서 그것과 유사한 진동을 깨어나게 할 때까지 계속 존재할 것입니다. 그리고 목표를 완수했을 때 사라질 것입니다. 고요한 확신 속에서 내면에 울려 퍼진 말은 상대방 안에서 그것과 일치하는 상태를 언제나 일깨울 것입니다. 그러나 내면의 말이 목표를 완수한 후에는 그 사람이 새로운 의식 상태에 머물지, 아니면 이전의 상태로 돌아갈지, 그 선택은 그 사람에게 달렸습니다.

당신이 주의를 기울이는 대상은 당신의 삶 속에서 현실화됩니다. 따라서 과거의 상태에 주의를 기울이면 그 상태가 다시 당신의 삶에 나타날 것입니다. "지나간 것들을 기억하지 말며, 과거의 것들에 주의를 기울이지 말라."[이사야 43:18]

모든 창조물은 인간의 내부에 이미 완벽하게 존재하기에 우리에게 더해질 것은 없습니다. "하늘나라의 왕국은 그대 안에 있다."[누가복음 17:21] "하늘나라로부터 주어지지 않는다면 인간은 아무것도 받을 수 없다." [요한복음 3:27] 하늘나라는 당신의 잠재의식을 말합니다. 심지어 햇볕에 그을리는 것조차 외부에서 주어지는 것이 아닙니다. 외부의 빛은 다만 내부에서 그것과 상응하는 빛을 일깨우는 역할을 할 뿐입니다. 내부에 그을리게 하는 빛이 없다면 우주에서 쏟아지는 어떤 강한 빛도 우리를 태울 수 없습니다. 당신의 내면에서 상대방이 건강하다는 선언을 합니다. 그런데 상대방의 의식 안에 건강에 대한 분위기가 없다면 당신의 선언은 그 사람의 건강의 진동을 깨어나게 할 수 없습니다. 당신이 다른 이에게 무언가를 주는 것이 아니라, 그 사람 안에 잠든 것을 깨우는 것뿐입니다. "소녀는 죽은 것이 아니라 잠들어 있을 뿐이다." [마가복음 5:39] 죽음은 단지 잠과 망각을 뜻합니다. 늙는다는 것과 쇠약해진다는 것은 젊음과 건강이 죽음을 맞이했다는 것을 뜻하는 것이 아니라 젊음과 건강이 잠든 것을 말합니다. 특정 상태를 인식하는 것이 그 상태를 일깨웁니다.

객관적 감각으로 인지되는 거리는 주관적 마음 안에는 존재하지 않습니다. "내가 새벽의 날개를 달고 저 바다의 끝자락에 머물지라도, 그곳에서도 당신의 손길이 나를 인도할 것이다." [시편 139:9-10] 시공간이란 것도 생각이 만들어낸 환경이기에 상상력은 그것들을 뛰어넘어서 어떤 시공간으로도 갈 수 있습니다. 수천 마일이 떨어진 곳이라도, 마음속에서 그곳에 실제로 존재하는 것처럼 생활할 수 있습니다. 당신의 상상력은 겨울을 여름으로, 뉴욕을 플로리다로 쉽게 바꿔놓을 수 있습니다. 당신의 소망이 가깝든 멀든, 결과는 같습니다. 내면 세상에서 소망이 존재하는 곳은 결코 멀리 떨어져 있지 않습니다. 소망은 우리의 오감으로 느낄 수 있는 감각보다 더 가깝게 존재합니다. 소망은 의식 안에 자리하고 있고, 의식은 당신의 숨결보다 더 가까우며 손과 발보다 더 가까이에 있기에 그렇습니다.

의식은 만물의 근원이자 유일한 실체입니다. 세상 만물은 하나의 실체가 다르게 진동하는 것에 불과합니다. 그 실체는 믿음에 의해 변화되는 의식입니다. 인간인 나는 의식으로부터 나왔고, 인간인 나는 의식으로 돌아갑니다. 모든 상태는 의식 안에 주관적으로 존재하고, 믿음에 의해 객관적인 현실로 깨어납니다. 멀리 있는 사람에게 하나의 주관적 인상을 성공적으로 전해주지 못하고, 멀리 떨어진 곳을 이곳으로 만들어내지 못하는 유일한 이유는 공간을 하나의 장애물로 인식하는 습관 때문입니다.

천 마일이나 떨어져 있는 친구도 당신이 그 사람에 대해 가지고 있는 확고한 인상을 통해 당신의 의식에 항상 뿌리내려 있습니다. 당신이 원하는 그 사람의 모습을 내면에서 상상했을 때, 이 내면의 상이 이미 현실인 것으로 확신하고 있다면 반드시 현실에서도 그 상과 일치하는 그 사람의 상태를 깨웁니다. 결과는 명백히 드러나겠지만 결과를 만들어낸 원인은 숨어있을 것입니다. 그렇게 잠에서 깨어난 상태들이 상대방에게서 모습을 드러낼 것이지만 상대방은 그런 결과가 일어난 원인을 알아채지 못할 것입니다. 자유의지라는 환상은 단지 행동하게 하는 원인을 모르기 때문에 생겨난 것입니다. 기도의 성공여부는 당신의 마음상태에 달려있는 것이지 상대방에 의해 결정되는 것이 아닙니다. 당신이 상대방의 특정한 모습을 확신하고 있을 때, 상대방이 그 특정한 상태가 그 누구에게도 진실이 되기를 소망하지 않는 경우를 제외하고는, 상대방은 당신의 통제된 내면의 생각에 저항할 힘이 없습니다. 만약 상대방 안에 잠재적인 상태가 존재하지 않아서 상대방이 그 상태를 받아들이지 않았을 경우, 그 상상은 생각을 보낸 사람인 당신에게 돌아와서 당신 안에서 그 상태들을 깨울 것입니다. 하지만 상대방에게서 그 상태가 거부되지 않는다면 기도의 성공은 전적으로 기도하는 사람에게 달려있는 것이지, 나침반 바늘처럼 어떤 방향을 가르치든 무관한 상대방에게 달려있는 것은 아닙니다. 상대방의 내면에서 받아들여지지 않은 당신의 확고한 생각은, 보냈던 당신에게 다시 돌아옵니다. "만약 그대가 선한 것을 따르는 자가 된다면, 그 누가 그대를 해하겠는가? 나는 어려서부터 지금 늙기까지 올바름이 버림받거나, 그 후손이 먹을 것을 구하는 것을 보지 못하였다." [베드로전서 3:13] "올바른 자에게는 악이 생겨나지 않는다." [잠언 12:21] 자신 안에 없는 속성이 나타나지는 않습니다.

어떤 사람이 해로운 생각을 다른 사람에게 보냈는데 그 생각이 상대방에게 받아들여지지 않으면, 그것은 부메랑처럼 돌아와 보낸 사람에게 해를 입힐 것입니다. "뿌린 대로, 거두리라." [갈라디아서 6:7] 당신이 다른 사람에게 바랄 수 있고 믿을 수 있는 것은 그 사람도 당신에게 바라고 믿을 수 있습니다. 그러면 다른 사람이 당신에게 그 상태를 바랄 때, 당신은 그것을 거부할 수 없게 됩니다. 주어진 말씀을 거부할 수 있는 유일한 경우는 그 상태를 다른 누군가에게도 바라지 않을 때입니다. 무언가를 준다는 것은 그것을 받을 수 있는 능력을 전제로 합니다. 다른 사람의 마음속에 생각을 심을 수 있는 가능성은 그 마음이 그 생각을 받아들일 수 있는 능력을 전제로 합니다. 인간의 상상이 창조한 것 외에는 어떤 운명도 존재하지 않는다는 깨달음은 가장 큰 지혜입니다. 인간의 마음, 그 바깥에는 어떤 영향력도 존재하지 않습니다.

"무엇이든 사랑스럽고, 좋은 평판을 받으며, 덕이 있거나 칭찬받을 만하다면, 그런 것들에 대해 생각하라."[빌립보서 4:8] 당신의 세상에 가져오고 싶은 것이 아니라면, 절대 다른 사람의 모습으로 받아들이지 마십시오. 타인 안에 잠재된 상태를 깨우려면, 먼저 당신 안에서 그 상태가 깨어나야 합니다. 당신이 타인에게 전하고자 하는 상태는 당신이 믿을 때만 전달될 수 있습니다. 따라서 주는 것은 받는 것이며, 당신이 가진 것만 줄 수 있습니다. 그리고 당신은 당신이 믿고 있는 것만을 갖고 있습니다. 그래서 타인의 모습이라고 믿고 있는 하나의 상태는 상대방 안에서 그 상태를 깨울 수 있을 뿐 아니라 당신 안에서도 그 상태를 살아있게 만듭니다. 당신이 믿고 있는 것이 당신 자신입니다.

"주라, 그러면 받을 것이니, 사람들이 넉넉히 주어 꾹꾹 눌러 담고 흔들어 넘치게 하여 너희 품에 안겨줄 것이다. 이는 너희가 남에게 준 대로 받게 될 것이기 때문이다."[누가복음 6:38] 준다는 것은 쉽게 말해 믿어주는 것입니다. 왜냐하면 당신이 진정으로 다른 이의 모습으로 믿어준다면 상대방 안에서 그 믿음의 상태를 깨우기 때문입니다. 당신의 믿음에 의해 전달된 진동 상태는, 그것을 믿는 대상에게서 해당 진동을 깨울 때까지 지속됩니다. 하지만 그 상태가 전달되기 전에, 그 상태는 먼저 전달자 내에서 깨어나야 합니다. 당신의 의식 내에서 깨어난 것이 무엇이든, 그것이 바로 당신입니다. 그 믿음이 자신에게 관계된 것인지 아니면 다른 사람들에게 관계된 것인지는 문제되지 않습니다. 왜냐하면 믿는 자는 자신의 믿음, 즉 잠재의식이 사실로 받아들인 것에 규정되기 때문입니다.

"인간은 가슴 속에서(자신의 깊은 잠재의식에서) 생각한 대로, 그렇게 된다." 외적인 모습을 무시하고 현실이 되었으면 하는 것이 진실이라고 마음속에서 선언하십시오. 이것은 내면에서 선언한 상태의 분위기를 깨워서 먼저 당신 내부에서, 이어서 외부 세계에서 그 상태를 실현시킵니다. 준다면 받게 될 것입니다. 믿음은 그것이 선언하고 있는 것을 언제나 일깨웁니다. 세상이란 것은 당신의 모습을 비춰주는 거울입니다. 이 객관적인 세상은 주관적인 마음이 지니고 있는 믿음을 비춰줍니다.

어떤 사람들은 마음속의 시각적인 형상에 의해서 자신에게 인상을 쉽게 각인시킬 수 있고, 어떤 사람들은 마음속의 소리에 의해서, 또 어떤 사람들은 마음속의 행동에 의해서 그렇게 할 수 있습니다. 이러한 마음속 활동들은 모두 당신의 주의를 원하는 방향으로 집중시킬 수 있는 수단입니다. 따라서 내면의 시각, 소리, 행동이 모두 원하는 장면 안에서 동시에 발생할 수 있도록 이 능력들을 계발하는 것이 중요합니다.

'마음속의 시각적인 형상', '마음속의 소리', '마음속의 행동'이라는 용어를 이해하기 어려울 수 있습니다. 보다 쉽게 이해할 수 있도록 설명해 드리겠습니다. 예를 들어, 어떤 사람이 악보를 보고 있는데 이 사람은 음악적 기호를 전혀 모른다고 가정해보겠습니다. 이 사람에게 심어지는 인상은 순전히 시각적인 이미지입니다. 다음으로, 악보를 읽을 수 있고 그것이 피아노에서 어떻게 연주될지 상상할 수 있는 사람을 상상해 보십시오. 이 사람이 상상하는 것은 마음속의 소리입니다. 마지막으로, 악보를 읽고 피아노도 칠 수 있는 사람은 자신이 그 작품을 연주하는 것을 상상합니다. 이것이 마음속의 행동입니다.

마음속의 시각, 마음속의 소리, 그리고 마음속의 행동은 상상력이 만들어낸 것입니다. 그것들이 외부에서 생겨난 듯 보이더라도 실제로는 내부에서 생겨난 것입니다. 그것들은 마치 다른 이에 의해서 생겨난 듯 일어납니다. 하지만 실제로는 정신을 통해 상상력의 마법창고에서 시작됩니다. 그것은 음성이나 영상을 전송하는 것과 같은 진동의 법칙에 의해서 공간에 투사됩니다. 소리와 이미지는 그것 그대로 방출되는 것이 아니라 그것들이 만들어내는 진동으로 투사됩니다.

기도하는 사람의 생각과 느낌이 만들어낸 변화에 따라서 내면은 진동합니다. 눈에 보이는 상태는 내면에서 일어난 진동이 외부로 투영된 결과입니다. 하나의 생각이나 느낌은 그와 상응하는 진동을 일으키며, 외부 세계와 감각에 변화를 일으킵니다.

모든 생각과 느낌은 외부세계로 표현됩니다. 아무리 움직이지 않는 것처럼 보이더라도 일정한 생각과 느낌을 가질 때 근육의 미세한 움직임이라도 항상 수반됩니다. 눈을 감았다 하더라도 상상 속에서 나타난 것의 움직임에 영향을 받기 때문에, 그 대상의 밝기나 거리에 따라서 동공이 확장되거나 수축됩니다. 그리고 생각이 변화함에 따라 호흡은 거칠어지거나 느려집니다. 당신의 정신적인 움직임에 따라서 근육은 수축됩니다.

이런 진동의 변화는 상대방에게서 상응하는 진동을 일깨울 때까지 계속되고, 결국에는 현실 속에서 물질적인 모습을 갖추고 나타납니다. "그리고 그 말씀은 육신을 입는다." [요한복음 1:14] 라디오의 경우에서 보았듯, 에너지는 공간 속에서 변화가 발생하는 곳인 '장(場, field)'에서 전송되고 수신됩니다. 장과 에너지는 하나이고 분리될 수 없습니다. 장에서 수신된 에너지가 형체를 가지게 되는 것처럼 상대방에게 전해진 말씀은 상대방에게서 모습을 드러냅니다.

생각하는 자와 생각, 기도하는 자와 상대방, 그리고 에너지와 장은 하나입니다. 믿음의 소리를 충분하게 들을 수 있다면 '천상의 음악'이 무엇인지 이해할 수 있을 것입니다. 기도 중에 외부에서 들려오는 것처럼 들을 수 있는 정신적인 소리는 자신에게서 나오는 소리입니다. 스스로를 관찰하는 것이 이 사실을 밝혀줄 것입니다. 천상의 음악을 오직 천상에 존재하는 신들에게만 들리는 하모니이자 천상계의 활동이라고 정의한다면, 오직 당신에게만 들리는 내면의 소리이자, 당신 내부의 하늘나라인 진정한 왕국에서 발생하는 생각과 느낌의 활동으로 생겨나는 것도 천상의 음악이라고 할 수 있습니다.

Chapter 21　Good Tidings

좋은 소식

좋은 소식을 가져오며, 평화를 가져오며,

번영의 좋은 소식을 가져오며,

구원을 알리는 자의 발걸음이 산 위에 머물 때,

어찌 그리 아름다운지!

[이사야 52:7]

　타인에게 좋은 소식을 전하는 가장 효과적인 방법은 당신의 도움이 필요한 사람의 이미지를 마음에 그리고 그가 이미 원하는 일을 성취한 것처럼 상상하는 것입니다. 마음속에서 그의 목소리를 듣고, 그가 이미 그 일을 성취했다고 말하는 것을 상상하세요. 이렇게 마음속에서 들은 것은, 그 말속에서 선언한 것과 연관된 진동을 상대방 안에서 깨우며, 그 진동은 그 사명이 완수될 때까지 지속됩니다. 그 상상은 상대방에게서 바라는 것이 무엇인지, 상대방이 누구인지를 묻지 않습니다. 단지 그 일이 이미 이루어졌다고 마음속에서 확신했을 때 결과가 따라올 뿐입니다. 만약 실패한다면, 당신이 그 주장을 진실로 받아들이지 못했거나, 상대방이 그 상태를 자신을 포함한 그 누구에게도 원하지 않을 때에만 발생합니다. 후자의 경우, 상대방에게 바랐던 상태는 보낸 이에게 되돌아와, 보낸 이의 내부에서 깨어날 것입니다.

겉보기에 아무런 해도 끼치지 않는 듯한 '혼잣말'이 가장 풍성한 결실을 가져올 수 있는 기도 방식입니다. 마음속에서 다른 이와 논쟁을 벌였다면 그 논쟁을 현실로 가져올 수 있는 가장 확실한 기도를 한 것입니다. 즉, 실제로 당신이 그 상대방을 만날 때 그가 당신에게 공격해 올 것을 요청하는 것입니다. 마음속에서 논쟁을 펼쳤던 이와 실제로 만나기 전에, 내적으로 변화를 일으켜 그 명령을 철회하거나 수정하지 않는 한, 그 사람은 당신에게 불쾌한 행동을 할 것입니다.

불행히도 사람들은 자신의 마음속에서 매일같이 나눴던 다른 이와의 내면의 언쟁은 잊어버린 채, 자신의 삶에서 발생하는 충돌과 불행의 원인을 궁금해합니다. 마음속에서의 논쟁이 충돌을 일으키는 것처럼, 마음속에서의 긍정적인 대화는 그것과 조화를 이루는 좋은 소식을 현실로 만듭니다. 인간은 자신의 상상력을 통해 자신을 창조합니다.

자신을 위한 소망이 있는데 그것이 현실이라고 받아들이기 어렵다면, 마음속에 친구의 모습을 그리고, 그가 당신에게 당신의 소망이 이루어졌다고 말하는 것을 상상하세요. 이 내적 대화는 친구가 의식적으로 동의하거나 알지 못해도, 당신이 이미 그 소망하는 모습이 되었다는 것을, 잠재의식이 받아들이게 합니다. 이렇게 받아들여진 사실은 그 임무를 완수할 때까지 지속될 것이며, 그 사명은 당신 안에서 그와 유사한 진동을 일깨우는 것입니다. 그 진동이 일깨워지면, 그것은 당신 안에서 객관적인 현실로 나타날 것입니다.

소망을 실현하기 위한 또 다른 효과적인 기도 방법은 욥의 공식을 사용하는 것입니다. 욥이 자신의 친구들을 위해 기도하자 자신을 옭아매던 속박이 제거됐습니다. 당신의 의식을 한 친구에 두고, 당신이 되고 싶은 모습 또는 갖고 싶었던 것과 필적할 만한 것을 그 친구가 가졌다고 말하는 것을 상상 속에서 들으십시오. 당신은 마음속에서 친구와 대화를 나누고 친구의 모습을 보면서, 친구가 얻어낸 행운에 대해 짜릿한 기쁨을 느끼고 진심으로 그가 잘되기를 바랍니다. 이것은 그렇게 내면에서 선언한 상태와 비슷한 진동을 친구 안에서 일깨울 것이고, 이 진동은 반드시 물질적인 현실로 나타날 것입니다. 이를 통해 당신은 "자비를 베푼 자는 자비를 받는다"는 진리를 깨닫게 될 것입니다. "자비를 베푼 자는 두 배로 은총 받게 될 것이며, 그것은 자비를 취한 자를 축복하고 자비를 베푼 자를 축복한다." 당신이 다른 이의 모습으로 받아들인 좋은 것들은 그들에게서 모습을 드러낼 뿐 아니라 충분한 몫을 당신 안에서도 실현될 것입니다.

에너지가 변화되면 결코 같은 총계로 변하지 않습니다. A라는 에너지는 항상 B라는 에너지 이상으로 변환됩니다. 망치로 가격을 하면 물리적인 충돌뿐만 아니라 열, 전기, 소리, 자기적인 변화 등이 일어납니다. 상대방 안에서 일깨워진 유사한 진동은 전달된 느낌의 변화가 전부는 아닙니다. 다른 사람에게 주어진 선물은 신성한 저울로 넘쳐흐르게 측정되어, 다섯 개의 빵과 두 마리의 물고기로 오천 명을 먹인 후에도 열두 광주리가 가득 차게 됩니다.

Chapter 22 The Greatest Prayer
가장 위대한 기도

상상은 창조의 시작입니다. 먼저 원하는 것을 상상하고, 그것이 사실이라고 믿으십시오. 자신의 꿈을 사실이라고 믿을 수 있을 정도로 자신을 훈련한 사람은 모든 꿈을 현실로 만들 수 있습니다. 당신이 만나는 사람들은 당신이 그들을 어떻게 바라보는지에 따라 달라집니다. 만약 누군가를 변화시키고 싶다면, 먼저 그 사람을 바라보는 당신의 시각이 변해야 합니다. "두 사람이 같은 감옥 창문을 통해 바라보되, 한 사람은 진흙을, 다른 사람은 별을 보았다"는 말처럼, 과거에 이사야는 "내 종 중 누가 맹인이며, 내가 보낸 사자 중 누가 귀머거리인가?"라고 물었습니다. [이사야 42:19] 완전한 사람은 겉모습으로 판단하지 않고 의롭게 판단합니다. 그는 다른 사람들을 자신이 원하는 대로 보고, 듣고자 하는 것만 듣습니다. 그는 다른 사람들에게서 좋은 점만을 보며, 그의 시각과 청각으로 세상을 변화시킵니다.

"옥좌에 앉아있는 왕은 그의 눈에서 모든 악을 사라지게 한다." [잠언 20:8] 왕은 진정한 자신의 본성에서 거짓된 관념들을 분리하는 것을 배웠기 때문에 그의 의식 안에는 인간의 한계가 자리 잡지 못합니다. 왕에게 있어서 가난이란, 부유함이 잠들어 있는 것에 지나지 않습니다. 그는 애벌레 대신 곧 깨어날 나비를, 추운 겨울 대신 잠자는 여름을, 결핍에 처한 사람 대신 잠든 예수 그리스도를 봅니다. 자신의 눈에서 모든 악들을 사라지게 한 나사렛의 예수는 모든 사람의 상상력 안에 잠들어 있습니다. 우리는 그렇게 잠들어 있는 예수 그리스도를, "나는 예수 그리스도이다"고 선언해서 깨워야 합니다. 그때 비로소 우리는 예수를 볼 수 있습니다. 인간은 자신의 내부에서 깨어난 것만 볼 수 있기 때문입니다. 신성한 자궁은 인간의 상상력입니다. 그곳에서 태어난 신성한 아이는, 이사야가 말한 완전함의 기준에 부합하는 자신의 관념입니다. "너무나 늦게 나는 당신을 사랑하게 되었습니다. 당신을 찾으려 했던 곳에는 당신이 없었고 당신은 내 안에 있었습니다"라는 성 아우구스티누스의 말처럼 우리는 우리 안에서 그것을 발견하게 됩니다. 당신이 유일한 실체를 보기 위해 시선을 돌려야 할 곳은 당신의 의식입니다. 오직 그곳에서 잠자고 있는 이를 깨울 수 있습니다. "베들레헴에서 그리스도가 천 번 태어났더라도 만약 그 분이 당신 안에서 태어나지 않았다면 당신의 영혼은 여전히 버려진 채로 남을 것이다."

창조는 이미 끝났습니다. 당신이 불러내기 원하는 것이 있다면 그것을 현실처럼 느낌으로써 존재를 취하게 하십시오. 하나의 분위기는 그것과 유사한 것들을 끌어당기는 것일 뿐이지, 그것을 새롭게 만드는 것은 아닙니다. "나는 졸리다"고 느껴서 잠에 빠질 수 있었던 것처럼, "나는 예수 그리스도이다"는 느낌을 가짐으로써 예수 그리스도를 자신 안으로 불러들일 수 있습니다. 인간은 오직 자신만을 볼 수 있습니다. 당신 안에 있지도 않은 것이 당신에게 다가올 수는 없습니다. 어떤 이들이 당신 옆에 다가올 때 그들은 당신의 감정과 비슷한 속성의 것들을 보여주고 있습니다. 우연히 일어난 것처럼 보이지만, 사실은 당신의 느낌이 그들을 끌어당긴 것입니다. 당신의 느낌은 계속해서 자신의 모습을 외부로 드러내고 있기 때문에 특정 느낌과 계속해서 함께 한다면 당신의 주변에 어떤 사람들이 다가오게 될지, 어떤 환경들과 마주하게 될지를 예상할 수 있습니다. 따라서 당신은 "나는 그리스도이다"는 느낌 속에서 살며 그 완벽한 자를 존재 안으로 불러오십시오. 그리스도는 베일이 벗겨진 영원의 실체들을 볼 수 있는 유일한 자아 관념이기 때문입니다.

우리의 행동은 우리 자신과 다른 사람에 대해 무의식적으로 받아들인 가정에 의해 영향을 받습니다. 이제 가장 위대한 지위를 추구하고, 그것을 깨우도록 하십시오. 추구할 수 있는 가장 고귀한 것은 유한한 인간의 한계를 벗어나 무한한 영광을 입는 것입니다. "나는 그리스도이다"라는 느낌을 받아들이면, 우리의 행동 전체가 이 가정에 따라 무의식적으로 변하게 됩니다.

우리가 잠재의식에서 진실로 받아들인 것은 계속해서 외부로 드러날 것이며, 우리는 우리가 스스로를 어떻게 인식하고 있는지에 대한 답을 타인의 행동을 통해 듣게 될 것입니다. 따라서 "나는 그리스도이다"라는 느낌을 계속해서 진실로 받아들이면서, "투명한 유리를 통해 주의 영광을 보는 것처럼, 우리는 어떤 가려진 것도 없이 주의 영광과 마주하여, 영광에서 영광으로, 주의 영광과 같은 형상으로 변모해간다"[고린도후서 3:18는 신념을 의식적으로 선언하는 것을 넘어, 그것이 잠재의식 깊숙이 자리 잡을 때까지 이어가야 합니다. 하느님이 깨어나서 그분의 적들을 무너뜨리시게 하십시오. 인간에게 이보다 더 위대한 기도는 없습니다.

책을 만드는 일에는 끝이 없다.
[전도서 12장 12절]

자신을 완성시키려는 사람은, 믿을 만하고 확실한 방법이 담겨 있는 단 하나의 작품을 전력을 다해 반복해서 읽어야 한다. 삶을 이해하기 위해 많은 책들을 읽는 것은 오히려 혼란만을 야기한다.
[아론(Aron)]

이 책은 당신의 소망을 실현하는 방법에 관한 것임을 밝힙니다. 이 책에서 외부 세계를 창조하는 메커니즘을 배울 수 있습니다. 얇지만, 가볍게 볼 책은 아닙니다. 꿈을 실현하는 명확한 길을 제시하는 보물이 담겨 있습니다.

이성적인 논쟁이나 상세한 설명만으로 다른 사람들에게 확신을 심어줄 수 있다면 이 책의 두께는 몇 배로 불어났을 것입니다. 하지만 글이나 논쟁으로 확신을 심어준다는 것은 거의 불가능합니다. 선입견을 가진 이에게는 작가가 거짓을 말하고 있으며, 증거가 모두 거짓이라는 주장이 더 설득력 있게 보일 수 있기 때문입니다. 그래서 저는 논쟁과 증명을 의도적으로 생략했습니다. 저는 열린 마음을 지닌 독자들이 이 책에서 제시하는 의식의 법칙을 직접 사용해보기를 원합니다. 직접 성공을 경험하는 것이 이 주제에 대해 쓰여진 모든 책들을 읽는 것보다 더 강한 확신을 줄 것입니다.

Feeling Is the Secret

느낌이 열쇠이다

23	법칙과 그 원리
24	잠
25	기도
26	영(정신)- 느낌

Chapter 23 Law and its operation
법칙과 그 원리

이 세상과 그 안의 모든 것은 인간의 '조건 지워진 의식(conditioned consciousness)'이 외부로 표현된 것입니다. 의식은 세상 모든 것의 실상일 뿐만 아니라 원인입니다. 만약 우리가 창조의 비밀을 발견하고 싶다면 시선을 향해야 할 곳은 의식입니다. 의식의 법칙과 그 작동 원리를 이해한다면 인생에서 원하는 모든 것을 성취하게 될 것입니다. 이 법칙을 실질적으로 이해하게 된다면 이상적인 세상을 창조하고 유지할 수 있습니다.

의식은 만물의 근원이자 유일한 실체입니다. 이것은 비유적 표현이 아니라, 실제로 그렇습니다. 당신의 이해를 돕기 위해 이 의식이란 실체를, 현재의식과 잠재의식으로 나뉜 하나의 물줄기에 비유할 수 있습니다. 의식의 법칙을 지혜롭게 활용하기 위해서는 현재의식과 잠재의식의 관계를 이해하는 것이 필요합니다. 현재의식은 하나의 개성을 갖추고 있으면서 선택할 수 있지만, 잠재의식은 개성을 초월해 있고(차별하지 않고) 선택할 수 없습니다. 현재의식은 결과의 영역이지만, 잠재의식은 원인의 영역입니다. 이 둘은 의식의 남성성과 여성성입니다. 현재의식은 남성이고, 잠재의식은 여성입니다. 현재의식은 생각을 만들어서 잠재의식에 각인시킵니다. 잠재의식은 현재의식이 전해준 생각을 받아들여, 형체를 부여해서 외부로 드러나게 합니다.

우선 생각을 품고, 그 다음에 잠재의식에 각인되는 이 원리에 의해서 만물이 생겨납니다. 이 과정을 거치지 않는다면, 만들어진 것 중 어떤 것도 만들어질 수 없었을 것입니다. 현재의식은 잠재의식에 형상을 각인하고, 잠재의식은 각인된 모든 것을 현실로 만듭니다.

잠재의식은 생각을 스스로 만들지는 못하고 현재의식이 사실로 느끼는 것만을 진실로 받아들일 뿐입니다. 그러면 잠재의식은 자신만의 방법으로, 받아들인 생각들을 바깥세상으로 만들어냅니다. 따라서 상상하고 느낄 수 있는 능력과 어떤 생각을 마음에 품을 것인지를 고를 수 있는 자유를 통해, 인간은 창조를 통제합니다. 당신의 생각과 느낌의 통제를 통해 잠재의식을 통제할 수 있습니다.

창조의 메커니즘은 창조의 자궁이자 여성적 측면인 잠재의식의 깊은 곳에 숨겨져 있습니다. 잠재의식은 이성을 초월해 있고 논리적 추론과도 동떨어져 있습니다. 잠재의식은 하나의 느낌을 잠재의식 내부에 존재하는 하나의 사실로서 인식하고 그것에 형체를 부여합니다. 창조의 과정은 하나의 생각에서 시작되었다가 하나의 느낌으로 진행되며, 실행하고자 하는 의지로 완성됩니다.

느낌이라는 매개체를 통해서 생각은 잠재의식에 각인됩니다. 어떤 생각도 그것이 하나의 느낌으로 자리 잡지 않는 한 잠재의식에 각인될 수 없습니다. 하지만 한번 각인된다면 그것이 좋은 것이든 나쁜 것이든, 반드시 모습을 갖추고 세상에 나타납니다. 따라서 느낌을 조절할 수 없는 사람은 자신이 바라지도 않는 상태를 잠재의식에 새기게 됩니다. 느낌을 조절한다는 것은 느낌을 억제하거나 억누르는 것이 아니라 당신이 행복할 수 있도록, 도움이 되는 느낌만을 상상하고 품을 수 있도록 자신을 훈련하는 것입니다. 충만하고 행복한 삶을 만들기 위해서는 느낌을 조절하는 것이 가장 절실합니다.

바라지 않는 느낌은 품지 말고, 잘못된 형태나 모습에 동조하지 않으며, 자신이나 타인의 불완전함에 집중하지 마십시오. 그렇게 하지 못한다면, 당신의 잠재의식에 이런 한계들이 각인될 것입니다. 당신에게 일어나길 원하지 않는 것은 당신뿐만 아니라 다른 이에게도 이루어진다고 느끼지 마십시오. 이것이 충만하고 행복한 삶을 다루는 법칙 전부입니다. 이외의 것들은 이것에 대한 부연 설명밖에 안됩니다.

모든 느낌은 잠재의식에 각인되며, 반대 성질의 더 강한 느낌으로 상쇄되지 않는 한 반드시 현실화됩니다. 두 가지 느낌 중에서, 보다 우세한 것이 현현되어 나타납니다. 나는 이미 건강하다는 느낌은 나는 건강하게 될 것이라는 느낌보다 더 강합니다. 나는 어떻게 될 것이라고 느끼는 것은 현재는 그렇지 못하다는 것을 고백하는 것입니다. 당신이 현재시제로 상황이 어떻다고 느낀다면 당신이 미래시제로 어떻게 될 것이라고 느끼는 것을 항상 이깁니다. 그래서 원하는 것을 현실 속으로 가져오기 위해서는 소망을 '아직 현재는 아니다'라고 느끼기보다는 반드시 '현재 이미 그러하다'로 느껴야만 합니다.

느낌은 현현에 앞서며 모든 현현의 기반입니다. 당신의 느낌과 보이는 세계 사이에는 깨지지 않는 연결고리가 있기 때문에 감정과 느낌에 주의하십시오. 당신의 몸은 하나의 감정 여과기이며 당신이 지닌 지배적인 감정의 명백한 증거들을 실어 나릅니다. 감정의 불안정, 특히 억눌린 감정은 모든 병의 원인입니다. 소리를 내는 것과 같이 어떤 식으로든 감정을 표출하지 못하고 잘못된 감정을 깊게 느낀다면 몸과 환경 모두에 불편함, 즉 병이 시작됩니다. 목표로 하는 것에서 좌절과 절망을 느끼지 마세요. 그러한 느낌은 질병으로 이어질 수 있기 때문에, 실패나 후회의 감정을 품지 않는 것이 중요합니다

원하는 상태만을 느껴보세요. 원하는 상태의 실체를 느끼고, 그 확신에 따라 살고 행동하는 것이 모든 기적의 길입니다. 외부 세상에서 변화가 찾아오기 위해서는 느낌의 변화가 먼저 찾아와야 합니다. 느낌이 하나 변하면 운명도 변합니다. 모든 창조는 잠재의식의 영역에서 일어납니다. 따라서 반드시 습득해야 할 것은 잠재의식의 움직임을 주의 깊게 조절하는 것입니다. 다시 말하자면 생각과 느낌을 조절하는 것을 배워야 합니다.

우연하게 어떤 일이 생기거나 갑작스러운 사고를 당한다면 그 문제들 안에 어떤 책임질 일이 있는 것도 아니고 우리의 행운과 불행을 만들어내는 창조주에게 책임이 있는 것도 아닙니다. 잠재의식에 각인된 인상들이 당신을 둘러싼 환경을 결정하고 있습니다. 잠재의식은 어떤 인상을 받아들일지를 선택할 수 없으며 개성을 초월해 있고, 그 무엇도 차별하지 않습니다. 잠재의식은 당신이 갖고 있는 느낌이 진실인지 아닌지 관심이 없으며, 당신이 사실로 느낀 것을 받아들일 뿐입니다. 잠재의식의 이런 특성으로 인해, 인간에게 불가능은 없습니다. 인간의

마음이 상상하고 느낄 수 있는 모든 것은 잠재의식이 현실화할 수 있고 반드시 그렇게 할 것이기 때문입니다. 느낌은 당신의 세계가 창조되는 패턴을 만들며, 느낌의 변화는 패턴의 변화를 가져옵니다.

잠재의식은 그 안에 각인된 인상을 반드시 외부로 나타냅니다. 잠재의식에 어떤 인상이 각인된 순간, 잠재의식은 그것을 표현할 방법을 찾기 시작합니다. 잠재의식은 그것에 각인된 당신의 느낌을 사실로 받아들여 외부 세상, 즉 객관적인 세상에 그 느낌과 정확히 닮은 형상을 즉각적으로 생산하기 시작합니다. 잠재의식은 그것이 받아들인 믿음을 바꾸지 않으며, 받아들인 것이 유익한지 여부와 관계없이 세세한 부분까지 외부로 표현합니다.

잠재의식에 원하는 상태를 각인시키려면, 이미 소망이 실현되었을 때 느꼈을 감정을 사실로 받아들여야 합니다. 목표를 명확하게 만들기 위해, 오직 원하는 목표에만 집중해야 합니다. 결과가 어떤 방법을 통해서 나타날지, 아니면 그것을 이루는 데에 있어서 어떤 난관이 있을지에 대해 생각해서는 안 됩니다. 만약 어려움이나 장애, 또는 소망이 이루어지는 데에 얼마나 많은 시간이 걸릴 것인지 생각한다면, 잠재의식은 당신이 요청한 어려움과 장애의 감정을 사실로 받아들여 현실로 만듭니다.

잠재의식은 창조의 자궁으로, 느낌을 매개체로 해서 생각을 받아들입니다. 받아들인 생각을 변경할 수 없으며, 그것 그대로 형체를 부여합니다. 만약 당신이 어떤 상황을 희망이 없다거나 불가능하다고 느낀다면, 느낀 그대로 실패의 결과를 잠재의식에 각인하게 됩니다.

잠재의식이 성실하게 인간을 섬긴다 할지라도 고대인들이 생각했던 종과 하인의 관계로 생각해서는 안 됩니다. 고대의 예언자들은 잠재의식을 노예나 종으로 불렀습니다. 성 바울은 그것을 '여성'으로 인격화 시켜서 다음처럼 말했습니다. "여인은 모든 것에 있어 남자에게 복종해야만 한다." [에베소서 5:23] 잠재의식은 인간을 섬겨, 인간이 가진 느낌에 성실하게 형체를 부여해야 합니다. 하지만 잠재의식은 강요받는 것을 매우 싫어합니다. 그래서 강압하는 것보다는 설득하는 것에 반응합니다. 결과적으로 잠재의식은 종이라기보다는 사랑받는 아내에 가깝습니다.

"남편은 아내의 머리다." 에베소서 5장의 구절은 지상의 남녀 관계에 대해서는 논란의 여지가 있을 수 있지만, 의식의 남성성과 여성성, 즉 현재의식과 잠재의식의 관계에 대해서는 명확한 진실을 제시합니다. 바울이 "이것은 하나의 거대한 신비이다… 자신의 아내를 사랑한 사람은 자기 자신을 사랑하니… 그리고 그들은 한 몸이 될 것이다"[에베소서 5:32, 28, 31]라고 했을 때 여기서의 신비는 의식을 말합니다. 의식은 분리되어 있지 않은 하나이지만, 창조의 목적을 위해 두 부분으로 나뉘어 나타납니다.

현재의식, 즉 객관적 의식인 남성성은 진실로 머리가 되어, 잠재의식, 즉 주관적 의식인 여성성을 지배합니다. 이러한 지배는 폭군의 강압적 태도가 아니라, 사랑하는 남성의 다정한 인도에 가깝습니다. 원하는 상태를 이미 이뤘다는 느낌을 받아들이면, 잠재의식은 그 느낌과 정확히 일치하는 형태를 만들어냅니다. 소망에 대한 느낌을 사실로 받아들이지 않는 한, 그 소망은 잠재의식에 의해 받아들여지지 않습니다. 왜냐하면 생각이 잠재의식에 받아들여지기 위해서는 오직 느낌을 통해야 하고, 잠재의식이 그것을 받아들였을 때만 현실화될 수 있기 때문입니다.

'내가 어떤 느낌을 가졌기 때문에 나의 세상이 이러하다'고 말하기보다는, '세상이 이렇기 때문에 내가 이런 느낌을 가지게 되었다'고 변명하는 편이 더 쉽습니다. 하지만 외부 세상은 단지 내부 상태의 반영이라는 것이 불멸의 진리입니다. "내부에서와 같이 외부에서도." "하늘나라로부터 주어지지 않는다면, 어떤 것도 받지 못하게 될 것이다." [요한복음 3:27] 그리고 "하늘나라의 왕국은 그대 안에 있다." [누가복음 17:21] 어떤 것도 외부 세상에서 주어지는 것은 없습니다. 모든 것은 안쪽인 잠재의식으로부터 주어집니다. 당신의 의식 안에 존재하지 않는 것은 당신이 볼 수 없습니다. 당신이 지금 보고 있는 세상의 세세한 부분까지도 당신의 의식이 바깥으로 그려져 나온 것입니다. 각인된 인상들에 변화가 생기면 외부 세상에도 변화가 찾아옵니다.

당신이 사실로 느낀 것을 잠재의식이 받아들이게 되며 잠재의식에 각인된 인상이 원인이 되어 바깥으로 결과가 나타나는 것이 창조이기 때문에 창조의 대상을 결정하는 것은 바로 당신의 느낌입니다. 이미 당신이 되고자 하는 존재가 되었음에도 불구하고, 그것을 믿지 못하는 것이 소망을 실현하지 못하는 유일한 장애물입니다. 원하는 것을 찾아내는 것이 아니라 당신의 존재로 인식하고 있는 것만을 찾아내기 때문에 당신이 이미 원하는 모습이 되었다고 느끼지 못하고 바깥에서 구하고 있다면 헛된 수고를 하는 것입니다. 요약해보면 당신이 가지고 있다고 인식하는 것과 당신의 존재라고 인식하는 것만을 당신은 나타내고, 소유하게 됩니다. "가진 자에게 그것은 주어질 것이다." [마태복음 13:12] 감각이 전해주는 증거들을 거부하고 그곳을 소망이 성취된 느낌으로 채우는 것은 당신의 소망을 실현시키는 길입니다.

당신이 해내야 하는 가장 높은 성취는 생각과 느낌을 숙달되게 통제하는 것입니다. 하지만 완벽하게 자아를 통제해서 보이는 것과는 무관하게 원하는 것만을 느낄 수 있기 전까지는, 그것들을 도울 수 있는 잠과 기도를 이용하십시오. 이것들은 잠재의식으로 들어가는 두 개의 문입니다.

Chapter 24 Sleep

잠

꿈 속에서, 밤의 환영 속에서 깊은 잠이 찾아와서,
침대에서 꾸벅꾸벅 잠이 들 때,
그분은 인간의 귀를 열어서 그분의 지시를 봉인하신다.
[욥기 33장]

　지상에서의 삶, 그것의 3분의 1을 차지하고 있는 잠은 잠재의식으로 자연스럽게 들어가는 문입니다. 이제부터 잠에 대해 살펴볼 것입니다. 우리가 의식을 갖고 활동하는 3분의 2의 깨어있는 삶은, 우리가 잠에 어느 정도의 주의를 기울였는지에 따라 그 가치가 결정됩니다. 잠의 역할을 이해한다면, 밤마다 마치 사랑하는 연인과의 약속을 지키려는 것처럼 잠자리에 들 것입니다.
　"꿈 속에서, 밤의 환영 속에서 깊은 잠이 찾아와, 사람들이 침대에서 꾸벅꾸벅 잠이 들 때, 하느님은 인간의 귀를 열어서 그분의 지시를 봉인하시더라." [욥기 33장] 인간은 잠의 상태, 그리고 잠과 비슷한 기도의 상태에서 잠재의식으로 들어가 인상을 각인하고 해야 할 지시를 받습니다. 이 상태들 안에서 현재의식과 잠재의식은 창조적으로 만나, 남자와 여자는 한 몸이 됩니다. 잠은 현재의식이 감각의 세계를 떠나 잠재의식이라는 자신의 연인을 찾아가는 시간입니다.

잠재의식은 지상에서의 연인과는 다르게 남편을 바꾸려는 욕망이 없습니다. 깨어있을 때의 마음인 남편을, 있는 그대로 사랑하면서 그 모습을 세상 속에 낳습니다. 당신의 삶을 둘러싸고 있는 환경들과 당신 주변에서 일어나고 있는 사건들은, 잠이 들었을 때 갖고 있는 잠재의식의 인상의 틀에서 만들어진 아이들입니다. 그것들은 당신 자신에게 당신을 드러내기 위해 가장 깊숙한 느낌의 형상과 모습을 따라 만들어졌습니다.

"하늘에서와 같이 땅 위에서도"[마태복음 6:10]는 잠재의식에서 이루어진 것이 이 지상에서도 이루어진다는 것을 의미합니다. 잠에 들 때 잠재의식 안에서 무엇을 지녔는지에 따라 지상에서 깨어있는 3분의 2의 생활에서 어떤 일들을 경험하게 될 지가 결정됩니다. 당신의 소망이 이미 실현되었다는 느낌을 가지지 못하는 것 외에는, 당신의 목표 달성을 방해할 것은 없습니다. 잠재의식은 소망이 실현되었다고 느낄 때만 그 형태를 부여합니다.

잠에 들었을 때의 무의식 상태는 잠재의식이 활동하는 전형적인 모습입니다. 모든 것은 당신 자신으로부터 주어지고 당신 자신에 대한 관념이 당신에게 주어지는 것들을 결정하기 때문에 잠에 들기 전에 항상 소망이 성취된 감정을 느껴야 합니다.

당신은 깊은 내면으로부터, 원하는 것을 끌어오는 것이 아니라 자신이라고 인식하고 있는 것만을 끌어옵니다. 다른 사람에 대해 느끼는 것뿐만 아니라, 당신 자신에 대해 느끼는 모습이 바로 당신입니다.

소망을 실현시키기 위해서는 그것이 이루어졌을 때의 상태를 느끼는 감정으로 변해야 합니다. 이것은 소망이 성취된 느낌을 사실로 받아들일 때 이루어집니다. "만약 내 소망이 이루어졌다면, 나는 어떤 느낌일까?"라는 질문에 대한 대답으로 주어질 느낌이야말로 잠들기 전, 마음을 유일하게 채우고 단단히 고정시켜야 할 태도입니다. 잠들기 전, 원하는 모습이 이미 되었고, 갖고 싶은 것을 이미 가지고 있다는 의식 안에 머물러야만 합니다.

일단 잠에 들면 선택의 여지가 없어집니다. 잠들기 직전에 갖는 의식 상태가 잠 전체를 지배합니다. 그러므로 잠들기 전에는 성취감과 만족감을 느끼는 것이 중요합니다. "노래 부르고 감사하며, 내 앞에 오라." [시편 95:2] "감사하며 그의 문으로 들어오고, 찬양하며 그의 안뜰로 들어오라." [시편 100:4] 잠들기 전의 감정이 당신의 영원한 연인인 잠재의식 앞에 들어설 때의 의식 상태를 결정합니다. 잠자리에 들기 전, 당신이 자신을 느끼는 그대로 잠재의식은 당신을 바라봅니다.

잠들려고 할 때, '나는 성공했어'라고 느끼며 성공했다는 의식을 사실로 받아들이고 유지한다면, 반드시 성공할 것입니다. 평평하게 누워서 소망을 이루었을 때의 느낌을 간직하면서 조용히 무의식 속으로 편안하게 들어가십시오.

"이스라엘을 지키시는 분은 졸지도 잠에 들지도 않으신다." [시편 121:4] 그럼에도 불구하고, "그분은 그분의 사랑하는 자에게 잠을 주신다." [시편 127:2] 잠재의식은 결코 잠들지 않습니다. 잠은 의식적인 마음이 잠재의식과 결합하기 위해 거치는 문입니다. 잠은 창조 행위를 숨기고, 객관적 세계는 이를 드러냅니다. 잠든 동안 인간은 자신의 자아관념을 잠재의식에 각인시킵니다.

현재의식과 잠재의식, 이 둘 사이의 로맨스를 『솔로몬의 노래』보다 아름답게 표현한 것은 없습니다. "내가 밤에 내 침대에서 나의 영혼이 사랑하는 이를 찾았네… 그리고 나는 그를 찾아, 그를 나의 어머니의 집과 나를 낳은 그녀의 방으로 데려갈 때까지 결코 놓지 않았네." [아가 3:1] 잠자리에 들기 전, 소망이 이루어진 상태를 느끼고, 그 느낌에 편안히 몸을 맡기며 무의식 상태로 들어갑니다. 당신이 찾아다니는 것은 소망이 실현된 상태입니다. 밤이 되어, 당신은 침대에서 소망이 이루어진 느낌을 찾습니다. 이 느낌은 당신을 창조한 그 잠재의식 공간으로, 당신이 잠든 상태로 안내합니다. 이렇게 해서 이 소망은 나타날 수 있게 됩니다. 바로 이것이 소망을 찾아서 잠재의식 안으로 인도하는 방법입니다. 자신을 소망이 성취된 느낌 속에 놓고, 고요하게 잠의 인도를 받아야 합니다.

밤마다 당신이 원하는 존재가 이미 되었다는 느낌이나 갖고 싶은 것을 이미 갖고 있다는 느낌, 그리고 보기 원하는 것들을 보고 있다는 느낌을 갖고 잠들어야 합니다. 결코 낙심하고 불만스러운 상태로 잠에 빠지거나, 실패했다는 느낌으로 잠들면 안 됩니다. 잠의 상태를 자신의 활동무대로 삼고 있는 잠재의식은 당신이 자신이라고 믿고 있는 모습으로 당신을 보고 있습니다. 자신을 좋게 보든 나쁘게 보든 아니면 무덤덤한 채로 보든, 잠재의식은 당신의 믿음 그대로 충실하게 받아들여 형체를 부여할 것입니다. 특정한 느낌을 가지고 잠들면 잠재의식에게 그 느낌을 각인시킵니다. 당신의 완벽한 연인인 잠재의식은, 당신과의 사랑의 결실로 각인된 인상을 세상에 낳을 것입니다.

"나의 사랑, 그대는 모든 것이 완전하다. 그대에게는 어떤 결점도 없다."[아가서 4:7] 잠들기 전에 이런 마음 상태를 유지해야 합니다. 성경에서는 "그분은 눈에 보이지 않는 것들을 마치 보이는 것처럼 부르더라. 그러니 보이지 않는 것들은 보이는 것이 되더라"[로마서 4:17]고 말하고 있기 때문에, 현실이 어떻게 보이는지는 개의치 말고 이미 원하는 모습이 되었다고 느껴보세요. 만족스러운 느낌을 현실처럼 받아들인다면 그 느낌을 나타내는 환경을 존재 안으로 불러내는 것입니다. 기적은 따라오니, 앞서 일어나지 않습니다. 당신 존재에 대한 증거는 당신의 의식을 따라올 것입니다. 증거는 의식보다 앞서 일어나지 않을 것입니다.

당신은 영원하지 않은 것들을 꿈꾸며 잠들어 있는, 불멸의 영혼입니다. 그렇게 꿈꾼 것들을 사실로 받아들일 때 그것들은 현실의 옷을 입습니다. 당신을 과거에 묶어두지 마십시오. 의식 안에서는 어떤 불가능도 없음을 깨닫고, 과거의 경험을 넘어서 있는 것들을 상상하기 시작하십시오. 인간의 마음속에 품을 수 있는 모든 것은 현실로 불러올 수 있습니다. 눈에 보이는 모든 객관적인 상태들도 처음에는 보이지 않던 주관적인 상태였습니다. 당신이 그것에 실체라는 느낌을 부여해서 사실로 받아들이기 시작했을 때 눈에 보이는 곳까지 그것을 불러낸 것입니다. 먼저 상상을 하고, 그 후에 상상한 것들을 믿는 것. 바로 이것이 창조의 과정입니다. 항상 최상의 것들을 상상하고 기대하십시오.

세상은 당신이 그것에 대한 관념을 변화시키기 전까지 변하지 않습니다. "내부에서와 같이 외부에서도." 국가든 사람이든, 당신이 믿는 대로 됩니다. 어떤 문제든, 어디에 있든, 누구와 관련되어 있든, 변화시켜야 할 것은 오직 자신의 내면뿐입니다. 자신의 내면을 변화시키는 데에는 문제될 것이 없고, 외부의 도움도 필요하지 않습니다. 단지 당신이 보고자 하는 모습이 이미 되었다고 믿으십시오. 원하는 상태가 현실이라고 자신을 확신시키자마자 그 확고한 믿음을 현실로 가져오기 위해 결과들이 자연스럽게 뒤따라올 것입니다. 다른 사람들을 당신이 원하는 모습으로 변화시키기 위해 그들을 설득하려 하지 마십시오. 대신에 그들이 이미 원하던 모습이 되었다고 자신을 확신시키십시오.

소망이 성취된 느낌을 사실로 받아들이는 순간, 소망이 세상에 모습을 드러내는 일은 완성됩니다. 소망을 실체라고 확신시키지 못할 때를 제외하면 결코 실패하는 일은 없을 것입니다. 믿음에 하나의 변화가 생기면 세상에도 하나의 변화가 찾아옵니다. 매일 밤 잠들기 전, 완벽함을 느끼고 어떤 오점도 보지 마십시오. 내면의 연인은 항상 당신의 느낌이 만들어낸 관념과 비슷한 모습을 외적인 세상에 낳아 줄 것입니다.

3분의 2를 차지하는 깨어있는 삶은 잠재의식에 각인된 인상들의 증거를 계속해서 실어오고 있습니다. 깨어있는 동안에 일어나는 행동과 사건들은 결과일 뿐, 원인이 아닙니다. 자유의지라는 것은 단지 선택의 자유일 뿐입니다. "그대는 이 날, 누구를 섬길지 결정하라"[여호수아 24:15]는 말은 당신이 어떤 종류의 분위기를 사실로 받아들일지에 대한 선택의 자유를 말합니다. 느낌을 표현하는 것이 바로 잠재의식의 비밀입니다. 잠재의식은 느낌을 통해서만 인상들을 받습니다. 그러면 잠재의식만이 알 수 있는 방법으로, 그것들에 형체를 부여해서 모습을 드러나게 합니다. 잠재의식에 새겨진 인상들이 인간의 행동을 결정합니다. 자유의지, 그리고 행동의 자유라는 환상은 자신을 움직이게 만드는 원인을 모르기 때문입니다. '자신의 자아'와 '발생하는 사건' 사이의 연결고리를 잊었기 때문에 자신이 자유롭다고 착각합니다.

　잠재의식에 각인된 인상들은 외부 세상에 모습을 드러내기 위해, 깨어있는 우리를 특정한 방향으로 이끕니다. 과거에는 무분별하게 인상을 잠재의식에 심었다면 이제부터는 생각과 느낌을 바꾸기 시작해야 합니다. 그렇게 생각과 느낌을 바꿔야만 당신의 세상을 변화시킬 수 있습니다. 과거를 후회하는 데에 1분의 시간도 낭비하지 마십시오. 그렇게 과거의 잘못에 대해 생각하고 있다면, 당신을 다시 한번 그 후회 속에 감염시킵니다. "죽은 자가 죽은 자를 묻게 하라."[마태복음 8:22] 보이는 것들로부터 등을 돌리고 만약 소망이 이루어졌다면 당신이 가졌을만한 느낌을 사실로 받아들이십시오.

　특정한 상태를 느끼게 되면 그 상태를 현실이라는 무대로 불러내게 됩니다. 세상이라는 무대에서 당신이 어떤 역할을 맡을 지는 당신의 자아관념에 의해서 결정됩니다. 소망이 성취된 느낌을 가지고 고요하게 잠에 든다면, 다음 날 눈을 떴을 때 당신은 이 땅 위의 주인공 역할을 맡게 됩니다. 잠든 동안, 당신은 그 역할들에 대한 예행연습을 했고 지도를 받았기 때문입니다.

  결과에 서 있는 것이 소망을 실현하는 방법을 자동으로 고안합니다. 이 점을 잘 이해하세요. 만약 소망이 이미 이루어진 상태에서 잠들지 않는다면, 당신은 낮 동안의 반응과 느낌들을 모아 잠자리에 들게 됩니다. 잠든 동안 당신은 내일의 세상에서 나타날 모습들을 지시받게 됩니다. 잠에 들 때의 자신에 대한 관념에 의해서 낮 동안의 행동과 사건이 미리 결정된다는 것을 잊은 채, 자신을 자유로운 존재라고 착각하게 됩니다. 하지만 낮 동안 당신에게 주어지는 유일한 자유란 반응의 자유입니다. 낮 동안 펼쳐지는 드라마에 대해서 당신이 어떻게 느낄 것이고, 어떻게 반응할 것인지에 대해서는 자유롭습니다. 하지만 낮 동안의 행동이나 사건, 그리고 환경은 사전에 결정되어 있습니다.

  잠들기 전에 마음 태도를 의식적으로 뚜렷하게 만들지 않는다면 낮 동안의 느낌과 반응들로 조합된 마음의 상태를 지니고 무의식적으로 잠들게 됩니다. 일상의 모든 반응은 잠재의식에 인상을 남기며, 반대되는 더 지배적인 느낌에 의해서 상쇄되지 않는 한, 그것은 후에 일어날 사건에 대한 원인이 됩니다.

  느낌과 동반된 생각은 창조 행위입니다. 당신의 신성한 권리를 지혜롭게 사용하세요. 생각하고 느끼는 것을 통해서 당신은 창조의 권능을 지니게 됩니다.

  당신은 깨어있는 동안 당신의 정원에 어떤 씨를 뿌릴지를 고를 수 있는 정원사입니다. "한 알의 밀알이 땅에 떨어져 죽지 않는다면, 그것은 홀로 남더라. 하지만 만약 그 밀알이 떨어져 죽는다면 많은 열매들을 가지고 올 것이다." [요한복음 12:24] 잠에 들었을 때 자신에 대한 관념은 씨앗입니다. 그 씨앗은 잠재의식이라는 땅에 뿌려질 것입니다. 잠들기 전에 만족함과 행복함을 느낀다면, 이런 씨앗에 대한 결실을 가져올 수 있는 상황과 사건들이 당신의 세상 안에서 전개될 것입니다.

  잠은 하늘나라를 향해 열려진 문입니다. 당신이 하나의 느낌으로 취한 것은 환경이나 행동과 같은 바깥 세상의 현상으로 나타납니다. 그래서 소망이 성취된 기분으로 잠에 들어야 합니다.

  의식에서와 같이 이 땅에서도.

Chapter 25 Prayer
기도

 기도 역시 잠과 마찬가지로 잠재의식으로 들어가는 문입니다. "네가 기도할 때에는 네 방에 들어가 문을 닫고 비밀 속에 계신 네 아버지께 기도하라. 그러면 비밀 속에서 보시는 아버지께서 너에게 드러나 보답 하시리라."[마태복음 6:6] 기도는 바깥세상에 대한 인상들을 사라지게 해서, 내부에서 주어지는 암시에 보다 수용적인 마음을 만드는, 잠의 환영과 같습니다. 기도할 때의 마음은 마치 잠에 빠지기 직전에 얻어지는 느낌과 비슷한, 이완되고 수용적인 상태입니다.

 기도는 당신이 어떤 것을 바라는 것이 아니라 원하는 것을 받으려면 어떻게 준비하느냐에 대한 방법입니다. "너희가 구하는 것이 무엇이라도, 기도할 때에 이미 받았다고 믿어라. 그러면 너희는 그것들을 받게 될 것이다."[마가복음 11:24] 유일하게 필요한 조건은 기도가 이미 실현되었다고 믿는 것입니다.

 소망이 현실이 되었을 때 가질만한 느낌을 사실로 받아들인다면 기도는 반드시 응답받을 것입니다. 소망을 현실로 받아들이는 순간, 잠재의식은 그 실현을 위한 수단을 찾습니다. 따라서 성공적으로 기도하기 위해서 당신은 소망에 따라야만 합니다. 즉, 소망이 성취된 것에 따라야만 합니다.

완벽하게 마음이 훈련된 사람은 항상 소망에 맞춰 살아갑니다. 그는 의식이 만물의 근원이자 유일한 실체이며, 생각과 느낌이 의식의 실체이자, 공간 속의 물체만큼 하나의 실체라는 것을 압니다. 따라서 그는 느낌이 자신의 행동과 자신의 삶에 펼쳐지는 환경의 원인이 되기 때문에, 자신의 행복에 기여하지 않는 느낌을 허용하지 않습니다.

반면에 마음이 훈련되지 않은 사람은 감각이 거부하는 것을 사실로 받아들이기 어렵다고 느끼면서 감각이 주는 외부의 모습에만 의존해서 그것을 받아들이거나 거부합니다. 감각이 전해주는 증거에만 의존하는 습관 때문에 기도하기 전, 즉 감각이 거부하는 것을 사실로 느끼기 전에 감각의 증거를 차단하는 것이 필요합니다. "나는 하고 싶지만 할 수 없다"는 마음상태에 있다면 당신은 더 열심히 해 보아도 소망에 따를 수 없습니다. 원하는 것을 끌어당기는 것이 아니라, 당신이 사실로 인식한 것만을 항상 끌어올 뿐입니다.

기도는 당신이 원하는 존재가 되었고, 원하는 것을 이미 가지고 있다는 느낌을 받아들이는 기술입니다. 감각이, "당신의 소망은 현실에 존재하지 않는다"고 말할 때, 이런 암시를 없애려는 의식적인 노력은 효과가 없으며 오히려 그 암시를 더 강하게 만드는 경향이 있습니다.

기도는 소망에 따르는 기술이지 소망을 강제하는 기술이 아닙니다. 당신의 느낌과 소망이 충돌하면 느낌이 승자가 될 것입니다. 지배적인 느낌은 언제나 그 자신을 세상 속에 드러냅니다. 기도는 애쓰지 말아야만 합니다. 감각이 거부하는 것을 마음속에 확고하게 하는 데에 있어서 애쓰는 것은 역효과를 낳습니다.

 소망을 성취된 사실로 성공적으로 받아들이기 위해서는, 먼저 수동적인 상태가 되어야 합니다. 이것은 잠들기 전의 느낌과 비슷한 환상이나 명상 상태의 일종입니다. 이런 이완된 상태에서는 마음이 객관적인 세상을 떠나서, 쉽게 내면의 상태를 인지할 수 있습니다. 이 상태에서 당신은 의식이 깨어있지만, 움직이거나 눈을 뜨고자 하는 마음이 없을 것입니다.

 이런 수동적인 상태를 만드는 쉬운 방법은 안락의자나 침대에서 편안하게 긴장을 푸는 것입니다. 만약에 침대에 누웠다면 당신의 몸과 머리를 평평하게 일자로 눕히고는, 눈을 감고 잠이 온다고 상상합니다. 느껴 보세요. '나는 졸립다. 나는 정말 졸립다. 나는 정말 매우 졸립다.' 조금 있으면 나른하게 되고, 아득한 느낌과 더불어, 움직이고 싶은 욕망이 모두 상실된 느낌이 당신을 감싸게 됩니다. 다른 상황에서는 느껴본 적이 없는 '유쾌하고 안정된 편안함'이 느껴져서 자세를 바꿀 생각조차 들지 않습니다. 이런 수동적인 상태에 놓이게 될 때, 소망이 이미 실현되었다고 상상합니다. 그것이 어떤 방법으로 이루어지는지에 대해서 상상하지 말고, 단지 지금 소망이 성취되어 있는 것을 상상합니다. 당신이 삶에서 성취하기 바라는 것을 영화처럼 상상하면서 이미 그것이 성취됐다고 느낍니다. 기도의 수동적인 상태 안에서 생각은 아주 미세한 음파를 만들어내는데, 그것은 외부에서 나는 소리처럼 들립니다. 그렇다고 이렇게까지 깊은 수동적인 상태가 기도를 실현하는 데에 필수적인 것은 아닙니다. 수동적인 상태를 만드는 것과 소망이 성취된 것을 느끼는 것이 기도를 실현시키는 데에 필요한 전부입니다.

당신이 필요로 하고 바랄 수 있는 모든 것은 이미 당신의 것입니다. 그것을 당신에게 가져다줄 사람도 필요하지 않습니다. 그것은 이미 당신의 것입니다. 소망이 이루어졌다는 것을 상상하고 느껴서 마음속에 간직했던 소망을 현실이라는 무대로 가져오세요. 결과에 서 있으면 소망이 이루어지지 않을 가능성에 대해 전혀 신경 쓰지 않게 됩니다. 결과에 서 있는 것이 자연스럽게 결과로 이끌 것입니다. 당신이 기도의 상태에서 보게 되는 것은, 마치 한 편의 연극에서 중간의 과정들이 어떻게 이루어졌는지는 모르지만, 행복하고 좋은 결말을 본 것과 같습니다. 어쨌든 그 연극이 비극적으로 이야기가 전개되는 듯 보이기도 하지만, 우리는 연극의 결말이 완벽하고 행복하다는 것을 알기에, 고요함과 확고함을 유지할 수 있습니다.

Chapter 26 Spirit- Feeling

영(정신)- 느낌

만군의 주가 말씀하시되,
이 일이 너희의 힘으로도 아니요, 능력으로도 아니요,
오직 나의 영(spirit : 정신)에 의해서 이루어진다.
[스가랴 4:6]

당신이 이미 원하는 모습이 되었다면 느낄 만한 감정을 사실로 받아들여, 원하는 상태의 정신(spirit : 영) 속으로 들어가세요. 원하는 상태의 느낌을 포착한다면, 그것을 실제로 이루기 위한 모든 노력에서 해방됩니다. 왜냐하면 그 느낌을 포착한 순간, 이미 그것은 존재하는 것이기 때문입니다. 마음속에서 떠오르는 모든 생각은 그것과 동반되는 하나의 명확한 느낌을 가지고 있습니다. 소망하는 것을 실제로 갖고 있다면 당신이 가졌을 느낌을 사실로 받아들여 그 느낌을 포착하십시오. 그러면 당신의 소망은 현실이 될 것입니다.

믿음은 느낌입니다. "너희 믿음(느낌)대로 되리라."[마태복음 9:29] 원하는 것을 끌어당기는 것이 아닙니다. 오직 자신이라고 인식하고 있는 것만을 끌어당깁니다. 자신이라고 인식한 것에 맞춰 세상을 바라봅니다. "가진 자에게는 주어질 것이고, 가지지 못한 자는 빼앗길 것이다."[마태복음 13:12; 25:29; 마가복음 4:25; 누가복음 8:18; 19:26] 당신이 자신을 어떤 사람이라고 느끼는지, 그것이 바로 당신입니다. 당신이 그렇게 인식한 것을 받게 될 것입니다. 그래서 소망하는 것을 이미 가졌을 때 갖게 될 느낌을 사실로 받아들인다면 소망은 당연히 실현될 것입니다. "그리하여 하느님이 자기 형상을 따라 인간을 창조하셨다"[창세기 1:27]고 기록되어 있으며 "너희 안에 예수 그리스도의 마음을 품으라. 그는 하느님의 형상이었으며, 하느님과 동등한 것을 강탈로 여기지 않았다."[빌립보서 2:5,6] 당신은 자신이라고 믿고 있는 존재입니다.

하느님과 예수 그리스도를 믿는 대신에, 당신이 하느님이고 당신이 예수 그리스도인 것을 믿으십시오. "나를 믿는 자는 내가 하는 일을 그도 또한 할 것이다"[요한복음 14:12]라는 구절은 "내가 믿는 것과 같이 믿는 자는 내가 하는 일을 그도 또한 할 것이다"가 되어야 합니다. "나와 나의 아버지는 하나이다."[요한복음 10:30] 당신이 당신 자신이라고 믿고 있는 사람의 일을 한다는 것은 너무도 당연한 일입니다. 그러므로 당신이 원하는 모습, 앞으로 되고자 하는 모습이 이미 되었다는 느낌 속에서 살아가십시오. 자신에게 주어진 가르침을 믿고, 그것을 직접 적용하려는 사람은 자신의 내부에서 성공의 실체를 구축하게 됩니다.

Freedom for All

대자유

27 하느님의 일체성

28 하느님의 이름

29 창조의 법칙

30 느낌의 비밀

31 안식일

32 치유

33 욕망- 하느님의 말씀

34 믿음

35 성수태고지

들어가며

실제로 적용되지도 않는 이론을 오랫동안 갖고 있을 수는 없습니다. 현대인들은 과거 어느 때보다, 자신의 가장 숭고한 이상조차도 그것이 진실인지 증명해보기를 원합니다. 궁극적인 행복을 얻기 위해서는 삶의 방향을 제시해 줄 수 있고 실제로 경험할 수 있는 원리를 발견해야만 합니다.

저는 그러한 원리를, 이제까지 쓰였던 저작 중에 가장 위대한 작품인 성경에서 발견했다고 믿습니다. 제가 겪은 신비로운 이해의 방법을 통해 이 책의 구약과 신약의 이야기들 안에 똑같이 담겨있는 진리를 보게 되었습니다. 요약하면 '의식은 만물의 근원이자 유일한 실체'이며, '의식은 원인이고 외부에 모습을 드러낸 것은 결과'라는 것입니다. 성경을 읽는 독자가 이 진리를 최우선으로 주목하게 하기 위해서, 이 책은 읽는 이로 하여금 이 사실에 계속적으로 초점을 맞춥니다.

외부를 변화시키기 위해서는 의식의 변화가 불가피하다는 기초를 세워놓고, 성경은 독자들에게 이러한 의식의 변화를 가져오는 열두 가지 길을 설명하고 있습니다. 이것은 실제로 작용하는 현실적이고 유익한 원리입니다. 성경이 담고 있는 비밀을 삶에 적용한다면 자유를 얻게 될 것입니다.

-네빌

Chapter 27　The Oneness of God

하느님의 일체성

들어라, 이스라엘아! 우리 주 하느님은 유일한 주이시다.

[신명기 6:4]

　　들어라, 이스라엘아. '들어라, 하느님의 본질로 이루어진 인간아!' 당신과 하느님은 하나이고 분리되어 있지 않습니다! 당신이 바로 그런 존재입니다. 당신은 인간이라는 조건 속으로 들어간 하느님입니다. 하느님의 모습으로 생각했던 모든 것이 바로 당신 자신의 존재입니다. 당신과 분리된 어떤 외부의 존재를 하느님이라고 주장하는 것을 멈추고, 다른 누군가를 지칭했던 말이 바로 당신 자신을 뜻한다는 것을 인식하지 않는다면 당신이 하느님과 하나라는 진실을 깨닫지 못할 것입니다.

　　하느님과 인간, 영과 물질, 형체 없는 것과 형체 있는 것, 창조자와 창조물, 원인과 결과, 당신의 아버지와 당신은 하나입니다. 모든 조건화된 상태가 살아 움직이고 존재하는 것은 당신의 '어떤 조건도 지워지지 않은 의식'인, 당신의 I AM에서입니다.

　　'조건 지워지지 않은 의식'은 하느님으로, 모든 것의 근원이자 유일한 실체입니다. 이 의식은 단순히 자신이 누구인지 아는 것을 넘어서는 존재의 인식을 의미합니다. 나는 존재한다는 인식은 나 자신이 누구인지 아는 것과는 다릅니다. 사람이라는 정체성을 가진다고 인식할 수 있지만, 존재함을 인식하기 위해 반드시 사람일 필요는 없습니다. 나는 누구라고 인식하기 이전에 이미 '조건 지워지지 않은 의식'으로서 존재를 인식하고 있습니다. 이는 어떠한 대상에도 의존하지 않는 자립적인 인식입니다. 이 의식으로 인해, 나는 현재 나라고 받아들인 것을 넘어 다른 존재로 인식될 수도 있습니다. 그러나 어떠한 조건에도 구애받지 않는 존재로서의 인식은 영원합니다.

조건 지워진 상태 속에 있을 때, 어쩌면 나는 내가 누구인지, 내가 어디에 있는지를 잊어버릴지도 모릅니다. 하지만 나는 존재한다는 것을 잊을 수는 없습니다. '존재의 의식'인 I AM은 유일한 실체입니다. 조건 지워지지 않은 의식인 I AM은 모든 조건 지워진 상태(자신의 관념들)가 시작되고 끝나는, 인식하고 있는 실체입니다. 하지만 그것들은 알려진 모든 것이 사라진 이후에도, '알려지지 않은, 인식하는 존재'로 영원히 남게 됩니다. 내가 나라고 이제까지 믿었던 모든 것, 내가 지금 나라고 믿는 모든 것, 그리고 내가 앞으로 나라고 믿을 모든 것은, 단지 '알려지지 않고, 규정지어지지 않은 실체'인 나를 알려는 시도일 뿐입니다. 이 알려져 있지 않은 '아는 자'는, 즉 조건 지워지지 않은 의식은 나의 진정한 존재이고, 만물의 근원이고 유일한 실체입니다. I AM은 내가 나 자신이라 믿고 있는 것으로 조건 지워져 나타난, 조건 지워지지 않은 실체입니다. 'I AM'은 내가 가진 믿음에 의해 제한된 믿는 자이며, 알려진 것들로 정의된 아는 자입니다. 세상은 나의 '조건 지워진 의식'이 외부로 드러난 것입니다. 나 자신에 대해 진실이라고 느끼고 믿는 것은 지금 내 세상의 공간속에 투영됩니다. 나의 자아가 비춰진 나의 세상은 내가 머물고 있는 의식의 상태를 끊임없이 보여주는 거울과 같습니다.

나에게 일어난 일과 나를 둘러싼 환경 중에 우연한 일이나 우연한 사고 같은 것은 존재하지 않습니다. 행운과 불행을 만드는 창조주가 미리 운명을 정해 놓은 것도 아닙니다. 무죄와 유죄는, 그것들이 의식의 상태를 비춰준다는 뜻을 제외하고는 의식에 법칙에 있어서는 아무 의미도 없는 단순한 단어에 불과합니다.

당신이 죄가 있다고 생각한다면 그 생각이 비난을 불러옵니다. 결핍에 대한 인식은 가난을 만들어냅니다. 인간은 자신이 머물고 있는 의식의 상태를 끊임없이 외부로 나타내고 있습니다. 그러나 많은 이들이 원인과 결과의 법칙을 해석하는 데 혼란을 겪으며, 외부 현상의 원인이 내부 상태임을 잊곤 합니다. "내부에서와 같이 외부에서도." 그리고 그런 망각 속에서 외부의 하느님이 우리에게 어떤 일을 하고 있고, 그 이유는 오직 하느님에게만 속하는 것이라 믿으며, 우리가 미처 깨닫지 못하는 과거의 잘못들로 인해 현재 고통을 받는다고 믿습니다. 그래서 또다시 자신에게 일어나는 사건들이 하느님의 영역에만 속한다고 생각합니다.

언젠가는 우리 자신의 I AM이 우리가 그토록 오랫동안 찾던 하느님임을 깨닫게 될 것이고, 우리의 존재의 인식이 만물의 근원이자 유일한 실체라는 것을 깨닫게 될 것입니다.

우리가 가장 이해하기 어려운 진리는 바로 자신이 하느님이라는 사실입니다. 이는 우리의 진정한 존재, 즉 아버지의 상태이며, 확신할 수 있는 유일한 상태입니다. 우리가 자신에 대해 갖는 관념, 즉 '아들'은 환상에 불과합니다. 우리는 항상 자신의 존재를 인식하지만, 자신이라고 인식하는 것은 스스로를 정의하려는 시도하는 과정에서 '아버지'에 의해 만들어진 환상일 뿐입니다.

이 발견은 내가 하느님으로 믿었던 모든 것이 실제로 나의 I AM임을 드러냅니다. "나는 부활이며 생명이다"[요한복음 11:25]는 선언은 내 의식에 관한 사실을 말하는 것입니다. 왜냐하면 나의 의식은 내가 인식하고 있는 것을 무덤 속에서 일어나게 하고 눈에 보이게끔 생명을 주기 때문입니다.

"나는 문이다... 나보다 앞서 온 모든 것은 도둑이며 강도이다"[요한복음 10:9]라는 말은 내 의식이 만물의 근원이자 만물이 세상에 나타나는 유일한 입구임을 보여줍니다. 원하는 상태를 실현하는 유일한 방법은 원하는 것을 이미 소유하고 있거나 그 상태가 되었다고 인식하는 것입니다. 우리가 소망이 성취된 것을 사실로 받아들이는 것 외의 방법으로 원하는 상태를 실현하려고 한다면 그 경험과 소유의 기쁨을 잃게 됩니다. "나는(I AM) 시작이고 끝이다"[요한계시록 22:13]라는 말은, 내 의식이 세상에 나타난 모든 것의 탄생과 소멸의 원인임을 나타냅니다.

"I AM이 나를 보냈다"[출애굽기 3:14]라는 말은 내 의식이 나를 세상에 보내는 주인이며, 내가 인식하는 것으로 구성된 세상에서 살게 된다는 것을 의미합니다.

"나는 주이고, 나 외에 다른 하느님은 없다"[이사야 43:11]는 말은 내 의식이 모든 것의 근원이자 유일한 하느님이며, 나의 의식 외에 다른 하느님은 없다는 선언입니다. "고요하라. 그리고 내가(I AM) 하느님인 것을 알라"[시편 46:10]라는 말은 나는 마음을 고요히 하고 의식이 하느님임을 알아야만 한다는 것을 뜻합니다. "주, 너의 하느님의 이름을 헛되이 부르지 말라"[출애굽기 20:7]와 "나는(I AM) 주이니, 그것이 나의 이름이다"[이사야 42:8]라는 말은, 당신의 I AM, 즉 당신의 의식이 하느님인 것을 깨달았기에 당신이 하느님의 모습으로 받아들이지 않는 것은 당신 자신의 모습으로 인정하지 말라는 의미입니다. 당신이 자신을 규정짓는 것은, 하느님을 규정짓는 것과 같습니다. 당신이 자신의 모습으로 인식하는 것은 당신이 하느님에게 이름을 붙이는 것입니다. 하느님과 인간은 하나입니다. 당신과 당신의 아버지는 하나입니다.

당신의 조건 지워지지 않은 의식인 I AM과 당신이 인식하는 자신은 하나입니다. 창조자와 창조물은 하나입니다. 자신을 하느님으로 인식하지 않는다면, 당신은 당신의 아버지인 하느님에게 강도짓을 하는 셈입니다. 왜냐하면 당신(아들 혹은 관념)은 아버지(생각하는 자)의 증거를 가져오기 때문입니다.

하느님의 마법의 이름인, '나는(I AM)'을 헛되이 사용하지 마십시오. 그렇게 한다면 죄에서 자유롭지 못할 것입니다. 당신이 자신에 대해 주장한 모든 것은 반드시 현실이 될 것입니다. 당신이 가진 최고의 이상적인 모습을 당신 자신의 모습으로 의식적으로 받아들임으로써 하느님에게 이름을 붙이십시오.

Chapter 28 The Name of God
하느님의 이름

　의식이 만물의 근원이자 유일한 실체임을 강조하는 것은 아무리 해도 지나치지 않습니다. 이 진리는 인간을 자유롭게 하는 기초이며, 성경 전체의 구조가 이 진리를 바탕으로 놓여 있습니다. 성경 속 이야기들은 동양적 상징을 통해 직관적으로 창조의 비밀과 해방의 공식을 드러냅니다. 성경은 창조의 원인과 방법을 글로 나타내고자 하는 인간의 시도였습니다. 어떤 이들은 자신의 의식이 세상의 원인이자 창조자라는 것을 발견했습니다. 그 결과, 오늘날 우리가 알고 있는 성경이라는 상징적 이야기들을 통해 창조 이야기를 전달하게 되었습니다.
　이 위대한 책을 이해하기 위해 필요한 것은 책을 읽을 정도의 약간의 지성과 읽은 것을 해석하고 이해할 정도의 풍성한 직관입니다. 어쩌면 성경이란 것이 왜 상징적으로 쓰였는지에 대해 궁금할 수도 있습니다. 성경이 어째서 분명하고 쉽게 쓰여서 읽는 사람이 이해하기 좋도록 쓰이지 않았는지 물을지도 모릅니다. 이 질문에 대해 저는 세상 모든 사람은 자기와 다른 세상에서 살고 있는 사람에게는 상징을 통해서 말한다고 대답하겠습니다. 서양에서 쓰는 언어는 우리 서양인들에게는 명확합니다. 하지만 동양인들에게는 상징적으로 표현됩니다. 그리고 그 반대도 마찬가지입니다.

이것의 실제적인 예를 다음 동양의 가르침에서 찾아볼 수 있습니다. "너를 해하는 손이 있다면, 잘라버려라." 그들은 손에 관해서 이야기했지만, 우리 몸에 달린 손이 아닌 형체를 띠고 있는 모든 것을 말하는 것이며, 그 격언의 뜻은 자신에게 공격적인 세상의 모든 것에 등을 돌리라는 경고입니다. 반면, 서양인이 "이 은행은 바위 위에 있다(on the rocks)"라고 말할 때, 서양인은 파산을 의미했지만, 동양인은 믿음과 안정의 상징으로 받아들이게 됩니다. 그래서 이는 "자신의 집을 반석(a rock) 위에 짓는 자는, 현명한 사람이다. 비가 내리고, 물이 범람하고, 바람이 불어닥쳤지만 그 집은 무너지지 않았으니, 그것은 반석(a rock) 위에 있기 때문이다"라고 표현되기도 합니다.

성경의 메시지를 제대로 이해하기 위해서는 성경이 동양적인 사고방식에 의해 쓰였기 때문에 서양적인 사고방식으로는 문자 그대로 받아들일 수 없다는 점을 명심해야 합니다. 동서양 사람들 사이에 생리학적 차이는 없고, 사랑과 증오, 갈망과 열망, 야망과 욕망 같은 감정은 비슷하지만 표현은 매우 다릅니다.

성경의 신비를 풀고자 한다면, 가장 먼저 이해해야 할 것은 창조자를 상징하는 이름인 '여호와'의 의미입니다. '여호와'라는 단어는 히브리어로 욧 헤 바 헤(JOD HE VAU HE), 즉 네 글자로 구성되어 있으며, 창조의 전체 비밀이 이 이름 안에 담겨 있습니다.

첫 번째 문자인 욧(JOD)은 절대적인 상태, 즉 조건 지워지지 않은 의식을 나타냅니다. 그것은 경계가 없는 의식의 지각이고, 모든 창조물 또는 모든 조건 지워진 의식의 상태가 나오는 총체이기도 합니다. 오늘날의 용어로 해본다면, 욧(JOD)은 I AM, 즉 한계가 없는 의식입니다.

두 번째 문자인 헤(HE)는 독생자, 즉 하나의 욕망이나 마음속의 상태를 나타냅니다. 이는 하나의 생각을 상징하며, 하나의 뚜렷한 내적인 상태 또는 명확한 정신적인 이미지입니다.

세 번째 문자인 바(VAU)는 '소망하는 의식인 생각하는 자(JOD)'를 '소망하는 상태인 관념(HE)'과 하나로 통합하고 묶어, 생각하는 자와 관념이 하나가 되는 행위를 상징합니다. 하나의 정신적인 상태를 단단히 고정하는 것, 원하는 모습으로 자신을 선언하는 것, 이미 목표로 한 존재가 되었다는 사실을 자신에게 각인시키는 것은 바(VAU)의 작용입니다. 그것은 소망하는 의식을 소망하는 상태에 못으로 고정시키고 하나로 묶습니다. 이렇게 접합하고 묶기 위해서 아직까지 모습을 드러내지 않은 것을 마음속에서 현실로 느낌으로써 이룰 수 있습니다.

네 번째 문자인 헤(HE)는 이렇게 내적으로 일치가 된 것이 바깥세상으로 형체를 드러나는 것을 말합니다. '욧 헤 바(JOD HE VAU)'는 '헤(HE)'를 '욧 헤 바(JOD HE VAU)'의 모습을 쫓아 창조합니다. 다르게 표현해 보면, '내부의 의식 상태'는 '외부 세상과 인간'을 '내부 의식의 상태'를 따라 창조합니다. 그래서 마지막 문자인 헤(HE)는 내면의 상태인 욧 헤 바(JOD HE VAU)에 대한 증거를 외부 세상에 실어 나르는 역할을 합니다. 조건 지워진 의식은 계속해서 자신의 모습을 세상의 무대 위로 나타냅니다. 지금 눈에 보이는 세상은 내면의 의식상태가 갖추고 있는 형상과 모습이 드러난 것입니다. 이 세상은 어떤 일도 스스로 할 수 없으며, 내면의 상태에 각인된 것을, 다시 말해 세상의 창조자가 기록한 것을 실어나를 뿐입니다. 눈에 보이는 아들(HE)은 보이지 않는 아버지, 아들, 어머니(JOD HE VAU) 즉, 사람이나 현상으로서 드러났을 때만 볼 수 있는 성삼위에 대해 증언하고 있습니다.

조건 지워지지 않은 의식(JOD)은 당신의 I AM입니다. I AM은 소망하는 상태(HE)를 시각화하거나 이미지화한 후, I AM 자신이 그 상태라고 느끼고 믿음으로써, 자신을 그 상태로 인식합니다. 당신과 소망하는 대상 사이의 의식적인 결합은 바(VAU), 즉 당신이 느끼고 믿는 능력을 거쳐야 가능합니다. 믿는다는 것은 소망하는 상태가 이미 되었다는 생각을 사실로 받아들여서 상상한 상태가 현실이 되었다는 느낌으로 단순히 사는 것을 말합니다. 욧 헤 바(JOD HE VAU)로 상징되는 내적인 상태는 헤(HE)로 자신의 모습을 드러냅니다. 그렇게 하여 욧 헤 바 헤(JOD HE VAU HE)라는 창조자의 이름과 본성의 신비가 완성됩니다.

"그리고 하느님이 말씀하시되, 우리의 모습과 형상을 따라 인간을 만들자." 욧 헤 바(JOD HE VAU)가 우리의 형상으로, 즉 우리 내면의 상태로 외부의 실체(HE)를 만들게 하라는 말입니다. 세상은 의식이 머무는 주관적 의식상태가 바깥으로 드러난 것입니다. 의식이 만물의 근원이자 유일한 실체라는 것을 아는 것은 성경을 이해하는 기초입니다. 성경의 이야기는 자신이 만들어 놓은 모든 창조물로부터 해방되는 공식을 상징적인 언어로 인간에게 보여주면서, 창조의 비밀을 밝혀줍니다. 이것이 '여호와'라는 이름에 담긴 진정한 뜻입니다. 모든 것이 그 이름에 의해 만들어졌고, 그 이름이 없었다면 어떤 것도 만들어질 수 없습니다. 우선 당신은 의식을 지니고 있습니다(JOD). 그리고 그 의식은 어떤 대상을 인식합니다(HE). 그리고 당신이 인식했던 대상을 나의 모습이라고 인식합니다(VAU). 그러면 당신이 인식하고 있는 것은 객관적인 세상으로 드러납니다(HE).

Chapter 29 The Law of Creation
창조의 법칙

　성경은 다양한 이야기를 통해 창조의 비밀을 드러내는데, 고대 예언자들과 작가들은 이를 동양적 상징 체계를 사용하여 풀어냈습니다. 우리가 잘 알고 있는 노아의 방주 이야기도 마찬가지입니다. 우리 모두 노아의 방주에 관한 이야기를 알고 있습니다. 홍수로 인해 세상이 멸망한 후, 새로운 세상을 건설하기 위해 노아가 선택되었습니다. 노아에게는 세 명의 아들이 있었고 그들의 이름은 셈, 함, 야펫이었습니다. 첫째 아들은 셈(Shem)이라 불렸는데, 이름(name)을 뜻합니다. 두 번째 아들인 함(Ham)은 활발하고 생생함(warm, alive)을 뜻합니다. 셋째 아들은 야펫(Japheth)이라 불리는데 확장(extension)을 뜻합니다. 신성한 이름인 욧 헤 바 헤(JOD HE VAU HE)에 창조의 공식이 들어있듯, 노아와 그의 세 아들인 셈, 함 야펫에도 창조의 공식이 들어있습니다. 노아는 아버지, 생각을 품는 자, 그리고 새로운 세상의 창조자를 뜻하는데 욧 헤 바 헤(JOD HE VAU HE)의 욧(JOD)과 같이, I AM을 뜻하는 '조건 지워지지 않은 의식'을 말합니다. 셈은 당신의 욕망을 말합니다. 당신이 목표로 이름 붙이고 규정지은 것입니다. 신성한 이름의 두 번째 문자인 헤(HE)와 같습니다. 함은 느낌이 갖고 있는 활발하고 생생한 상태입니다. 그것은 욕망하는 의식과 욕망의 대상을 하나로 결합해서 묶습니다. 그래서 이것은 신성한 이름 안의 세 번째 글자인 바(VAU)와 같습니다. 막내아들인 야펫은 확장을 뜻하는데, 이것은 내부의 의식상태의 증거를 외부로 실어 나르는 확장된 상태 혹은 세상으로 모습이 드러난 상태입니다. 그래서 신성한 이름의 마지막 문자인 헤(HE)와 같습니다.

당신은 노아이고, 인식하는 자이자 창조자입니다. 당신이 낳아야 하는 첫 번째 것은 생각, 충동, 욕망, 말씀인 당신의 첫 번째 아들 셈(이름)입니다. 둘째 아들인 함(활발하고 생생한)은 당신이 당신의 욕망과 내적으로 하나가 되어서 '욕망하는 의식'인 당신이 '욕망하는 대상'이 된 것을 인식하거나, 욕망하는 것을 갖고 있다고 인식하는 '느낌의 비밀'입니다. 당신의 셋째 아들인 야펫은 당신이 창조의 비밀을 알고 있다는 확실한 증거이자 눈에 보이는 증거입니다. 그는 당신의 의식이 머물러 있는, 보이지 않는 상태인 내면상태의 증거를 외부세계에 실어 나르는 확장된 상태, 즉 세상에 모습을 드러낸 상태입니다.

노아의 이야기에서 함은 아버지의 비밀스러운 곳을 목격했고, 이로 인해 셈과 야펫의 종이 되었다고 기록되어 있습니다. 함은 느낌을 나타내는데, 그것은 I AM의 비밀이자 아버지의 비밀입니다. 욕망하는 의식이 욕망의 대상과 결합하는 것은 느낌을 통해서 이뤄지기 때문에 아버지의 비밀이라고 말해집니다. 의식의 결합이라는 신비한 결혼은 오직 느낌을 통해서만 이루어질 수 있습니다. 아버지와 아들, 노아와 셈, 조건 지워지지 않은 의식과 조건 지워진 의식 사이에 이런 천상의 결합을 만들어내는 것은 느낌을 통해서입니다. 이 결혼식을 거행하게 되면, 느낌은 자연스럽게 확장된 상태 혹은 세상에 모습을 드러낸 상태를 말하는 야펫의 시중을 들게 됩니다. 왜냐하면 먼저 마음속에 형상이 각인되지 않는다면, 어떤 것도 외부로 모습을 드러낼 수 없기 때문입니다. 창조의 비밀은 느낌을 통해 뚜렷한 상태를 의식에 각인시키고, 소망하는 상태가 현재 존재한다는 것을 느껴서 마음속에서 하나의 상태를 현실처럼 만들어내는 것입니다. 야펫은 함에 의해 육신의 형체를 입게 되고 세상 속에 모습을 드러냅니다. 느낌(함)이라는 매개체가 없다면, 생각 또는 소망하는 상태(셈)는 눈앞에 모습을 드러낼 수 없기 때문에 함은 그의 형제들인 셈과 야펫의 시중을 듭니다.

보이지 않는 것을 느낌으로 현실화하는 능력은 창조의 비밀로, 이를 통해 말씀이나 보이지 않는 욕망이 현실화되고, 물질화됩니다. "하느님은 보이지 않는 것을 마치 보이는 것처럼 부르셨다." [로마서 4:17] 의식은 눈에 보이지 않는 것들을 마치 눈에 보이는 것처럼 부릅니다. 의식은 세상에 모습을 드러내고 싶은 것이 있다면 그것을 명확하게 만든 후에, 아직 눈으로는 볼 수 없는 것이 눈앞에 드러날 때까지 뚜렷한 정신적 상태에 머물면서, 보이지 않는 것을 마치 보이는 것처럼 부릅니다. 현현의 법칙이 완벽하게 작동하는 모습을 노아의 이야기에 맞춰 설명해보겠습니다. 지금 이 순간, 당신은 존재를 인식합니다. 존재의 의식, 이렇게 당신이 존재한다는 것을 아는 자는 노아, 즉 창조자입니다.

노아를 존재의 의식이라 생각하십시오. 그리고 바로 이 노아를 가지고 이제 갖고 싶거나 세상에 드러내고 싶은 것에 이름을 붙이십시오. 즉, 당신의 목표를 명확하게 하십시오(셈). 아주 뚜렷해진 욕망을 지닌 채, 눈을 감고 이미 현실에서 그것을 가지고 있다고 느끼십시오. 혹은 현실에서 원하는 모습이 이미 되었다고 느끼십시오. 그리고 그것이 어떻게 이루어질 것인지에 대해서는 묻지 마십시오. 단지 그것을 이미 가졌다고 느끼십시오. 만약 당신의 욕망이 현실에서 육신의 옷을 입었다면 그때 가질 만한 마음의 상태를 현실로 받아들이십시오.

느낌은 창조의 비밀입니다. 당신도 함처럼 지혜롭게 되어, 당신 역시 형제인 셈과 야펫에게 봉사하는 즐거움을 가질 수 있도록 비밀을 발견하십시오. 함이 느꼈던 즐거움이란, 말씀 또는 이름에 육신의 옷을 입히는 즐거움입니다.

Chapter 30 The Secret of Feeling
느낌의 비밀

보이지 않는 상태를 보이는 상태로 만드는 느낌의 비밀은 이삭이 둘째 아들 야곱에게 축복을 내리는 이야기에서 아름답게 표현됩니다. 이삭은 나이가 많고 눈이 멀어, 사물을 만져서 분간할 수밖에 없었습니다. 그래서 첫째 아들 에서에게 축복을 내리려 했지만 둘째 아들 야곱에게 축복을 내리고 맙니다. 이제 세상을 떠날 거라는 것을 직감한 이삭은 죽기 전에 자신의 첫째 아들인 에서에게 축복을 내려주기 위해서, 맛있는 사슴고기를 잡아오면 축복을 내릴 거라는 약속을 하면서 사냥터로 보냅니다.

야곱은 아버지의 축복을 통해 장자의 권리를 얻고자 했습니다. 그러던 중, 아버지가 첫째 형 에서에게 한 이야기를 몰래 듣고는 에서가 사슴을 잡으러 사냥터에 나간 사이에, 야곱은 아버지가 자신을 만졌을 때 털이 많고 거칠거칠한 형처럼 느끼게 하기 위하여 양 가죽을 자신의 매끈한 몸에 두른 다음에, 맛있게 준비한 새끼 양을 아버지에게 가져다주었습니다. 촉감에만 의존하는 이삭은 자신의 둘째 아들 야곱을 첫째 아들인 에서로 착각합니다. 그래서 축복은 야곱의 몫으로 돌아가게 됩니다. 후에 에서가 사냥터에서 돌아와, 매끈한 피부를 지닌 동생 야곱이 자신의 자리를 가로챈 것을 알고 아버지 이삭에게 다시 판단해줄 것을 간청합니다. 하지만 이삭은 이렇게 대답합니다. "네 동생이 교활하게 네 축복을 취했다. 나는 그를 네 주인으로 삼았고, 그의 형제들을 그에게 종으로 주었다."

평범한 사람들의 관점에서 본다면 이 이야기는 문자 그대로 이해할 수 없을 것입니다. 분명 야곱의 야비한 행동과 배신에는 사람들을 위한 메시지가 숨겨져 있습니다! 이 이야기 속에 감춰진 '성공의 공식'이라는 숨겨진 메시지는 다음처럼 직관적으로 작가를 통해 나타납니다. 눈먼 아버지인 이삭은 당신의 존재가 지니고 있는 인식을 말합니다.

털이 많은 아들 에서는 당신이 객관적으로 인식하는 세계, 즉 거칠고 감각적으로 느껴지는 현재의 순간, 현재의 환경, 그리고 당신의 자아 관념을 상징합니다. 요약하자면 에서는 오감이 분별하고 있는 세상입니다. 반면, 이삭의 둘째 아들이자 매끈한 피부를 가진 청년 야곱은 당신의 욕망이나 내적 상태를 의미합니다. 아직 형체를 가지고 있지 못한 생각 단계이고, 외부 세상에 알려지거나 보이지 않지만, 주관적으로 인지할 수 있고 느낄 수 있는 상태이며, 현재라는 곳과는 분리된 시공간 상의 지점입니다. 다시 요약해보자면 야곱은 당신의 뚜렷한 목표입니다.

장자권을 획득하고자 하는 매끈한 피부의 야곱, 즉 형체를 얻고자 하는 내적 상태는 아버지에 의해 만져지고(느껴지고) 축복을 받게 됩니다(의식적으로 실체로 인식되고 확고해짐). 그 결과 객관적인 실체로 나타납니다. 이 과정을 통해 야곱은 거칠고 털이 많은 에서를, 즉 기존에 객관적 세상을 차지하고 있던 상태를 대체합니다. 두 가지 상태가 동시에 같은 자리를 차지할 수 없기 때문에, 보이지 않던 것이 나타나면 기존의 보이던 상태는 사라집니다.

당신을 둘러싸고 있는 환경과 조건들의 원인은 당신의 의식입니다. 당신이 현재 머물러 있는 의식의 상태가 당신이 앞으로 어떤 세상에 살게 될지를 결정합니다. 마음속에 있던 이상은 이제 당신의 주변을 둘러싼 환경과 조건이 되어 세상에 모습을 드러냅니다. 여기서 객관적인 상태는 털이 많고 감각적으로 느껴지는 첫째 아들, 에서로 상징되었습니다. 그리고 당신이 되고 싶은 모습 혹은 갖고 싶은 것은 둘째 아들이자 매끈한 피부를 가진 소년, 야곱으로 상징되었습니다. 아직까지 눈에 보이지는 않지만 주관적으로는 지각되고 느낄 수 있기 때문에 올바르게 그 상태를 느낀다면 야곱은 자신의 형인 에서, 즉 당신의 현재세상이 차지하고 있는 자리를 빼앗을 것입니다.

아버지 이삭은 눈이 멀었다는 것을 항상 명심하십시오. 이삭은 매끈한 피부를 가진 아들 야곱을 눈으로 볼 수 없고 오직 느낄 뿐입니다. 그리고 만져지는 느낌을 통해서 주관적인 야곱을 객관적인 에서라고 실제로 믿게 됩니다. 당신은 객관적인 눈을 통해 당신의 소망을 볼 수 없습니다. 단지 그것을 주관적으로 느낄 뿐입니다. 당신은 원하는 것을 얻기 위해서, 이 물질적인 공간 속에서 손으로 더듬거리면서 찾아 헤매지는 않습니다. 이삭처럼 자리에 앉은 채 객관적인 세상으로부터 의식을 철수해, 첫 번째 아들을 사냥터로 보냅니다. 그리고 첫째 아들인 에서가 없는 사이에 둘째 아들인 야곱, 즉 소망하는 상태를 초대해서 당신이 만질 수 있도록 가까이 오게 합니다. "나의 아들아, 내가 만져볼 수 있도록 다가오너라." 우선 당신의 원하는 상태가 가까이에 있다는 것을 인식합니다. 그런 후에 바로 앞에서 그것을 지각하고 느낄 수 있을 때까지 점점 더 가까이 오게 하여 현실처럼 자연스럽게 느끼도록 해야 합니다.

"만약 너희 중에 두 사람이 구하는 것에 대해 땅에서 뜻을 같이하면, 그것은 하늘에 계신 나의 아버지께서 그들에게 이뤄줄 것이다." [마태복음 18:19] 느낌을 통해 두 사람이 뜻을 같이 한다면 그것은 이 땅 위에 세워집니다. 즉, 그 뜻이 현실로 나타납니다. 동의하는 두 사람은 이삭과 야곱, 즉 당신과 당신이 소망하는 대상입니다. 그리고 오직 느낌을 통해서만 뜻을 같이 할 수 있습니다.

에서는 우리가 만족스럽게 느끼든 그렇지 않든, 객관적으로 나타난 세상을 상징합니다. 당신의 가슴 속에서 피어난 모든 소망은 야곱으로 상징됩니다. 현재 펼쳐진 외적인 세상에 대해서는 눈을 감고 자신이 되기 원하는 모습이 되었다고 느끼거나 가지고 싶은 것을 가지고 있다고 느끼는 당신의 진정한 자아는 이삭으로 상징되었습니다.

이삭의 비밀(지각하고, 느끼는 상태)은 단지 감각적으로 느껴지는(현재 물질적인 상태) 상태와, 감각을 넘어서 느껴지는 상태(되고 싶은 상태)를 정신적으로 분리시키는 것에 있습니다. 이삭이 했던 것처럼 객관적인 감각의 문을 단단히 닫고, 감각을 넘어서 있는 주관적인 상태를 실제 세상이라고 느낄 수 있습니다. 왜냐하면 믿음은 진정한 앎이기 때문입니다.

외부 세상에 자신을 드러내는 법칙, 즉 보이지 않는 것을 보이게 하는 법칙을 아는 것만으로는 충분하지 않습니다. 이 법칙을 반드시 삶에 적용해야 합니다. 여기에 그 법칙을 응용하는 방법이 있습니다.

우선 당신의 현재 상황이나 문제인 에서를 사냥터로 보내야 합니다. 단지 눈을 감고, 현실에서 당신을 제약하고 있는 상태에서 의식을 철수한다면 이 상태에 도달할 수 있습니다. 외부세상으로부터 의식이 철수되었을 때, 객관적인 세상은 당신의 의식으로부터 사라져버립니다. 즉 사냥을 하러 나갑니다.

다음으로, 눈을 여전히 감은 상태로 의식은 외부세상으로부터 철수하고, 소망이 실현된 시공간에 의식을 고정시켜야 합니다.

원하는 시공간은 모두 심리적인 것이기 때문에, 객관적인 감각의 눈을 감은 채 어떤 시공간 지점이라도 현실처럼 느낄 수 있습니다. 야곱의 시간적, 공간적인 조건, 즉 당신의 소망이 실현되었을 때의 시간과 공간이 당신의 의식 안에 먼저 고정되어야만 한다는 것이 굉장히 중요합니다. 만약 일요일이 소망이 이루어지는 날이라면, 의식 안에다 지금이 일요일이라는 사실을 확고하게 고정시켜야 합니다. 일요일의 평온함과 같은 특징이 의식 안에 확립될 때까지, 일요일임을 느끼기 시작하십시오.

당신은 오늘이 며칠이고 어느 주인지, 또는 어느 달이고 어떤 계절에 속하는지에 대한 뚜렷한 인상을 가집니다. "오늘은 마치 일요일 같네. 월요일 같네. 토요일 같네. 봄 같네. 여름 같네. 가을 같네. 겨울 같네"

처럼 시간과 관련된 특정한 인상을 가지고 있습니다. 이것은 어떤 특정한 날이나 주, 계절은 그것과 연상되는 특정한 인상을 갖는다는 것을 말해줍니다. 이런 연상 작용 때문에 당신은 소망하는 특정한 시간을 선택할 수 있습니다. 특정한 시간과 관련된 마음속의 인상을 불러냄으로써, 그 시간의 주관적인 인상을 현재로 가져올 수 있습니다.

공간에도 마찬가지로 적용됩니다. 지금 앉아 있는 이 방이 당신의 소망이 실현되는 공간이 아니라면, 그 원하는 곳에 당신이 있다는 느낌이 자연스러워질 때까지 원하는 방이나 장소에 있다고 느끼십시오. 당신이 원하는 환경과 상황을 만져보고 느껴보는 행동을 시작하기 전에, 원하는 시공간에 대한 인상을 마음 안에서 확고히 하십시오.

원하는 장소가 아주 멀리 떨어져 있든 바로 옆에 있든 관계없습니다. 당신이 원하는 곳에 앉아 있다는 사실을 의식 안에서 확고히 해야 합니다. 유체이탈을 하는 것이 아닙니다. 당신은 공간을 무너뜨리는 것입니다. 고요하게 당신이 있는 곳에 앉아서, "그곳"을 "이곳"으로 돌려놓습니다. 눈을 감고 당신이 있는 바로 이 장소를 당신이 원하는 장소로 만드십시오. 이곳이 원하는 곳이라는 앎은 오직 주관적인 분별에만 의존하기 때문에 의식 안에 이 사실이 각인될 때까지 그것의 실체를 느끼고 지각하십시오.

이제, 에서(문제)가 자리를 비운 상태에서 자연스러운 시공간이 의식 안에 설정되면, 야곱(해결책)을 이 공간에 채우기 위해 초대합니다. 즉, 상상 속에서 원하는 것을 봅니다. 만약 당신이 그것을 그려내지 못한다면, 원하는 것의 일반적인 윤곽을 느끼고 마음속에서 깊이 생각해보십시오. 그 후에 그것을 가까이로 가져오십시오. "아들아, 내가 만질 수 있도록, 가까이 다가오너라." 원하는 것이 가까이에 있는 것을 느끼십시오. 그것이 실체가 되어 단단하게 존재하는 것을 느끼십시오. 지금 있는 곳에 원하는 것이 자연스럽게 있는 것을 느끼고 보십시오. 실제로 이루어졌을 때의 짜릿함과 원하던 것을 가졌을 때의 기쁨을 느끼십시오.

이제 눈을 뜨세요. 당신은 다시 객관적인 세상으로 돌아왔습니다. 객관적인 세상은 거칠거칠하며 감각으로 느낄 수 있는 세상입니다. 털이 많은 아들 에서는 사냥에서 돌아왔습니다. 돌아온 에서의 존재가 당신이 매끈매끈한 피부를 가진 야곱(주관적이고, 정신적으로 느껴지는 상태)에게 속았다고 말해줍니다. 하지만 당신의 믿음도 이삭이 했던 것과 같이 불변의 법칙에 대한 앎에 기초하고 있기 때문에, 당신 역시 이렇게 말할 수 있습니다. "나는 야곱을 그대의 주로 만들었고 모든 그의 형제들을 그에게 종으로 주었다." 지금 가지고 있는 문제가 고정된 듯 보이고 현실인 것처럼 보일지라도, 당신은 주관적이고 심리적인 상태를 현실로 인식할 정도의 짜릿함을 느꼈습니다. 당신은 내면의 상태를 현실처럼 느꼈기 때문에 창조의 비밀을 경험한 것입니다.

당신은 하나의 확고한 내면의 상태를 심었습니다. 어떤 반대되는 상황들이 다가오더라도, 내면에 확고하게 심어진 상태는 스스로의 모습을 세상에 드러낼 것입니다. 이것으로 찬탈자를 뜻하는 야곱의 이름을 완성하게 됩니다.

여기 이 드라마의 몇 가지 실제적인 예들이 있습니다.

하나: 사물에 대한 축복 혹은 창조.

거실에 앉아 이 특정한 방에 놓고 싶은 가구, 카펫, 램프를 지정하세요. 그것을 놓고 싶은 방의 구역을 봅니다. 눈을 감고, 지금 그 방의 구역을 차지하고 있는 모든 것이 사라지게 합니다. 상상 속에서 그곳을 아무것도 없는 텅 빈 공간으로 보세요. 이제 이 공간을 원하는 가구로 채우면 됩니다. 바로 이곳에 당신이 가지고 싶은 것을 지각하고 느껴보십시오. 보고자 하는 것을 봅니다. 그것을 갖고 있다는 짜릿한 느낌이 의식 안에서 솟아오를 때까지 계속하십시오.

둘: 장소를 축복하는 것, 혹은 원하는 곳으로의 여행.

지금 뉴욕의 아파트에 있지만, 만약 대서양을 항해하는 선박 위에 있다면 가질 만한 기쁨을 상상합니다. "나는 너를 위한 장소를 마련하러 간다. 내가 가서 너를 위한 장소를 마련하면, 나는 다시 돌아와 너를 내게로 맞이하여, 내가 있는 곳에 너 또한 있을 것이다." [요한복음 14:3] 당신의 눈은 감겨 있습니다. 당신은 뉴욕의 아파트를 의식적으로 내보냈습니다. 그리고 그 자리에, 당신이 배를 타고 있다는 사실을 느낍니다. 갑판 의자에 앉아 있습니다. 주위에 다른 것은 없고 오직 드넓은 대서양이 펼쳐져 있습니다. 이 배와 바다의 실체를 확고히 한다면, 이 상태에서 과거의 일을 회상할 수 있습니다. 바로 뉴욕 아파트에 앉아서, 대서양 여행을 꿈꿨던 날입니다. 이 여행을 꿈꾸면서, '뉴욕의 아파트에 앉아 있었던 당신의 모습'을 회상하십시오. 상상 속에서 '뉴욕 아파트에 있었던 과거의 기억'을 보는 것입니다. 만약에 의식이 뉴욕 아파트로 돌아가지 않고, 당신이 뉴욕 아파트에 있던 모습을 과거처럼 돌아보는 데에 성공했다면, 이 여행의 장소를 성공적으로 준비한 것입니다. 이런 의식 상태에서 배와 대양의 실체를 느끼는 것을 유지하십시오. 그리고 해냈다는 기쁨을 느끼십시오. 그런 후에 눈을 뜨십시오. 당신은 그곳으로 가서 장소를 준비했습니다. 당신이 하나의 정신적인 상태를 확고하게 했다면 상상 속에 존재했던 곳에 육신을 가지고 가게 될 것입니다.

셋: 특정한 시간을 현재로 만들어 축복하기.

현재의 특정한 날짜, 달, 연도를 의식 안에서 지웁니다. 그리고 당신이 경험하기 원하는 날이나, 달, 연도를 바로 지금이라고 상상합니다. 성취가 이루어진 때가 바로 지금이라는 사실을 각인시켜서, 바라던 시간이 현실이 된 것처럼 느낍니다. 의식 안에서 시간이 자연스럽게 느껴졌을 때, 이 정신적인 여행을 시작하기 전에 경험하기 바라던 것을 '지금 이 순간' 완전하게 실현했다는 짜릿함을 느낄 것입니다.

당신이 축복할 수 있는 권능임을 안다면, 어떤 감옥의 문도 열 수 있습니다. 그 감옥이 병일 수도, 가난일 수도, 지루한 일상일 수도 있습니다.

주 하느님의 영이 내게 임하였으니,

그분께서 내게 기름을 부어,

가난한 이들에게 좋은 소식을 전하게 하시고,

상처받은 이들의 마음을 싸매주며,

속박된 이들에게 자유를,

갇혀있는 자에게 해방을
선포하도록 만드셨다.
[이사야 61:1]

Chapter 31 The Sabbath

안식일

여섯 날 동안은 일해야 하지만,
일곱째 날은 그대에게 거룩한 날, 즉 주를 위한 안식일이다.
[출애굽기 31:15, 32:5, 레위기 23:3]

    여기서 언급된 여섯 날은 우리가 일반적으로 알고 있는 24시간으로 구분되는 시간의 단위가 아닙니다. 하나의 내적 상태가 확립되는 정신적 순간을 상징합니다. 여섯 날 동안의 작업은 내적 경험을 의미하며, 결과적으로 천체의 시간으로 측정될 수 없습니다. 왜냐하면 뚜렷한 정신적인 상태를 확고히 만드는 일은, 의식 안에서 이루어지는 것이기 때문입니다. 다시 말하자면 여기에서의 여섯 날이란 자신을 소망하는 모습으로 마음속에서 명확하게 나타나는 데에 소요되는 시간을 말합니다. 의식에서 하나의 변화가 일어나는 일은 창조의 여섯 날 동안 이루어집니다. 믿음의 구조에서 하나의 변화가 일어나는 것은 천체의 움직임을 기초로 이루어지는 시간이 아닌, 내적인 성취에 의해 판단됩니다. 되돌아보면 인생이란 것도 살아온 시간에 의해 판단되는 것이 아니라 그 시간에 무엇을 했는지에 의해 결정되는 것처럼, 이 정신적인 여섯 날의 시간도 변화를 만들어내는 데에 소요된 시간에 의해 잴 수 있는 것이 아니라 그 시간 동안에 이루어진 성취로 판단될 수 있습니다.

창조하는 여섯 날의 진정한 의미는 바(VAU)의 비밀에 나타나 있습니다. 바(VAU)는 히브리어 알파벳의 여섯 번째 문자이고 신성한 이름인, 욧 헤 바 헤(JOD HE VAU HE)의 세 번째 문자이기도 합니다. 신의 이름인 '여호와'의 비밀을 앞서 설명했듯이, 바(VAU)는 못으로 박는 것, 하나로 묶는 것을 뜻합니다. 창조자는 느낌을 통해서 자신과 창조물을 하나로 묶습니다. 확실한 느낌을 고정하는 데 걸리는 시간이야말로 창조의 여섯 날을 측정하는 진정한 기준입니다. 당신 자신을 객관적인 세상과 정신적으로 분리하고, 느낌의 비밀을 이용해서 자신을 내적인 상태와 하나 되게 하는 것이 히브리어 알파벳의 여섯 번째 문자인 바(VAU), 즉 일하는 기간인 여섯 날의 역할입니다.

확고한 인상이 내면에 심어진 후, 그 상태가 외부로 드러나는 데까지는 언제나 일정한 시간 간격이 존재합니다. 이 간격을 안식일(Sabbath)이라 부릅니다. 안식일은 정신적인 상태가 확고하게 된 후에 찾아오는 정신적인 휴식이고, 일하는 여섯 날 뒤에 찾아오는 결과물이기도 합니다. "안식일은 사람을 위해 만들어진 것이다." [마가복음 2:2] 의식의 성공적인 수태 후에 찾아오는 이런 정신적인 휴식은 정신적인 임신 기간, 즉 세상에 모습을 드러낼 대상을 발현시킬 목적으로 만들어진 기간입니다. 안식일은 세상에 나타낼 것을 위해 생긴 것이지, 세상에 나타난 것이 안식일을 위해 존재하는 것은 아닙니다. 만약 일하는 여섯 날의 작업을 완료했다면 정신적인 휴식기간인 안식일을 자동으로 맞이하게 됩니다. 여섯 날의 작업이 끝나지 않았다면, 즉 내적인 변화가 완성되지 않고 내적인 인상이 충분히 각인되지 않았다면 일곱 번째 날인 안식일은 오지 않습니다.

안식일을 지키지 못해 하느님의 휴식에 들어가지 못한다면 그 사람은 또한 약속을 받지 못할 것이라는 경고가 있습니다. [히브리서 4장] 즉, 자신의 욕망을 실현하지 못하게 될 것입니다. 이것에 대한 이유는 간단하고 명백합니다. 의식 안에서 원하는 인상이 각인될 때까지는 정신적인 휴식이 찾아오지 않습니다. 만약 누군가가 지금 이미 원하는 것을 가지고 있다는 사실을 충분히 자신에게 각인시키지 못한다면 계속 원하게 될 것이고, 결과적으로 정신적인 휴식 또는 만족의 상태에 있지 못하게 됩니다. 반대로 의식 안에서 변화를 만들어내는 것에 성공해서 내적인 침묵의 기간, 즉 여섯 날의 작업을 마쳐서 자신이 원하던 것을 가지고 있다는 것을 느낌으로 알게 된다면, 자동으로 정신적 휴식 기간인 안식일을 맞이하게 됩니다. 착상이 이루어지면 임신의 기간은 따라옵니다. 우리는 이미 얻은 것을 더 이상 갈구하지 않습니다. 고요함에 들어가기 전에 자신이 바라던 모습이 되었다고 인식하는 것에 성공한 후에야 안식일을 지낼 수 있습니다.

안식일은 일하는 여섯 날의 결과물입니다. 여섯 날의 의미를 진정으로 아는 사람은 안식일을 단지 육체적인 피로를 풀기 위한 휴일로 여기지 않습니다. 우리는 오직 자신이 바라는 것이 되었다고 인식했을 때만 안식일의 평화와 고요함을 경험할 수 있습니다. 의식 안에서 원하는 인상을 각인하는 것에 실패한다면, 그것은 과녁에서 벗어난 것입니다. 즉, 죄를 범한 것이며, 죄는 목적을 달성하지 못했음을 의미합니다. 이는 마음의 평화가 존재하지 않는 상태입니다. "내가 만일 다가와 그들에게 말하지 않았더라면, 그들은 죄가 없었을 것이다."[요한복음 15:22] 만약 목적을 소망하고 갈구하는 욕망의 상태가 우리에게 주어지지 않았다면, 우리는 인생에서 우리에게 주어진 몫에 만족했을 것이고, 죄를 알지 못했을 것입니다.

이제 우리는 우리의 능력이 무한하다는 것을 알고 있으며, 여섯 날 동안 일을 해서, 즉 마음의 변화를 만들어내서 자신의 욕망을 실현할 수 있음을 알기 때문에, 모든 목표를 달성하기 전까지는 만족하지 않을 것입니다. 우리는 여섯 날의 진정한 의미를 알고 목표를 명확히 한 다음에 그 모습이 이미 되었다고 인식하는 일에 착수할 것입니다. 의식에 소망이 이루어진 인상이 새겨졌을 때 정신적인 휴식 기간이 따라옵니다. 이것은 신비가에게는 안식일이라 불리고, 여섯 날의 기간 동안 의식에 각인된 인상은 임신상태를 거친 후에 물질 세상에 모습을 드러낼 것입니다. 말씀은 육신을 입을 것입니다. 하지만 그것이 끝이 아닙니다! 이상이 현실로 나타나 안식이 깨지면, 곧바로 또다시 인간으로 하여금 다른 목표를 갖게 하고, 또다시 일하는 여섯 날의 기간을 거치게 할 것입니다.

인간은 욕망이라는 매개체를 통해 잠에서 깨어나며, 욕망을 실현시킬 때까지는 안식을 얻을 수 없습니다. 하지만 하느님의 휴식에 들어가고, 안식일을 지키며, 두려움 없이 평화롭게 걷기 전에, 반드시 영적인 명사수가 되어 과녁을 맞히는 비밀, 즉 여섯 날 동안 일하는 방법을 배워야만 합니다. 그것은 객관적인 상태를 떠나서 주관적인 것에 초점을 맞추는 것입니다. 이 비밀은 여호와라는 신성한 이름 안에 나타나 있고, 자신의 아들 야곱을 축복한 이삭의 이야기에도 있습니다. 만약에 누군가 성경에 나온 공식을 적용한다면, 그 사람은 매일 영적인 과녁의 중심을 맞출 수 있을 것입니다. 왜냐하면 그는 오직 마음 안에서 변화를 만들어내는 것에 성공했을 때에만 정신적인 휴식기간인 안식일에 들어간다는 것을 알기 때문입니다.

'예수님이 십자가형을 받는 이야기'에서 정신적인 여섯 날의 일하는 기간과 일곱 번째 날의 안식은 아름답게 표현됐습니다. 유월절이 되면 감옥에서 누군가를 풀어주는 것이 유대인의 관습이었습니다. 이때 유대인들에게는 강도인 바라바를 풀어주거나 구세주 예수를 풀어줄 수 있는 기회가 주어졌습니다. 그들은 외쳤습니다. "바라바를 풀어주라!" [마태복음 27:21] 그 결과 바라바는 풀려났고 예수 그리스도는 십자가형에 처해졌습니다.

이 이야기는 더 나아가 예수님, 즉 구세주가 여섯째 날에 십자가에 못 박히고, 일곱째 날에는 무덤에 안치되었다고 기록되어 있습니다. 그리고 그 다음 주의 첫째 날에 부활했습니다. 여기서의 구세주는 당신이 지금 인식하고 있는 불만족스러운 상황에서 '당신을 구원해줄 수 있는 것'을 말합니다. 반면에 강도인 바라바는 당신이 소망하는 것을 당신에게서 앗아가고 있는 현재의 자신에 대한 관념입니다. 당신의 구세주 혹은 욕망은 "그대들이 모르는 길을 갖고 있으니, 그분의 길은 우리의 이해를 넘어서"[로마서 11:33] 있습니다. 모든 문제는 스스로의 해결책을 지니고 있습니다. 당신이 속박되어 있다면 자연스럽게 자유에 대한 욕망이 떠오릅니다. 속박되어 있을 때는 자유가 당신을 구원해 줄 것이고, 그것이 바로 당신의 구세주입니다.

이 위대한 부활의 이야기에서 우리가 배울 수 있는 것은 바로, 당신의 구세주를 발견한 후에 강도인 바라바를 풀어주는 일입니다. 즉, 당신의 현재 관념을 풀어주고 당신의 구세주를 십자가형에 처하는 것은 당신이 이미 원하는 존재가 되었다는 의식을 확고히 하거나 당신을 구원해 줄 것을 가지고 있다는 의식을 확고히 하는 것을 말합니다. 당신을 지금 짓누르고 있는 문제가 있다면, 그것은 바라바입니다. 이 문제로부터 당신을 자유롭게 만들어 주는 것이 바로 당신의 구세주입니다. 당신의 문제나 당신의 한계 지워진 감각으로부터 의식을 철수하여 바라바를 풀어줍니다. 바라바는 당신이 구하고 있는 자유를 빼앗아가고 있습니다. 과거의 한계에서 벗어나 당신이 자유롭다는 느낌을 갖고 하나의 뚜렷한 정신적인 상태를 확고히 만들어서 당신의 구세주를 십자가에 못 박습니다. 당신은 감각이 내놓는 증거를 거부하고 내부에서 자유의 기쁨을 느끼기 시작합니다. 이런 자유의 상태를 "나는 자유롭다." "해냈다"라고 외칠 수 있도록 현실처럼 느낍니다. 내적인 상태를 확고하게 하는 것, 다시 말해 십자가에 못 박는 행위는 여섯째 날에 일어납니다. 이 날 해가 지기 전에 당신은 "그것은 이루어졌다," "해냈다"라는 느낌을 통해 확고하게 완성해야만 합니다.

안식일 또는 정신적인 안식은 이런 내적인 앎 뒤에 찾아옵니다. 당신은 땅속에 묻혀 무덤에 들어가 있는 사람처럼 될 것입니다. 당신에게 다가온 장애들이 산과 같고, 당신 앞에 나타난 벽이 넘어 갈 수 없는 듯이 보일지라도, 십자가형에 처해져서 땅속에 묻힌 당신의 구세주(당신이 지금 갖고 있는 내적인 확신)가 스스로 부활할 것이라는 것을 알기 때문에 정신적인 휴식을 겪게 될 것입니다. 정신적인 휴식의 기간인 안식일을 지킴으로써, 다시 말해 당신이 실제로 자유롭게 되었다면 당신의 것이었을 마음 태도를 사실로 받아들임으로써, 당신은 주의 약속을 받게 될 것입니다. 왜냐하면 말씀은 육신을 입게 될 것이고, 내적인 확신은 스스로 형체를 두를 것이기 때문입니다.

"그리고 하느님은 자신이 하던 모든 일로부터 일곱째 날에 쉬시더라."[창세기 2:2]

당신의 의식은 "좋다," "해냈다"는 앎 속에서 쉬고 있는 하느님입니다. 그러면 그 날에 일이 완성되었다는 증거가 세상 속에 드러날 것이기 때문에, 그때 당신의 객관적인 감각으로도 그 의식의 증거를 확인할 수 있을 것입니다.

Chapter 32 Healing
치유

레위기 14장에 나오는 '나병환자를 고치는 공식'은 신비주의자의 눈을 통해 봤을 때 가장 중요한 지침이 될 수 있습니다. 여기에 나오는 공식을 이용하면 인간 세상의 어떤 질병도, 그것이 육체적, 정신적, 재정적, 사회적, 윤리적인 것이든 모두 다 치료할 수 있습니다. 이것은 부조화한 상황 모두에 성공적으로 적용되기 때문에 어떤 질병이 얼마간 지속되었는지는 묻지 않습니다.

공식은 다음과 같이 레위기에 기록되어 있습니다. "그러면 제사장은 치료받을 사람을 위해 살아있고 깨끗한 새 두 마리를 가져오라고 명령할 것이며… 한 마리는 죽이도록 명령하고… 살아있는 새를 죽은 새의 피에 적셔, 나병에서 치유될 사람에게 일곱 번 뿌린 뒤, 그를 깨끗하다고 선언하고 살아있는 새를 들판에 풀어줄 것이다. 그러면 그 사람은 치유될 것이다." [레위기 14:4-7]

이 이야기를 문자 그대로 적용하는 것은 무의미하며, 이득이 없습니다. 하지만 마음에 관한 법칙으로 적용해 본다면, 현명한 일이 될 것이고 결실을 맺게 될 것입니다.

한 마리의 새는 하나의 관념을 상징합니다. 현재 자신의 모습에 만족하고 있는 사람이 아니라면 두 마리의 새를 가지고 있다 말할 수 있습니다. 두 가지의 관념을 상징하는 두 마리의 새는 다음과 같이 정의될 수 있습니다. 첫 번째 새는 당신이 현재 외부로 그려내고 있는 당신 자신에 대한 관념입니다. 즉, 당신의 외모, 수입, 부담하고 있는 의무, 국적, 가족, 인종 등을 물었을 때 당신이 자신을 어떻게 묘사할지에 대한 것입니다. 이런 질문에 진솔하게 대답한다면, 그 대답은 감각이 내놓고 있는 증거에 기반해서 말하게 될 것이지, 어떤 소망하는 것에 기인해서 대답하지는 못할 것입니다. 이와 같이 오직 감각의 증거에만 기초해서, 자신에 대해 사실로 받아들이고 있는 관념이 첫 번째 새입니다. 두 번째 새는 당신이 어떤 위치에 있냐고 묻는 이전의 질문에 대해 자신이 소망하는 것에 기초해서 대답하는 것을 말합니다. 요약해보면 이 두 마리의 새는 당신이 '지금 인식하고 있는 것'과 '소망하는 것'으로 정의됩니다.

두 마리의 새에 관한 또 다른 정의가 있습니다. 첫 번째 새는 당신이 현재 지니고 있는 문제를 말하고, 두 번째 새는 그 문제가 해결된 것을 말합니다. 예를 들어 만약 당신이 아프다면 건강이 해결책이 될 것입니다. 만약 빚더미에 있다면 빚을 청산하는 것이 해결책이 될 것입니다. 만약 배가 고프다면 음식이 해결책이 될 것입니다. 당신은 문제가 어떤 방법으로 해결될지에 대해서는 관심을 두지 말고, 오직 문제가 무엇이며 해결된 상태가 어떨 것인지에 대해서만 초점을 맞추면 됩니다. 모든 문제 안에는 해결된 상태가 존재합니다. 병든 것 안에는 건강이 있습니다. 가난 안에는 부유함이 있습니다. 나약하다면 강함이 그 안에 있습니다. 속박은 자유를 안고 있습니다.

당신이 가지고 있는 문제와 그것이 해결된 상태는 당신이 제사장 앞에 가져가야 할 두 마리의 새입니다. 당신은 이제 나병에 걸린 사내를 치유하는 드라마 속에서 제사장의 역할을 맡았습니다. 당신은 제사장이며, 나병을 치유하는 공식을 사용하여 자신의 문제로부터 벗어나 자유를 얻으십시오.

당신의 문제를 상징하는 새 한 마리를 가져와서 피를 빼내 죽이십시오. 피는 인간의 의식을 말합니다. "그분은 인류의 모든 족속을 한 피로 만드시어, 땅의 모든 지면에 살게 하셨다." [사도행전 17:26] 당신의 의식은, 인식하고 있는 것을 살아 움직이게 하고 현실로 만들게 하는 만물의 근원이자 유일한 실체입니다. 따라서 문제에 주의를 기울이지 않는다면 새에게서 피를 뽑아내는 것과 같습니다. 당신의 의식은 주의를 기울이는 상태를 실체로 만드는 유일한 피입니다. 주의를 철수하여 그것에서 생명의 피를 뽑아낼 수 있습니다. 당신은 문제로부터 의식을 제거해서 첫 번째 새인, 당신의 문제를 없앴습니다. 이제 살아있는 새(해결된 상태)를 당신의 의식(피)에 담그십시오. 지금 이 순간 원하는 모습이 되었다는 느낌을 가짐으로써 이 일을 하게 됩니다.

살아 있는 새를 죽은 새의 피에 담그는 행위는 야곱이 눈먼 아버지 이삭으로부터 축복을 받는 것과 비슷합니다. 눈먼 아버지 이삭은 객관적으로 드러난 세상을 의미하는 자신의 아들 에서를 볼 수 없습니다. 마찬가지로 당신은 첫 번째 새, 즉 당신의 문제로부터 주의를 돌림으로써 더 이상 그것을 보지 않습니다. 당신의 주의는 이제 두 번째 새(주관적 상태)에 집중되며, 그 상태의 실체를 느끼고 인지합니다.

나병환자에게 피를 일곱 번 뿌리라는 제사장의 명령은, 당신이 소망하는 상태에 완전히 머물러 안식일, 즉 일곱 번째 날까지 도달할 때까지 하라는 것을 의미합니다. 소망하는 상태가 현실이 되었다는 확신이 들 때까지 새로운 관념에 머물러야 합니다. 제사장이 피를 일곱 번 뿌린 후 살아 있는 새를 풀어주고 나병환자를 깨끗하다 선언하는 것은, 원하는 상태가 되었다는 사실을 충분히 자각하는 것을 상징합니다. 이로써 당신은 풀려난 새처럼 자유로워집니다. 하늘로 날아간 새가 잠시 후 다시 땅 위로 내려오는 것처럼, 내면에 새겨진 인상이나 선언 역시 잠시 후에 당신의 세상에서 모습을 갖추고 내려옵니다.

　성경의 이야기들은 인간 의식에서 펼쳐지는 마음의 드라마를 상징합니다. 당신이 고위 제사장이자 나병환자이며, 당신이 바로 이야기 속의 새입니다. 당신의 의식, 즉 당신의 I AM은 고위 제사장이며, 문제를 가진 당신은 나병환자입니다. 현재 자신에 대한 관념, 즉 당신의 문제가 죽은 새이며, 문제에서 해결된 상태, 즉 당신이 원하는 상태가 자유로운 새입니다. 현재 지니고 있는 문제로부터 의식을 거두고, 원하는 것 위에 의식을 둠으로써 이 위대한 드라마를 당신 안에서 재연합니다. 마음이 고요해지고 확고해질 때까지, 이미 소망하던 존재가 되었다는 믿음을 자신에게 각인시킵니다. 과거에 바랐던 것이 이제 현실이 되었다는 의식 안에서 살아가는 것, 이 확고한 마음가짐을 유지하는 것이 바로 과거의 제약에서 벗어나 소망을 현실화하는 과정으로 나아가는, 하늘을 나는 새입니다.

Chapter 33 Desire- The Word of God
욕망- 하느님의 말씀

그렇게 나의 입에서 나간 나의 말도 그러하리라.
그것은 결코 헛되이 돌아오지 않고, 내가 원하는 것을 이루어,
내가 그것을 보낸 곳에서 번영하게 되리라.

[이사야 55:11]

하느님은 당신에게 근원적인 욕망이라는 언어를 통해 말씀하십니다. 그 욕망은 스스로를 외부세상으로 펼쳐낼 계획과 힘을 지닌 약속이자 예언입니다. 여기서 근원적인 욕망은 당신의 진정한 목표를 의미하며, 이는 현실로 나타날 때 2차적인 욕망으로 구현됩니다. 당신의 I AM으로서 하느님은 조건 지워진 의식인 당신에게, 근원의 욕망이라는 언어를 통해 말을 걸어옵니다. 2차적인 욕망, 즉 근원적인 욕망이 모습을 드러내는 방법은 최고의 지혜를 가진 아버지인, 당신 I AM의 비밀입니다. 당신의 아버지, 즉 I AM은 처음과 끝을 드러냅니다. "나는 시작이고 끝이다." [요한계시록 21:6] 하지만 아버지는 길의 중간, 즉 비밀을 드러내지는 않습니다. 다시 말하면 욕망은 말씀으로서 처음을 나타내고, 그 말씀이 형체를 부여받게 되는 성취의 부분은 끝으로써 나타납

니다. 두 번째 혹은 중간(모습을 드러내는 계획)은 결코 인간에게 드러내지 않고, 아버지의 비밀 속에 영원히 남아있습니다.

"나는 이 책의 예언의 말씀을 듣는 모든 이에게 증언한다. 만약 누군가가 이 말씀에 무언가를 더한다면, 하느님은 그에게 이 책에 기록된 재앙들을 더할 것이며, 만약 누군가가 이 예언의 책에서 말씀을 빼앗는다면, 하느님은 그 사람을 생명의 책에서 지워버릴 것이다."[요한계시록 22:18-19]

계시록에서 말하는 예언의 말씀이란 어떤 것도 더해져서도 안 되고, 한계 지어져서도 안 되는 근원의 욕망입니다. 사람은 계속해서 이 예언의 말씀에 무언가를 덧붙이고 삭제합니다. 자신이 갖고 있는 욕망은 스스로를 펼쳐낼 계획과 힘을 가진다는 것을 알지 못하면서, 항상 자신의 욕망을 현실에 타협시키고 복잡하게 만듭니다. 여기 사람들이 어떻게 예언의 말씀, 즉 자신의 욕망을 다루는지에 대한 예가 있습니다.

사람들은 자신의 한계와 문제들로부터 자유를 얻기 바랍니다. 자신의 목표를 뚜렷하게 정한 후, 가장 먼저 하는 일은 어떤 한계들을 덧붙이는 것입니다. 그것을 얻는 방법에 대해서 생각하기 시작합니다. 욕망 안에는 스스로 모습을 드러낼 방법들이 있다는 사실을 알지 못한 채, 어떻게 하면 그것을 얻을 수 있을지 계획을 세웁니다. 이렇게 하느님의 말씀에 무언가를 더하기 시작합니다. 반대로 자신의 욕망을 성취하는 데에 어떤 길도 보이지 않는다면, 그럴 경우에는 자신의 욕망을 수정해서 처음의 욕망과 타협을 시도합니다. 그는 자신에게 심어진 처음의 욕망보다 조금 낮은 것에 만족을 한다면 보다 쉽게 이룰 수 있을 것이라 생각합니다. 이렇게 하느님의 말씀에서 무언가를 삭제합니다. 개개인들 그리고 국가들 모두, 그들의 야망을 이룰 수 있는 줄거리를 짜고 계획을 세워서, 이 근원 욕망의 법칙을 지속적으로 어기고 있습니다. 그들은 그런 식으로 예언의 말씀에 무언가를 더하기도 하고 아니면 하느님의 말씀에 무언가를 삭제하면서 자신의 이상과 타협을 합니다. 이것에 대한 필연적인 결과는, 그런 위반에 대해 약속된 죽음과 재앙 또는 실패와 좌절입니다.

하느님은 오직 근원적인 욕망이라는 언어로 말씀하십니다. 또 당신의 욕망은 당신의 관념에 의해서 결정됩니다. 욕망 자체는 선하지도 악하지도 않습니다. "그것 본연의 성질상 깨끗하지 않은 것이란 없고, 오로지 그것을 깨끗하지 않다고 보는 자에게만 깨끗하지 않다는 것을 나는 주 예수 그리스도에 의해서 알게 되었고, 이해하게 되었다." [로마서 14:14] 당신의 욕망은 현재 자신에 대한 관념의 자연스러운 결과입니다. 조건 지워지지 않은 의식인 하느님은 개성을 초월해 있고 누구에게나 평등합니다. 조건 지워지지 않은 의식인 하느님은 조건 지워진 의식인 당신에게 근원적인 욕망이라는 언어를 통해, 당신의 조건 지워진 의식이 필요하다고 믿는 것을 줍니다.

현재의 의식 상태로부터 벗어나지 않는 한, 당신은 지금 원하고 있는 것을 계속 원하기만 할 것입니다. 자신에 대한 관념을 바꾸십시오. 그러면 욕망의 모습도 자동으로 바뀔 것입니다.

욕망은 세상에 모습을 드러내는 통로를 찾고 있는 의식의 상태입니다. 인간의 의식이 욕망에 형체를 부여하고, 욕망을 품은 사람이 만약 그 상태가 실현되었다면 느꼈을 마음 상태를 사실로 받아들이면, 욕망은 실현됩니다. 어떤 욕망이든 간에, 확고한 마음의 태도로 쉽게 현실로 만들 수 있기 때문에, 생명의 일체성을 아직 깨닫지 못한 사람과 의식이 만물의 근원이자 유일한 실체인 하느님이라는 근본적인 진리를 알지 못하는 사람에게 다음의 경고의 말이 주어집니다. 그 말은 황금률로 알려졌습니다.

"다른 이들이 당신에게 하기 바라는 일을 당신은 다른 이들에게 하라."[누가복음 6:31]

당신 자신을 위해서 혹은 다른 이들을 위해서 욕망을 가질 수 있습니다. 만약 당신의 욕망이 다른 이와 관련되었다면, 상대방이 받아들일 수 있는 것인지를 확인하십시오. 이런 경고의 메시지가 주어지는 이유는 당신의 의식이 바로 모든 선물들을 세상에 부여하는 자, 즉 하느님이기 때문입니다. 그러므로 당신이 다른 사람에 대해 믿는 것은 당신이 그 사람에게 주는 선물입니다. 주어진 선물이 받아들여지지 않으면, 그것은 당신에게 돌아옵니다. 당신이 돌려받게 되었을 때 당신이 그것을 좋아할지 생각해보십시오. 왜냐하면 만약 당신이 다른 이가 어떤 상태가 되었다는 것을 확고하게 믿었는데, 그 사람이 그 상태를 받아들이지 않는다면, 이 받아들여지지 않은 선물은 당신의 세상 안에서 그 형체를 굳혀가게 될 것이기 때문입니다. 항상 자신이 되고 싶은 모습을 다른 이들의 모습으로 듣고 받아들이십시오. 그렇게 하면 당신의 하늘나라를 이 땅 위에 건설하게 됩니다. "다른 이들이 당신에게 하기 원하는 것들을, 당신은 다른 이들에게 하라"는 말은 이 법칙에 기초하고 있습니다. 하늘나라를 이 땅 위에 지속적으로 건설할 수 있도록, 오직 기꺼이 당신의 모습으로 받아들일 수 있는 상태들을 타인의 모습으로 받아들이십시오. 당신의 하늘나라는 당신이 머무는 의식 상태에 따라 결정됩니다. 그 상태는 당신이 스스로에 대해 믿고 있는 모습과 다른 이들에 대해 믿고 있는 모습으로 구성됩니다. 당신을 둘러싼 주변의 환경들은 당신 자신에 대한 스스로의 관념에, 당신이 다른 이들을 바라보고 있는 관념이 받아들여지지 않고 다시 돌아온 것이 합해져 결정됩니다.

당신이 어떤 이의 모습으로 갖고 있는 관념이 있는데, 그 사람 안에는 그런 관념이 없다면 당신에게 돌아오는 선물이 됩니다. 당신이 타인에 대한 관념이나 암시는, 받아들이지 않는다면 부메랑이 되어 돌아옵니다. 당신의 세상은 당신이 스스로에게 준 선물입니다. 선물의 속성은 당신 자신에 대한 관념에, 당신이 다른 이에게 주었으나 받아들여지지 않아 돌아오게 된 관념들이 합해져 결정됩니다. 이것에 대해 오해를 하지 마십시오. 법칙은 누구도 차별하지 않습니다. 욕망이 그 스스로 모습을 드러내는 법칙을 발견하고 그것과 함께 살아가면 자유를 얻게 됩니다. 이 법칙을 잘 이해해서 당신의 욕망을 결정하십시오. 즉, 당신이 무엇을 원하는지를 정확하게 아십시오. 내가 바라는 욕망인지, 그리고 타인에 대해 원하는 것이라면 타인이 그것을 거부했을 때 기꺼이 내가 받기 원하는 것인지를 확인하십시오.

지혜롭고 훈련된 사람은 자신의 욕망을 실현하려 할 때 장애물에 시선을 빼앗기지 않습니다. 그래서 그의 눈에는 부숴야 할 장벽 같은 것이 보이지 않습니다. 확고한 태도로, 원하는 것들이 이미 완전히 모습을 드러내고 있는 것을 인식합니다. 왜냐하면 확고하게 자리 잡은 내적인 상태는, 그 누구도 알지 못하는 스스로를 펼쳐낼 길과 방법들을 가지고 있기 때문입니다. "그가 요구하기도 전에 나는 응답한다."[이사야 65:24] "나는 너희가 알지 못하는 길을 가지고 있다."[이사야 55:8] "나의 길은 너희가 알아낼 수 없다."[로마서 11:33] 반면에 훈련되지 않은 사람은 계속해서 자신의 욕망이 성취된 것의 반대편을 보고 있습니다. 이렇게 스스로가 만든 좌절로 말미암아 욕망을 이루기 전에 파괴하려는 마음태도를 지니게 됩니다. 만물의 근원인 의식의 법칙을 발견한 사람은 황금률의 위대한 지혜를 이해하게 될 것이고, 그 법칙을 따르며 살아가면서 천국이 지상에 있다는 것을 증명할 것입니다.

"다른 이들이 당신에게 하기 바라는 일을, 당신은 다른 이들에게 하라"는 말을, 우리가 왜 따라야 하는지에 대해 이해했을 것입니다. 황금률은 변하지 않는 삶의 법칙에 기초하고 있기 때문에, 그것을 따르는 것이 모두에게 유익합니다. 의식은 만물의 근원이자 유일한 실체입니다. 세상과 그 안의 모든 것은 의식의 상태가 외부로 드러난 것입니다. 당신의 세상은 당신 자신에 대한 관념과, 당신의 다른 이들에 대한 관념이 합쳐진 결과입니다.

'유월절의 이야기'는 당신이 현재의 한계로부터 등을 돌리고 보다 더 나은 자유로운 상태로 넘어가는 것을 도와줍니다. 제자들을 최후의 만찬, 즉 유월절의 축제로 안내하기 위해 "물병을 든 사람을 따르라"[마가복음 14:13]는 제안이 주어졌습니다. 물병을 든 사람은 예수의 열한 번째 제자인 가나안 사람 시몬으로, 오로지 고귀하고 숭고하며 좋은 상태만을 듣는, 훈련된 마음의 성질을 상징합니다. 좋은 것만을 듣도록 훈련받은 마음은 좋은 상태들을 즐기게 되고, 그러면 자연히 좋은 것에만 형체를 부여하게 됩니다. 만약 당신 역시, 유월절의 가장 성대한 연회인 최후의 만찬에 참석하려 한다면 이 사람을 따르십시오. 물병을 든 사람으로 상징되는 마음의 태도를 실제로 받아들이면, 이 땅 위에 펼쳐진 하늘나라 안에서 살게 될 것입니다. 현재 자신에 대한 관념에서 주의를 돌리고 원하는 존재가 되었다는 의식을 취함으로써 한 상태에서 다른 상태로 넘어갑니다. 이 일은 열두 제자들의 도움으로 이루어지는데, 이들은 마음의 열두 가지 훈련된 성질들입니다.

Chapter 34 Faith

믿음

그리고는 예수께서 그들에게 말씀하시니,
그대들의 믿음이 없기 때문이다.
진실로 내가 그대들에게 말하니,
그대에게 겨자씨 한 알만한 믿음이 있다면,
그대는 이 산에게, 여기에서 저쪽으로 옮겨지라고 말한다면
그것은 옮겨질 것이요.
또한 그대들에게는 어떤 불가능한 것도 없을 것이다.

[마태복음 17:20]

인간에게 '겨자씨 한 알만한 믿음'이란 표현은 좌절로 다가왔습니다. 우리는 그동안 겨자씨 한 알이 아주 작은 양의 믿음을 표현한다고 배웠습니다. 그렇게 작은 믿음도 성공을 보증하고 있는데, 왜 이 작은 믿음조차 자신에게는 없는 것인지 의아해했습니다. "믿음은 소망하는 것들의 실상이요, 보이지 않는 것들의 증거이다." [히브리서 11:1] "믿음을 통해서. . . 세상은 하느님의 말씀으로 창조되었으니, 그러므로 보이는 것들은 모습을 드러낸 것들로 지어진 것이 아님을 깨닫는다." [히

브리서 11:3] 믿음을 통해 보이지 않는 것들이 모습을 드러냅니다. 하지만 '겨자씨의 믿음'은 작은 믿음을 의미하지 않습니다. 오히려 절대적인 믿음을 뜻합니다. 겨자씨 한 알은 오직 겨자 열매가 되는 것만을 인식하고, 세상의 어떤 다른 열매가 되는 것을 인식하지 않습니다. 마치 자궁에 둘러싸인 정자가 오직 인간이 되는 것만을 인식하는 것처럼 겨자씨라는 믿음 안에는 오직 겨자씨가 될 것이라는 확신으로만 채워져 있습니다.

겨자씨 한 알의 믿음은 실제로 당신의 모든 목표를 달성하는 데 필요한 믿음의 기준입니다. 당신 역시 겨자씨처럼, 오직 소망하는 모습이 되었다는 의식 안에서 자기 자신을 잊어야 합니다. 그것이 움터 나와서 당신 의식 안에서의 선언이 외부로 드러날 때까지, 그 봉인된 상태 안에서 머무십시오. 소망하는 것 안에서 느끼고 사는 것, 그것이 바로 믿음입니다. 믿음은 창조의 비밀이자, 신성한 이름인 욧 헤 바 헤 (JOD HE VAU HE)에서 바(VAU)입니다. 믿음은 또한 노아의 아들인 함(Ham)이며, 이삭이 은총을 내려 자신의 아들 야곱을 현실로 만들게 한 느낌입니다. 하느님(당신의 의식)은 믿음에 의해서 보이지 않는 것들을 마치 보이는 것처럼 불러서 그것들을 보이게끔 만듭니다.

소망하는 것들이 이미 실체가 되었다고 인식하게 만드는 것은 믿음입니다. 당신의 보이지 않는 믿음이 자라나 스스로를 세상에 드러낼 때까지 당신을 이 의식 상태에 봉인하는 것, 그것이 믿음입니다. 소망하는 것을 당신의 것으로 만드는 비밀은 바로 믿음, 즉 느낌입니다. 소망하는 의식은 느낌이라는 매개체를 통해 소망과 하나가 됩니다.

당신이 이미 원하는 모습이 되었다면 어떤 느낌을 받게 될까요? 원하던 것이 이미 당신의 것이 되었을 때 가질 만한 느낌을 두르십시오. 그러면 어느 정도의 시간이 지난 후, 원하던 모습이 이미 이루어졌다는 믿음 안에 당신은 봉인될 것입니다. 그렇게 그 믿음 안에 봉인된다면 보이지 않는 믿음의 상태는 애쓰지 않아도 세상에 모습을 드러낼 것이고, 보이지 않는 것들은 보이게 될 것입니다. 겨자씨 한 알의 믿음이 있다면, 당신은 오늘 느낌이라는 마법의 질료를 이용해서 소망하는 모습이 되어있는 의식 안에다 자신을 봉인시킬 것입니다. 무덤 안에 누워 있는 것 같은 고요한 의식 속에서, 나의 무덤을 덮고 있는 돌을 치워 줄 사람이란 필요치 않다는 확신을 가지고 머무르게 될 것입니다. 왜냐하면 산과 돌, 그리고 세상 위에 놓여 있는 모든 것은 이제 당신의 눈에는 아무것도 아닌 것으로 비춰지기 때문입니다. 지금 사실로 믿고 인식하는 것은 그것들에 맞춰 땅 위에 거하는 모든 것 사이에서 일을 할 것입니다. 그 누구도 그의 손을 막거나 그에게, '무엇을 하는 짓인가?'라고 말할 수 없습니다. 이렇게 당신의 봉인된 의식 상태가 스스로 형체를 부여하는 것을 막을 수 있는 사람도 없고, 뭐하는지를 따져 물을 수 있는 사람도 없습니다.

   이러한 의식 상태가 믿음으로 올바르게 봉인되면, 그것은 하느님, I AM의 말씀이 됩니다. 왜냐하면 그렇게 봉인된 사람은 "나는(I AM) 이렇다"고 말하고 있고 하느님의 말씀(확고하게 맺힌 나의 의식 상태)은 영이어서 헛되이 돌아오지 않고, 그것이 보내진 곳에서 반드시 번성하게 될 것이기 때문입니다. 하느님의 말씀(당신의 의식 상태)은 반드시 그 선언한 것에 형체를 부여할 것이고, 당신은 "나는(I AM) 주이다. . . 나 이외에 어떤 하느님도 없다"는 것을 알게 될 것입니다. "말씀이 육신이 되어 우리 가운데 거하시며" "하느님은 자신의 말씀을 보내어 그를 치유"하십니다. [시편 107:20]

  당신 역시 당신의 말씀, 즉 하느님의 말씀을 보내어 친구를 치유할 수 있습니다. 친구에 대해 듣고 싶은 말이 있나요? 뚜렷한 욕망이 있다면 하느님의 말씀을 가지고 있는 것입니다. 당신의 친구가 간절히 되고자 했던 모습이나 간절히 갖고 싶어 했던 것을 뚜렷하게 만드십시오. 이 말씀을 올바르게 보내기 위해서, 즉 존재 속에 말씀을 보내기 위해 간단히 이렇게 하면 됩니다. 고요하게 앉아서 마음속에서 듣고 있는 것을 사실로 받아들이십시오. 친구의 목소리를 불러내십시오. 당신의 의식 속으로 불러온 친구의 친숙한 목소리를 가지고, 당신이 친구에게 원했던 모습이 되었으며, 원하던 것을 가지게 되었다고 친구가 말하는 것을 상상하십시오. 당신이 친구의 말을 실제로 듣고 있으며 그 말이 당신이 듣기 원하는 것이었다고 당신 의식에 각인시키십시오. 그리고 그것을 듣게 되었을 때의 짜릿함을 느낀 후에 완벽하게 잊으십시오. 이것이 바로 말씀을 현실로 만드는 비법, 즉 말씀에 육신을 입히는 비법입니다. 당신이 듣고 싶은 것을 내면에서 형성하고, 그것을 듣는 척하며 자기 자신에게 말하십시오. "주여, 말씀하소서. 주의 종이 듣고 있습니다." 당신의 의식은 친구의 친숙한 목소리를 통해 말하는 주이며, 당신이 듣고자 하는 것을 당신 자신에게 각인시킵니다. 이러한 자가 임신, 즉 자기 자신에게 각인된 상태, 그 말씀은 인간이 알지 못하는 방식으로 현실화될 길과 방법을 가지고 있습니다. 이러한 각인이 성공하면, 더 이상 외부의 현상에 의해 흔들리지 않게 됩니다.

Chapter 35 The Annunciation
성수태고지

원하는 상태를 자신의 자아에 불어넣기 위해 친구의 목소리를 이용하는 것은 마리아의 성스러운 수태 이야기에서 아름답게 표현되었습니다. 하느님은 천사를 마리아에게 보내어 마리아가 아들을 낳게 될 것이라고 알렸습니다. "천사가 마리아에게 말하니, '당신은 태 안에 임신하여, 아들을 낳을 것이다.' 그러자 마리아가 천사에게 말하니, '내가 남자를 알지 못하는데, 어찌 이런 일이 일어납니까?' 그러자 천사가 대답하여 그녀에게 말하니, '성령이 그대에게 임할 것이고, 지극히 높은 권능이 당신을 덮을 것이다. 그러므로 당신에게서 태어나게 될 신성한 아이는 하느님의 아들로 불릴 것이다.' 하느님에게는 그 어떤 것도 불가능한 것이 없기 때문이다." [누가복음 1:31-35]

이 이야기는 수세기에 걸쳐 사람들 사이에 회자되었지만, 이것이 바로 우리에 관한 이야기라고는 말해지지 않았습니다. 그래서 이 이야기가 원래 목표했던 교훈은 사람들에게 전해지지 못했습니다. 본래 이 이야기 속에는 생각과 말씀이 육신의 옷을 입는 방법이 담겨 있습니다. 하느님은 그 누구의 도움도 없이 하나의 생각, 즉 한 명의 아들을 낳는다고 합니다. 하느님은 천사를 마리아에게 보내서 아들을 수태하였다는 사실을 알리게 하고, 싹트기 시작한 하느님의 생각을 마리아의 태에 수태시켰습니다.

의식이 스스로 수태하는 방법을 기록한 것 중에 '마리아의 수태'보다 더 간단명료한 것은 없습니다. 이 창조의 드라마 속에 나오는 인물은 아버지, 아들, 마리아 그리고 천사입니다. 아버지는 당신의 의식을, 아들은 당신의 욕망을, 마리아는 수용적인 마음의 태도를, 천사는 수태를 가능하게 하는 방법을 상징합니다. 이야기는 이렇게 전개됩니다. 아버지는 다른 이의 도움 없이 아들을 얻습니다. 당신 역시 다른 이의 도움이나 암시 없이 목표와 욕망을 뚜렷하게 만들 수 있습니다.

그 후에 아버지는 이 메시지를 전달하기 위해, 즉 현실이 될 수 있는 가능성을 마리아에게 전달하기 위해 가장 적합한 천사를 선택합니다. 당신 역시 당신의 세계에서, 당신의 욕망이 이루어진 것을 진심으로 기뻐할 사람을 선택합니다. 그 후 마리아는 천사를 통해 어떤 남자의 도움 없이도 아들을 수태했다는 것을 알게 됩니다. 당신 역시 소망이 현실이 되었을 때 기뻐해 줄 친구가 당신에게 이야기하는 것을 듣고 있다 상상하고, 이것을 사실로 받아들이세요. 친구는 당신이 원하는 모습이 되었다고, 원하는 것을 갖게 되었다고 이야기하고 있습니다. 당신이 그것을 듣고 있는 것을 상상하세요. 놀라운 희소식을 들은 것에 대해서 짜릿함을 느낄 때까지 이런 수용적인 마음의 상태 안에 머뭅니다. 그 후 마리아처럼, 이 경이롭고 순결한 자기 수태의 비밀을 남에게 알리지 않고, 적절한 시기에 이 인상이 현실화될 것이라는 확신을 가지고 일상을 삽니다.

　아버지는 아들, 즉 태어날 가능성의 씨앗을 생성하지만, 직접 모체의 자궁으로 전달하지 않고 다른 매개체를 통해 전달합니다. 욕망을 지닌 의식은 씨앗을 가지고 있는 아버지, 다시 말해 생각을 지닌 아버지입니다. 하나의 뚜렷한 욕망은 그 자체로 완벽하게 형성된 하나의 씨앗, 즉 외동아들입니다. 이 씨앗은 아버지(욕망을 가지고 있는 의식)로부터 어머니(원하는 상태가 된 의식, 원하는 상태를 가지고 있는 의식)에게로 옮겨갑니다. 이 의식의 변화는 천사, 즉 당신의 목표가 이미 달성되었다고 말하는 친구의 상상 속 목소리에 의해 이루어집니다.

　의식에 인상을 각인하기 위해서 천사의 목소리를 사용하는 것, 즉 친구의 목소리를 사용하는 것은 자가 수태를 하기 위한 가장 빠르면서도 안전하고 확실한 방법입니다. 욕망을 명확히 한 후, 듣는 태도를 취합니다. 친구의 목소리를 듣고 있다고 상상하고, 그가 당신의 소망이 이미 실현되었음을 알리며, 당신이 얼마나 행운아이며 다행인지를 말하게 하십시오. 이 수용적인 마음의 태도에서 당신은 천사의 메시지를 받고, 원하는 상태가 이미 당신 것이 되었다는 인상을 받습니다. 친구에게서 듣기 원하던 말을 들었을 때 가슴속에서 짜릿함이 솟아난 순간, 바로 수태의 순간입니다. 그 순간은 바로 당신이 스스로 수태를 한 순간이며 이전까지 원하던 모습이나 갖고 싶었던 것이 이미 이루어졌다고 느끼는 순간입니다.

　이런 내적인 경험을 한 후에 당신이 깨어났다면 마치 성경속의 마리아처럼 변화된 마음의 구조에 의해서 아들을 임신했다는 것을 알게 될 것입니다. 내적인 상태를 확고하게 만들었다면 당신은 얼마 지나지 않아 내부의 상태가 모습을 드러내어 세상 속에 형체를 띄게 될 거라는 사실을 알게 될 것입니다.

Out of this World

세상 밖으로

36	4차원적으로 생각하기
37	상상이 현실이 되다
38	상상의 힘
39	변화해야 할 것은 오직 자신뿐이다

Chapter 36 Thinking Fourth Dimensionally

4차원적으로 생각하기

내가 너희에게 일어날 일을 미리 말해 준 것은,
그것이 일어났을 때 너희가 믿게 하기 위해서이다.
[요한복음 14:29]

저를 포함한 많은 분들이 어떤 일들이 일어나기 전에 그것들을 미리 보는 경우가 있습니다. 즉, 이 3차원 세상에서 사건들이 일어나기 전에 그것들을 볼 수 있습니다. 사건들이 3차원 공간에서 일어나기 전에 사람들이 볼 수 있다고 한다면, 이 땅 위의 삶은 계획에 따라 진행되는 것이라고 말할 수 있습니다. 이 계획이라는 것은 이곳이 아닌 다른 차원에서 존재했다가, 천천히 우리가 살고 있는 공간 속으로 옮겨오고 있습니다. 우리가 어떤 일이 벌어지기도 전에 그 사건들을 봤다면, 그 사건들은 분명 이 세상이 아닌 다른 곳에서 벌어진 사건일 것입니다. 그리고 이 세상에서 사건이 일어나기 전에 그곳에서 나타났다면, 3차원 세상만을 보는 사람들에게는 '미리 결정된 것'으로 보입니다.

그때 질문이 하나 떠오릅니다. "우리는 우리의 미래를 바꿀 수 있을까?" 지금 이 강의를 하는 이유도, 인간 안에 존재하고 있는 가능성을 보여주고 미래를 바꿀 수 있다는 것을 보여주기 위해서입니다. 그렇게 변화가 일어나면 그 순간부터 새로운 운명이 시작됩니다. 변화가 일어난 것에 맞추어 미래는 변합니다. 인간의 미래에 관한 가장 두드러진 특징은 변화 가능함에 있습니다. 미래는 우리의 행동보다는 마음가짐에 의해 결정됩니다. 모든 것의 기초는 자기 자신에 대한 관념입니다. 자신에 대한 관념이 달라지면, 행동도 달라지고, 자신의 미래도 달라집니다. 변화된 미래의 경험은 다시 자신의 관념을 변화시킵니다. 중요하게 생각하지 않았던 믿음이란 것이 아주 강력한 힘을 행사하게 됩니다. 따라서 인간은 믿음에 대해 새로운 평가를 내리게 될 것이고, 믿음이 가지고 있는 창조적인 힘을 인식하게 될 것입니다.

모든 변화는 의식 안에서 이루어집니다. 미래는, 세세한 부분까지 사전에 미리 준비되어 있을지라도, 여러 개의 결과들을 가집니다. 삶의 매 순간마다 우리 앞에는 다양한 미래로 향하는 선택지들이 놓여 있습니다.

모든 사람이 가지고 있는 "세상을 바라보는 두 가지의 시선"이 있습니다. 하나는 현실적인 시선이고, 다른 하나는 영적인 시선입니다. 고대의 스승들은 전자를 "세속적인 마음", 후자를 "그리스도의 마음"이라고 불렀습니다. 우리는 이를 감각에 의해 지배되는 일상적인 의식과 소망에 의해 지배되는 통제된 상상력으로 구분할 수 있습니다. 다음의 구절에서 이 두 가지의 시선에 대한 것을 볼 수 있습니다. "세속적인 사람은 하느님의 영이 주는 선물을 받아들이지 못하니, 이는 그들에게 이러한 선물이 어리석은 것으로 여겨지기 때문이며, 하느님의 영이 주는 선물은 영적으로 식별되기에 세속적인 자들은 하느님의 영의 선물을 이해할 수도 없다."[고린도전서 2:14]

현실적인 사람들은 지금 이 순간만을 실체로 인식합니다. 현실적인 시각에서 본다면 과거와 미래는 단순히 상상일 뿐입니다. 반면에 영적인 시선은 시간이 포함하고 있는 것들을 하나의 통합된 것으로 봅니다. 그래서 과거와 미래는 현재 존재하는 전체를 구성합니다. 현실적인 사람이 본다면 정신적이고 주관적인 것들이, 영적인 사람에게는 실체이고 객관적인 것이 됩니다.

감각에만 의존하는 습관은 우리가 볼 수 있었던 것을 보지 못하게 만듭니다. 보이지 않는 것을 보는 능력을 기르기 위해서는 보이지 않는 것을 현실 같은 뚜렷함을 지닐 때까지 마음 안에서 느끼고 인지해봄으로써 마음을 감각이 내놓은 증거로부터 벗어나 보이지 않는 상태에 머무는 것을 자주 해봐야만 합니다.

생각을 특정한 방향으로 모으고 집중한다면 다른 쪽으로 향하던 감각들은 닫히고 사라지게 됩니다. 원하는 것을 보기 위해서는 그 원하는 상태에만 의식을 놓아야 합니다. 감각의 영역에서 의식을 철수하고 보이지 않는 세계에 의식을 놓는 습관은, 우리의 영적인 시야를 계발시켜서 감각의 세계를 넘어 보이지 않는 것들을 볼 수 있게 만듭니다. "세상의 창조부터 그분에 속한 보이지 않는 것들이 뚜렷하게 보이기 때문이다."[로마서 1:20] 이것들을 볼 수 있는 능력은 당신의 신체에 붙어있는 눈을 통해 할 수 있는 것이 아닙니다. 보이지 않는 것들을 보는 능력을, 열어서 활동하게 하십시오! 만약에 영적인 눈이 당신에게 없었다면 이런 가르침은 무용할 것입니다. 왜냐하면 "성령의 것들은 영적으로만 식별되기" 때문입니다.

상상력을 통제한다면 우리의 욕망에 맞추어 우리의 미래를 창조할 수 있다는 사실을, 약간의 연습만 해본다면 확신하게 될 것입니다. 욕망은 행동의 주된 동기입니다. 욕망이 없다면 우리는 손가락 하나 까닥할 수가 없습니다. 우리가 무슨 일을 하고 있든지, 우리의 마음을 채우고 있는 욕망을 따르고 있습니다. 습관을 깨고 싶은 욕망이 습관을 계속 유지하고 싶은 욕망보다 더 강하다면, 그때 습관은 깨집니다. 욕망은 우리의 행동을 이끄는 강력한 힘입니다. 욕망이란 우리의 삶을 보다 더 풍성하게 만들기 위해 어떤 부분이 현재 부족하다는 것을 인식하는 과정입니다. 욕망은 항상 어떤 형태의 개인적인 이득을 추구합니다. 예상되는 이득이 클수록 욕망의 강도도 커집니다. 완벽하게 이타적인 욕망이란 존재하지 않습니다. 얻을 것이 없다면 어떤 욕망도 생기지 않고 결과적으로 어떤 행동도 이루어지지 않습니다.

영적 존재는 현실적 존재에게 욕망이라는 언어로 말을 걸어옵니다. 보다 나은 삶으로 가고 꿈을 성취하는 열쇠는 그 목소리를 즉각적으로 따르는지에 달려 있습니다. 욕망이 내는 목소리에 주저하지 않고 따른다는 말은, 소망이 성취된 것을 즉각적인 사실로 받아들인다는 것입니다. 무언가를 바란다는 것은 그것이 이미 우리 안에 있다는 것입니다. 파스칼은 이렇게 말했습니다. "당신이 나를 이미 찾아내지 못했더라면, 나를 구하려 하지도 않았을 것이다."

소망이 성취된 느낌을 사실로 받아들이고 그 믿음에 따라 살아감으로써, 인간은 자신의 미래를 그것에 맞게 변화시킬 수 있습니다. 사실로 받아들인 것이 스스로 규정했던 것들을 일깨웁니다. 소망이 성취된 느낌을 사실로 받아들이자마자, 4차원적인 자아는 그 목적에 다다르는 길을 찾고 그것을 세상에 드러낼 방법들을 발견합니다. "소망이 이루어졌을 때 현실에서 겪을만한 일들을 마음속 이미지를 통해 미리 경험하는 것"이라는 말보다, 이 방법을 잘 설명해 주는 말은 없습니다. 결과에 들어가 마음의 영상 속에서 경험한 것은 그 결과를 이루는 방법을 찾게 만듭니다. 그때 4차원적인 자아는 보다 넓은 시야를 가지고 받아들인 목표를 이루기 위한 방법을 만들어냅니다.

마음을 훈련하지 않았다면 감각이 거부하고 있는 것을 사실로 받아들이는 데에 어려움을 겪게 됩니다. 그러나 여기, 보이지 않는 것들을 현실처럼 끌어내어 사건이 일어나기 전에 그것을 미리 경험할 수 있게 만드는 간단한 방법이 있습니다. 사람들은 종종 단순한 것들의 중요성을 과소평가하는 경향이 있습니다. 이 미래를 바꾸는 공식은 간단하지만, 수년간의 연구와 실험을 거친 후에 발견된 것입니다.

미래를 바꾸는 첫 번째 단계는 욕망입니다. 즉, 목적을 명확히 하고 원하는 것을 명확히 아는 것입니다. 두 번째 단계는 당신의 욕망이 성취되었을 때 겪을만한 사건을 구상하는 것입니다. 그 사건은 당신의 바람이 성취되었다는 것을 나타내야 하고 그 사건에서 당신은 주인공이 되어야 합니다. 세 번째는 몸을 움직이지 말고 자신을 잠에 든 것처럼 상상하여 잠과 비슷한 상태에 들어가도록 하십시오. 침대에 눕거나 의자에 편안히 앉으십시오. 그런 후에 눈을 감고, 경험하려고 계획했던 행동들에 당신의 의식을 두고, 마음속에서 그 구상한 행동들을 하고 있다고 느껴 보십시오. 이것들을 지금 여기서 실제로 하고 있다고 상상해야 합니다. 당신은 그 상상 속의 행동들에 항상 참여하고 있어야 합니다. 단순히 뒤로 물러서서 그것을 보고 있는 것이 아니라 실제로 그것들을 하고 있어서 그 감각들이 현실처럼 다가오도록 해야 합니다.

　상상 속의 행동은 당신의 바람이 성취되었을 때 일어날만한 일이 되어야 한다는 것을 항상 명심해야 합니다. 또한 그 행동이 현실과 같은 생생함과 뚜렷함을 가질 때까지, 그 행동을 하고 있다고 느껴야만 합니다. 예를 들어 승진하기를 원한다고 가정해본다면, 축하를 받는 일은 승진 후에 뒤따를만한 사건일 것입니다. 상상 속에서 경험할 일로 이 사건을 골랐다면 몸을 움직이지 말고 잠과 비슷한 상태, 즉 졸린 상태 속으로 들어가십시오. 그러나 그 상태는 여전히 생각의 방향을 통제할 수 있어야 하고 애를 쓰지 않고 주의를 기울일 수 있어야 합니다. 그 다음 친구가 앞에 있는 것을 마음속에 그립니다. 당신의 상상의 손을 그의 상상의 손과 잡고서는 단단한 실체로 느낀 후에, 당신의 행동과 어울릴 만한 상상 속의 대화를 하십시오. 이 공간에서 멀리 떨어져 있고 지금보다 훨씬 후의 일로 축하받는 당신을 상상하지는 마십시오. 대신에 멀리 떨어져 있는 곳을 이곳으로, 미래를 지금으로 만드십시오. 미래에 일어나는 일은 차원적으로 더 거대한 세상 안에서는 지금도 이미 실체로서 존재합니다. 그리고 이상하게 들리겠지만, 차원적으로 더 거대한 세상은 우리가 일상생활을 하는 이 3차원적인 공간과 같은 것입니다.

당신이 직접 행동을 하고 있다고 느끼는 것과 영화 스크린에서 당신의 모습을 그리는 것의 차이는 이 원리의 성패를 좌우합니다. 지금 사다리를 올라가고 있는 것을 그려본다면 이 차이를 이해하게 될 것입니다. 그러면 눈을 감고 사다리가 당신 앞에 있다고 생각한 후에 그것을 실제로 올라가는 것을 느껴보십시오.

욕망, 잠과의 경계선상에서 몸을 움직이지 않는 것, 그리고 자신이 주인공이 되어 지금 여기에서 느끼는 상상 속의 행동, 이것들은 미래를 바꾸는 것에 있어서 중요할 뿐만 아니라 의식적으로 영적인 자아를 투사하는 데에도 중요합니다. 움직이지 않고 마음속에서 어떤 행동을 하겠다는 생각에 사로잡혀 그것을 바로 여기에서 지금 한다고 상상하며, 그 상상 속의 행동을 잠들 때까지 계속 느낀다면, 이 물질적 육체로부터 깨어나 차원적으로 더 거대한 세상 속에서, 차원적으로 더 거대한 시야를 가진 채, 이 땅 위에서 하고자 구상했던 것들을 하는 자신을 발견하게 될 것입니다. 하지만 우리가 차원적으로 더 거대한 세계에서 깨어나든 혹은 깨어나지 못하든, 우리는 4차원 세계에서 실제로 행동을 하는 것이고, 후에 이 3차원 세상에서 그 행동들을 재연할 것입니다.

경험을 통해 볼 때 상상 속의 행동을 한정시켜서 하나의 단일한 행동으로 압축시키고, 현실의 느낌을 가질 때까지 계속 반복해서 재연하는 것이 좋습니다. 그렇지 않으면 의식은 연상되는 것들을 따라 이리저리 방황하다가, 연상되는 수없이 많은 이미지들 속에서 얼마 지나지 않아 목적으로 삼았던 이미지보다 훨씬 멀리 떨어진 곳, 목적한 시간보다 훨씬 더 먼 후로 데려다 놓을 것입니다. 소망이 성취된 후에 뒤따를 만한 행동으로 계단 오르는 것을 골랐다면, 그 장면으로 한정시켜야 합니다. 마음이 다른 곳으로 방황하고 있다면 다시 계단을 오르는 일로 생각을 가져오십시오. 계단을 오르는 행위가 현실의 단단함과 뚜렷함을 지닐 때까지 상상 속의 행동을 계속해야 합니다. 우리의 몸이 이 느낌을 가지려고 애쓰지 않으면서 생각들은 그 장면에 머물러 있어야 합니다. 애쓰는 것을 최소한으로 만들면서 소망이 성취된 느낌을 마음에 가득 채워야만 합니다.

졸린 상태는, 애쓰지 않으면서 주의를 기울일 수 있는 상태를 쉽게 만들기 때문에 변화를 이끌어내는 데에 용이합니다. 그러나 그 상태가 졸음의 상태까지 진행되어 더 이상 의식의 움직임을 조절할 수 없을 정도가 돼서는 안 되고, 생각을 조절할 수 있는 정도의 적절한 졸린 상태를 유지해야 합니다. 소망을 이루어내는 가장 효과적인 방법은 소망이 성취되었다는 느낌을 사실로 받아들인 후에, 이완되고 졸린 상태에서 '감사합니다. 감사합니다. 감사합니다'와 같은 소망이 이루어졌다는 것을 나타내는 짧은 문장을 사용해, 감사한 감정만이 마음을 채울 때까지 자장가처럼 반복하는 것입니다. 당신을 위해서 소원을 성취시켜준 더 높은 권능에게 말하듯이 하십시오. 그러나 만약 더 거대한 차원의 세계 안에 의식적인 투사를 하기 원한다면, 잠에 들 때까지 마음 안에서 행동을 계속해야만 합니다.

우리가 현실에서 목적을 이루었다면 경험했을 만한 것들을 현실과 같은 뚜렷함을 가지고 마음 안에서 경험하십시오. 상상 속에서 경험을 한 것처럼, 때가 되면 육신을 가지고 경험을 하게 될 것입니다. 사실로 받아들인 것은 진실이 된다는 명제를 가지고 마음에 영양분을 공급하십시오. 사실로 받아들인 것은, 비록 지금은 현실이 아닐지라도, 현실 같은 느낌을 가질 때까지 계속 반복한다면 현실로 드러날 것입니다. 사실로 받아들인 것이 소망을 실현시키는 방법들은 선합니다. 사실로 받아들인 생각은 모든 이들의 행동, 움직임, 말에 영감을 불어넣어, 그들이 상상을 현실로 만들어내도록 모든 것에 영향을 미칩니다.

단순히 마음 안에서 이루어진 경험들이 사람의 미래를 어떻게 변화시킬 수 있는가를 이해하려면, 차원적으로 더 거대한 세상에 대한 이해가 필요합니다. 왜냐하면 우리가 미래를 바꾸기 위해 가야 하는 곳은 차원적으로 더 거대한 세상이기 때문입니다. 어떤 일이 벌어지기 전에 그 사건을 볼 수 있다는 것은 3차원적인 세계에 살고 있는 사람들의 관점에서 본다면 사건이 미리 결정되어 있다는 것을 나타냅니다. 따라서 이 3차원의 환경들을 변화시키려면 공간의 4차원에서 먼저 변화가 이루어져야만 합니다.

사람들은 차원적으로 거대한 세상이 정확히 무엇인지도 모르고 의문도 가지지 않은 채, 차원적으로 더 거대한 자아의 존재를 부정합니다. 사람들은 길이, 넓이, 높이로 구성된 3차원에 너무 익숙해서 3차원을 뚜렷하게 느낄 수 있습니다. 만약 4차원이 존재한다면 사람들이 3차원을 느끼는 것처럼 4차원 또한 명확하게 느낄 수 있을 것입니다. 하나의 차원은 하나의 선이 아닙니다. 완전히 다른 방식으로 사물을 측정할 수 있는 방법입니다. 즉, 하나의 사물을 가지고 4차원적으로 측정한다고 말하려면 길이, 넓이, 높이 외의 다른 방법으로 사물을 측정해야 합니다.

  길이, 넓이, 높이 외에 사물을 측정하는 방법이 있습니까? 시간이라는 것이 길이, 넓이, 높이의 3차원을 사용하지 않고, 나의 수명을 측정할 수 있습니다. 순간적으로 존재하는 사물이란 없습니다. 그래서 나타났다가 사라지는 것을 측정할 수 있습니다. 일정한 시간 동안 사물은 존재합니다. 길이, 넓이, 높이의 차원을 쓰지 않고도 사물이 존재했던 시간을 잴 수 있습니다. 시간은 사물을 잴 수 있는 네 번째의 방법입니다.

  사물에 더 많은 차원이 추가될수록, 그것은 보다 더 본질적이 되고 실체에 근접합니다. 하나의 직선은 완전히 1차원에 놓여있는데 차원이 더해질수록 면과 부피를 가진 사물이 됩니다. 그렇다면 부피가 면에 대해 새로운 특성을 주는 것처럼, 그리고 면이 선에 대해 새로운 특성을 주는 것처럼, 시간이라는 4차원이 부피라는 것에 더해주고 있는 새로운 특성은 무엇입니까? 모든 변화는 시간이 걸리기 때문에 시간은 경험에서 변화를 일으키는 매개체입니다. 시간이 주는 새로운 특성은 바로 변화 가능함입니다.

  다음을 살펴보겠습니다. 만약 물체를 자르면 그 단면은 면이 됩니다. 면을 자르면 선을 얻습니다. 선을 자르면 점이 됩니다. 이것은 점이라는 것이 선의 단면에 지나지 않는다는 것을 뜻합니다. 마찬가지로 선은 면의 단면이고, 면은 부피를 가진 사물의 단면입니다. 이성적인 추론을 더해 나가자면, 이 물체라는 것도 4차원 물체의 단면에 지나지 않는다는 결론을 얻습니다.

　모든 3차원적인 사물은 4차원 체의 단면에 지나지 않는다는 결론에 도달했습니다. 이것은 제가 당신을 만날 때, 당신의 4차원적인 자아를 만날 수는 없고 단지 4차원적인 당신의 단면만을 만난다는 것을 말합니다. 4차원적인 자아를 보기 위해서는 모든 단면을 봐야 하고, 태어나서 죽을 때까지의 당신 인생의 모든 순간을 보고, 그것들을 모두 현재 존재하는 전체로 봐야만 합니다. 저의 시선은 당신이 이 땅 위에서 겪었고, 앞으로 겪게 될 감각적인 인상들을 전체적인 배열 속에 넣고 봐야 합니다. 당신이 겪었던 일들을 차례대로 보아선 안 되고 그것들을 현재 존재하는 전체로서 보아야 합니다. 변화는 4차원의 특성이기 때문에 살아있고 움직이는 전체로서, 그리고 유동적인 상태 안에서 보아야만 합니다.

　자, 이제 당신의 마음 안에 이 사실들이 확고하게 자리 잡혔다면, 이것들이 3차원 세상에서 살고 있는 우리에게 주는 의미는 무엇인가요? 그것은 바로, 만약 우리가 시간의 흐름을 따라 이동한다면 우리는 미래를 볼 수 있고, 원한다면 그것을 바꿀 수 있다는 것을 의미합니다. 우리가 단단한 실체라고 생각하는 이 세상도, 언제라도 나갈 수 있고 언제라도 넘어갈 수 있는, 보다 근본적이고 차원적으로 거대한 세상으로부터 나온 그림자입니다. 또 보다 근본적인 세상은 한층 더 보다 근본적이고 차원적으로 더 거대한 세상으로부터 방사된 것이고, 계속 반복한다면 결국 무한으로 갑니다. 세상에 아주 많은 차원을 더하더라도 무한은 어떤 방법이나 분석을 통해서도 이해할 수 없습니다.

우리는 우리의 의식을 보이지 않는 상태에 집중하고, 그 상태에서 무언가를 보고 느낀다고 상상함으로써 차원적으로 더 거대한 세계의 존재를 증명할 수 있습니다. 만약 이 상태에 집중을 유지한다면, 현재의 환경은 사라지고 차원적으로 더 거대한 세계에서 깨어나게 될 것이며, 그곳에서는 그가 명상하던 대상이 구체적인 객관적 현실로 나타날 것입니다. 내면으로 더 깊숙이 들어가 이 차원적으로 거대한 세계에서 생각을 분리하고, 그 과정에서 시간을 외부화시킨다면, 나는 직관적으로 시간이 객관화될 것이라고 느낍니다. 내면의 세계로 들어갈 때마다 시간을 외부화시키고, 그 결과 공간이 차원적으로 확장된다는 사실을 발견할 것입니다. 결국, 시간과 공간이 모두 연속적인 것이며, 인생의 드라마는 수많은 차원의 시간 블록을 오르는 여정에 불과하다고 결론 내릴 것입니다. 언젠가 과학자들은 연속적인 우주의 존재 이유를 설명할 것입니다. 하지만 실제로 중요한 것은 우리가 이 연속적인 우주를 어떻게 활용하여 미래를 변화시키는가입니다. 미래를 바꾸려면, 우리는 무한한 우주 연속체 중 오직 두 세계, 즉 우리의 신체 기관을 통해 알게 되는 세계와 우리의 신체 기관과 독립적으로 인식하는 세계에만 집중하면 됩니다.

Chapter 37 Assumptions Become Facts
상상이 현실이 되다

사람들이 이 세상을 실체로 인식하는 것은, 의식의 힘을 집중해서 객관적 세상의 얇은 껍질을 투과할 수 있는 방법을 모르기 때문입니다. 이 책은 감각의 장막을 벗기고 다른 세계로 여행하는 것, 이 하나의 목적을 가지고 있습니다. 우리는 감각의 장막을 제거하기 위한 노력을 많이 하지 않습니다. 하지만 우리의 의식을 감각의 세상으로부터 돌린다면 객관적인 세상은 사라져버립니다.

우리가 마음속에서 원하는 상태를 보려한다면 단지 그곳에 집중을 하면 됩니다. 하지만 그것을 객관적인 현실로 만들려면 그것이 현실의 느낌을 받을 때까지 의식을 보이지 않는 상태에 맞춰야만 합니다. 의식을 집중해서 소망이 현실의 뚜렷함과 느낌을 가진 것처럼 보인다면 우리는 그 보이지 않는 상태에 단단한 현실이 될 권리를 부여해 준 것입니다.

잠과 유사한 상태에서 주의의 방향을 조절하는 것이 어렵다면, 어떤 물체를 고정되게 응시하는 것이 도움이 될 수 있습니다. 벽이나 융단처럼 두께가 있는 물체를 통해, 그 표면이 아닌 그 내부나 그 너머를 바라보십시오. 가능한 반사되는 것이 없게끔 물체를 조정하십시오. 그런 다음, 그 시선 안에서 보기 원하고 듣기 원하는 것을 상상하면서 당신의 의식이 상상한 상태에 완전히 집중되도록 만드세요.

명상이 끝났을 때, 즉 '통제된 깨어있는 꿈'에서 깨어났을 때 아주 먼 곳에서 돌아온 것 같은 느낌을 받을 것입니다. 당신이 차단했던 가시적인 세상은 의식 안으로 다시 돌아와 있고, 그 돌아온 객관적인 세상은 당신이 명상 중에 실제라고 믿었던 것에 속았다는 것을 알려줍니다. 하지만 의식이 만물의 근원이자 유일한 실체라는 것을 안다면, 당신은 당신이 봤던 상상에 믿음을 유지할 것이고 이렇게 믿음을 유지한 마음 태도에 의해서 실체라는 선물을 확인하게 될 것입니다. 그리고 당신의 욕망을 눈에 보이는 단단한 현실로 만드는, '실체를 창조할 수 있는 힘'이 당신에게 있다는 것을 증명할 것입니다.

이상을 뚜렷하게 만들고, 그 이상과 하나된 것에 당신의 의식을 집중하십시오. 그 이상적인 상태가 되었다는 느낌, 즉 이상이 실현되었다면 가지게 되었을 느낌을 사실로 받아들이십시오. 그리고 이런 확신 속에서 살고 행동하십시오. 믿음은, 그것이 감각에 의해 거부되더라도, 계속 고집해나간다면 현실이 될 것입니다. 당신이 알고 있는 사람들을 마음속에서 떠올려본다면 소망하는 상태를 확고하게 만드는 것에 성공했는지를 알 수 있습니다. 마음속에서 다른 이와 대화를 나누어본다면 현실에서 대화를 나눌 때보다 자신을 감출 필요가 없기에 진실한 대화를 나눌 수 있습니다. 그래서 마음속에서 나누는 대화를 살펴본다면 자신을 분석할 기회를 얻게 됩니다. 만약 당신이 그들을 예전에 보던 방식으로 보고 있다면, 당신 자신에 대한 관념은 변하지 않은 것입니다. 자신에 대한 관념의 변화는 언제나 당신 세계와의 관계 변화를 수반하기 때문입니다.

명상 속에서, 새로운 자아관념이 현실이 되었다면 그들이 당신을 보았을 것처럼 그들이 당신을 보게끔 만들어야 합니다. 항상 당신이 심은 이상이 현실이 된 것처럼 그렇게 다른 이들에게 보여야 합니다. 따라서 마음속에서 다른 이들을 떠올렸을 때 새로운 자아관념이 현실로 나타났다면 그들이 보았을 것처럼 정신적으로 그들이 당신을 보게 만들어야 합니다. 다시 말해 명상 속에서 당신이 원하는 존재가 된 모습을 그들이 보고 있다고 상상해야 합니다.

이미 원하는 존재가 되었다는 것을 사실로 받아들인다면 소망은 성취되고, 그런 성취 속에서 당신의 모든 갈망은 사라집니다. 당신은 이미 성취한 것을 계속해서 원할 수는 없습니다. 소망을 이루기 위해 애쓰는 것이 아니라, 당신이 이미 가지고 있다는 것을 깨닫고, 원하는 존재가 되었다는 느낌을 사실로 받아들여야 합니다. 믿는 것과 되는 것은 하나이고, 생각하는 자와 생각은 하나입니다. 하나이기 때문에 가깝다는 표현도 적당하지 않습니다. 왜냐하면 가깝다는 말은 분리된 것을 내포하기 때문입니다. "만약 당신이 믿을 수 있다면, 모든 것은 믿는 자에게 가능하다." [마가복음 9:23] '되는 것(being)'은 소망하는 것들에 대한 실상이고, 보이지 않는 것들에 대한 증거입니다. 만약 당신이 원하는 존재가 되었다는 것을 사실로 받아들인다면 그렇게 받아들인 것에 맞춰져 있는 다른 이들의 모습을 보게 될 것입니다.

하지만 만약 다른 이들이 잘 되는 것을 원한다면 명상 속에서 그가 그런 모습으로 되어 있다고 상상해야만 합니다. 당신을 현재의 상태로부터 벗어나게 하는 것은 욕망입니다. 그리고 당신이 원하는 이상이 현실화되었다면 육신 안에서 경험하게 될 것을 상상 속에서 경험하게 된다면 소망에서 성취로 가는 길은 단축됩니다.

다양한 미래 중에서 원하는 것을 고를 수 있는 선택이 매순간 자신 앞에 있다고, 저는 말했습니다. 그러나 사건이 일어나기도 전에 그 사건을 볼 수 있다는 사실을 생각해보면, 이런 질문이 떠오를 것입니다. "3차원 세상에 머물러 있는 사람의 경험이 미리 결정되어 있다면, 어떻게 미래를 바꾸는 것이 가능하다 말할 수 있지?" 우리가 이 땅 위의 경험들을 인쇄된 종이에 비유해본다면 미래를 바꿀 수 있는 능력을 이해할 수 있습니다. 사람은 이 땅 위에서 사건들을 하나씩 연속해서 겪고 있습니다. 같은 방식으로 당신은 이 페이지의 글자들을 차례대로 읽습니다.

이 페이지의 각각의 글자가 하나의 단일한 감각적인 인상들을 나타낸다고 가정해 보십시오. 문맥을 이해하고 제가 전달하려는 의미를 파악하기 위해 당신은 맨 위 왼쪽 글자부터 시작하여 오른쪽으로 한 글자씩 차례대로 시선을 이동할 것입니다. 그래서 이 종이의 마지막 글자에 다다랐을 때, 제가 말하고자 하는 뜻을 알아차리게 됩니다. 이 종이에 인쇄된 글자들은 모두 동등한 가치를 가지고 있습니다. 그런데 이 글자들을 재배열하겠다고 마음먹었다 생각해보십시오. 그 글자들을 가지고 완전히 다른 이야기들을 만들 수 있습니다. 정말로 수없이 많은 다양한 이야기들을 만들 수 있습니다.

　꿈은 통제에서 벗어난 4차원의 생각, 또는 과거와 미래의 감각적 인상들이 재배열된 것에 불과합니다. 깨어 있을 때 경험하게 될 사건들을 순서대로 꿈을 꾸는 사람은 거의 없습니다. 시간적으로 따로 떨어진 두 가지 혹은 그 이상 되는 사건들을 하나의 단일한 감각적 인상들에 녹여 꿈을 꿉니다. 아니면 단일한 감각적 인상들이 완전히 재배열되어서, 나중에 잠에서 깨어 그 일들을 마주쳤다 해도 전혀 알아볼 수 없게 될 수도 있습니다.

　예를 들어 설명해보면, 저는 제가 사는 아파트에 위치한 레스토랑에 우편물을 배달하는 꿈을 꾸었습니다. 여주인이 "거기에 두어선 안 됩니다"라고 말했습니다. 그 후에 엘리베이터 근무자가 편지 몇 개를 주었고 제가 그것에 대해 감사하다고 말했더니 그도 저에게 감사하다고 했습니다. 이때 저녁 엘리베이터 근무자가 나타나서 저랑 인사를 했습니다.

　이 꿈을 꾼 다음 날, 제가 아파트를 나올 때 방문 앞에 놓여있던 편지들을 집었습니다. 내려오는 길에 낮 엘리베이터 근무자에게 팁을 주며 편지를 전해놓은 것에 대해 고맙다고 했더니 그도 팁에 대해 감사하다고 말했습니다. 그 날 집에 돌아오는 길에 호텔 문지기가 배달하는 사람에게 "그곳에 두어서는 안 됩니다"라고 말하는 것을 들었습니다. 아파트로 올라가기 위해 엘리베이터를 잡으려 할 때, 레스토랑에서 낯익은 얼굴을 보고는 안을 들여다 보자 여주인이 웃으면서 인사를 건넸습니다. 그날 밤, 저녁 손님들을 엘리베이터까지 안내해 주며 인사를 하자, 저녁 엘리베이터 근무자가 저에게 저녁 인사를 건넸습니다.

몇 개의 단일한 감각적인 인상들을 재배열해보면 제가 다음 날 겪기로 예정되었던 것들이 됩니다. 그리고 두 개 혹은 그 이상 되는 사건들을 하나의 단일한 감각적인 인상 속으로 합쳐놓는다면 깨어있는 동안 겪은 것과는 조금은 다른 꿈을 만들어 냅니다.

4차원 세계에서 우리 의식의 움직임을 조절하는 방법을 배우게 되면, 3차원 세계의 환경들을 의식적으로 창조할 수 있습니다. 우리는 깨어있는 꿈을 통해 의식을 조절하는 법을 배우게 될 것입니다. 그 상태에서 애쓰지 않고, 주의력을 유지할 수 있습니다. 애쓰지 않고 주의력을 갖는 것은 미래를 바꾸는 데에 필수적입니다. 통제할 수 있는 깨어있는 꿈 안에서 3차원 세상에서 겪기 원하는 사건들을 의식적으로 만들 수 있기 때문입니다.

깨어있는 꿈을 만들기 위해서 사용하는 감각적인 인상들은, 시간 또는 4차원적인 세상 안으로 옮겨진 현존하는 실체입니다. 깨어있는 꿈을 만들기 위해 우리가 해야 할 일은, 감각적 인상들이 광범위하게 존재하는 곳으로부터 적절한 것들을 뽑아내 재배치시켜 우리의 소망이 이루어졌다는 것을 나타나게끔 만드는 것입니다. 꿈을 아주 명확하게 정한 후에 의자에 앉아 편안하게 긴장을 풀고 잠과 비슷한 의식 상태를 만듭니다. 그 의식 상태는 잠과의 경계선상에 있지만, 의식의 움직임을 원하는 방향으로 통제할 수 있어야 합니다. 그런 후에 깨어있는 꿈이 객관적인 실체라면 현실 속에서 겪을 만한 일들을 마음의 영상 속에서 경험합니다. 미래를 바꾸기 위해 이 기법을 적용할 때 유념해야 할 것이 있는데, 깨어있는 꿈 안에서 마음을 유일하게 지배해야 하는 것은, 소망이 성취된 것을 나타내고 있는, 사전에 결정된 행동과 감각이어야 한다는 것입니다. 어떤 경로를 통해 상상이 현실로 이루어지는지는 상관하지 않습니다. 깨어있는 꿈을 현실로 받아들인다면 그것들 스스로 소망을 이루기 위해 방법들을 모색할 것입니다.

기도, 즉 '통제된 깨어있는 꿈'에 대해 다시 정리해보겠습니다.

1. 당신의 목적을 명확하게 하십시오. 즉 무엇을 원하는지 확실히 하십시오.
2. 원하는 것이 이루어졌다면 겪을만한 사건을 구상하십시오. 그 사건은 당신 자신이 주인공이 된 행동이어야 하고, 원하는 것이 이루어졌다는 것을 나타내는 것이어야 합니다.
3. 몸을 움직이지 말고 잠과 비슷한 상태를 불러일으키십시오. 그런 다음, 구상했던 행동을 하고 있는 당신을 마음속으로 느껴, 소망이 성취됐다는 감각만이 마음을 지배하게 하십시오. 당신이 지금 여기에서 실제로 그 행동을 하고 있는 중이라고 상상해서, 원하는 것을 이루었을 때 현실에서 경험할만한 것들을 상상 속에서 경험하십시오.

제가 경험을 통해 볼 때 이 방법이 원하는 것을 이루는 가장 쉬운 길입니다.

그러나 만약 제가 의식의 움직임을 완벽하게 통제했다고 말한다면, 이 세상에서 제가 저지른 많은 실패들이 그것이 사실이 아니라고 말해

줄 것입니다. 그럼에도 불구하고 고대의 스승들과 더불어 저는 다음과 같이 말합니다.

"내가 하는 이 한 가지는, 뒤에 있는 것들은 잊고 앞에 놓여 있는 것들에 손을 뻗치면서 상에 대한 흔적을 향해 나가는 것이다." [빌립보서 3:13,14]

Chapter 38 Power of Imagination

상상의 힘

그대는 진리를 알게 될 것이니,

진리가 그대를 자유롭게 하리라.

[요한복음 8:32]

　사람들은 외부의 현실에 맞춰 진실을 판단해야 한다고 말합니다. 예를 들어 갇혀있는 상황에 있으면서 '나는 자유롭다'고 믿는다면, 그것은 하나의 믿음을 지닌 것은 분명하지만 단지 자신을 망상의 희생자로 만들 뿐이라고 주장합니다. 즉, 믿음은 믿음에 그칠 뿐 현실을 변화시키지 못한다고 합니다. 하지만 저의 경험으로 인하여 많은 신비한 것들을 믿게 되었고, 제 경험을 넘어서는 것들의 진실성을 의심할 이유를 거의 찾지 못했습니다.

　진실한 세상은 눈에 보이는 외부의 모습을 따를 필요가 없기 때문에 고대의 스승들은 외관을 쫓아 판단하지 말라고 경고했습니다. 그들은 우리가 타인에 대해 악한 것을 상상하는 경우, 거짓 증거를 현실로 만들고 있다고 주장했습니다. 우리의 믿음이 얼마나 현실에 기반한 것이든, 그것이 관련된 외부의 현실과 얼마나 일치하든, 우리가 가진 그 믿음의 대상을 자유롭게 만들지 않는다면 그것은 진실이 아니며, 거짓된 판단입니다.

   고대의 스승들은 우리가 감각의 증거들을 거부하고 이웃들이 자유를 얻은 모습을 진실로 상상하기 바랐습니다. "진리를 알게 될 것이니, 진리가 너희를 자유롭게 하리라." [요한복음 8:32] 우리 이웃의 진실한 모습을 알기 위해서는, 그가 원하던 모습이 이미 되었음을 사실로 받아들여야만 합니다. 우리가 이웃에 대해 지닌 관념이 아직 자유를 찾지 못한 모습이라면 실제로 그 사람들을 자유롭게 만들지 못할 것입니다. 그래서 이것은 성경에서 말하는 진리가 될 수 없습니다.

   학교에서는 강의와 세미나에 참여하는 것이 자체적으로 습득한 지식을 대체한다고 여기고 있지만, 제 교육은 스스로 상상력의 힘을 계발하는 것에 전념했습니다. 저의 이성과 감각이 제시하는 것과 다른 저 자신을 상상했고, 그 상상한 상태가 현실만큼 생생해질 때까지 몇 시간 동안 몰입했습니다. 제 옆을 지나가는 사람이 제 상상의 일부가 되어서 제가 시키는 대로 행동할 정도까지 생생하게 상상했습니다. 상상력의 힘으로, 상상한 상태와 제가 하나가 되어있는 동안, 저의 환상은 그들을 인도했고 그들에게 행동과 대화를 지시했습니다. 상상력은 인간 그 자체입니다. 그래서 상상력이 보고 있는 세상이야말로 진정한 세상입니다. 하지만 우리에게는 의무가 있습니다. 아름다운 것과 듣기 좋은 것만을 상상하는 것입니다. "주는 인간이 보는 것과 같이 보지 않더라. 인간은 외부의 것만을 쫓아서 보고 있지만, 주는 그 마음을 본다." [빌립보서 4:8] "사람은 가슴에서 생각한대로, 그렇게 된다."

[잠언 23:7]

저의 상상의 힘이 계발된 후, 명상에 들 때면 저의 상상력에게 원하는 것은 무엇이든지 끌어당겨 올 수 있는 자성이 있다는 것을 알게 되었습니다. 욕망은 저의 내부에서 상상한 대로 제 주변의 삶을 창조하기 위해서 상상력이 사용하는 힘입니다. 우선 저는 특정한 사람이나 특정한 장면을 보는 것에 대한 욕망을 갖습니다. 그런 후에 제가 보기 원하는 것이 실제 앞에 있는 것처럼 봅니다. 그러면 상상한 것은 객관적인 실체가 됩니다. 저는 어떤 것을 듣기 원하면 지금 그것이 들리는 것처럼 듣습니다. 그러면 상상 속의 목소리는 마치 그것 스스로 소리를 내려고 한 것처럼 제가 불러준 대로 말을 합니다. 저는 당신에게 제 주장을 증명할 많은 사례들, 즉 상상을 했던 상태가 물질적인 실체가 되는 것을 입증할 많은 사례들을 제시할 수 있습니다. 하지만 제가 이런 사례를 든다 하더라도, 이것과 비슷한 것을 접해본 적이 없거나 제 주장이 내키지 않는 사람들에게는 커다란 회의감만을 일으킨다는 것을 알고 있습니다. 그러나 제가 겪은 경험이 저에게 "그분은 보이지 않는 것들을 마치 보이는 것처럼 부르시더라"[로마서 4:17]라는 문구가 진실임을 확인시켜 주었습니다. 왜냐하면 저는 집중된 명상 속에서 보이지 않는 것을 보이는 것처럼 불렀고, 보이지 않는 것은 보이게 되었을 뿐 아니라 종국에는 물질적인 실체가 되었기 때문입니다.

먼저 우리가 경험하고자 하는 것을 욕망한 후에 그것을 경험하고 있는 것처럼 상상하는 것을 통해, 우리는 우리의 욕망에 맞춰 미래를 형성할 수 있습니다. 하지만 우리는 선지자의 충고를 따라 오직 사랑스럽고 선한 것만을 생각해야 합니다. 왜냐하면 상상력은 우리의 본성이 선한 것들로 채워졌을 때 선한 명령을 신속하게 이행하는 것처럼, 우리의 본성이 악으로 채워질 때도 우리의 명령을 신속하게 이행하기 때문입니다. 우리에게서 선과 악은 모두 싹터 나갑니다. "내가 오늘 네 앞에 생명과 선, 그리고 죽음과 악을 두었다." [신명기 30:15]

욕망과 상상력은 동화에 나오는 마법사의 지팡이입니다. 그것들은 유사한 성질을 가진 것들을 끌어당깁니다. 마음이 잠과 비슷한 상태에 있을 때 가장 잘 발현됩니다. 저는 차원적으로 거대한 세상에 들어가는 방법을 자세히 설명했지만, 이제 그 거대한 세상의 문을 여는 또 다른 공식을 제공하겠습니다.

"꿈 속에서, 밤의 환영 속에서, 깊은 잠이 찾아와 침대에 곤히 잠들었을 때, 그분은 사람들의 귀를 열어 그들에게 지시를 주신다." [욥 33:15,16]

우리는 보통 꿈 속에서 보이는 환영의 주인이기보다는 종입니다. 하지만 이런 내적인 환상은 외부의 현실로 바뀔 수 있습니다. 명상 상태에서 차원적으로 더 거대한 세상으로 들어갈 수 있듯이, 꿈에서도 역시 들어갈 수 있습니다. 현대 심리학자들이 주장하는 것처럼 꿈속의 형체들이 2차원적인 평면 이미지가 아니라 차원적으로 더 거대한 세상의 본질적인 실재임을 알고 있습니다. 만약 잠에 든 상태에서 어떤 의자, 테이블, 계단 나무와 같은 무생물이면서 고정된 형태를 잡고 자신을 놀라게 해서 깨어나게끔 의지한다면 그것들을 꽉 잡은 채로 다른 세상에서 깨어날 수 있다는 것을 발견했습니다. 꿈 속에서 대상을 붙잡고 다른 세상에서 깨어나면 그 꿈을 완전히 인식하고 의식을 조절할 수 있게 되므로, 더 이상 환상의 종이 아닌 주인이 됩니다. 보이지 않는 것을 보이는 것처럼 부를 수 있는 상태, 즉 생각의 방향을 조절할 수 있는 이런 완전히 의식적인 상태에서, 원하는 것들이 이루어진 느낌을 사실로 받아들여 불러내십시오.

우리가 사는 3차원적인 세상에서는 소망하던 것을 사실로 받아들인 때와 그것이 현실로 성취되기까지의 간격이 존재합니다. 하지만 차원적으로 더 거대한 세상에서는 우리가 사실로 받아들인 것이 즉각적으로 실현됩니다. 그곳에서는 수확하기 위해 4개월을 기다릴 필요가 없습니다. 우리는 들판이 이미 하얗게 되어 수확할 때가 된 것처럼 봅니다.

차원적으로 더 거대한 세상에서 "너희는 싸울 필요가 없다. 전열을 가다듬고, 고요하게 서서는, 너희와 함께 하시는 주의 구원을" 봅니다. [역대기 하 20:17] 그 거대한 세상은 천천히 우리의 3차원적인 세상을 통과하고 있기 때문에, 상상의 힘으로 원하는 모습의 세상을 창조할 수 있습니다. 마치 원하는 것을 보는 것처럼 보십시오. 마치 원하는 것을 듣는 것처럼 귀를 기울이십시오. 실제로 만지는 것처럼 상상의 손을 뻗으십시오. 사실로 받아들인 것은 현실이 될 것입니다.

외부 사실에 기초하여 진실을 판단해야 한다고 믿는 사람들에게 이러한 이야기는 어리석음과 장애물일 뿐입니다. 하지만 저는 소망하는 것을 의식 안에서 확고히 하라고 말씀드리고 싶습니다. 이것은 제가 실천하고 있는 것이기도 합니다. 외부에 영향 받지 않고 의식 안에서 확고하게 자리 잡은 마음태도는 '상상의 것'이고 '존재하지 않는 것'이라 할지라도 '존재하는 것을 무효로 만들' 것입니다.

제 책이 경이로운 책이 되기보다는 인간의 마음을 고대의 스승들이 하느님으로 찬양했던, '만물의 근원이자 유일한 실체'로 다시 돌리기를 희망합니다. 하느님에 대해 쓰인 모든 이야기는 사실 인간의 의식에 관한 것입니다. 그래서 우리는 이렇게 말할 수 있습니다. "기록된 바와 같이, 찬미하는 자는 자기 자신의 의식 안에서 찬미하게 될 것이다." [고린도전서 1:31]

이 의식의 법칙을 적용하는 데에 외부의 도움이 필요하지 않습니다. 'I AM'은 절대자가 자신에 대해 내린 정의이며 모든 것이 생겨나는 뿌리입니다. "나는 포도나무이다." [요한복음 15:1]

"나는 누구인가?"라는 이 영원한 질문에 대한 당신의 대답은 과연 무엇입니까? 당신의 대답은 세상의 드라마에서 당신이 맡을 역할을 결정합니다. 당신의 대답, 즉 당신 자신에 대한 관념은 당신과 관련된 외부 현실들을 바탕으로 할 필요가 없습니다. 이 위대한 진리는 "약한 자가, '나는 강하다'고 말하게 하라." [요엘 3:10]는 구절에 나타나 있습니다.

새해마다 마음먹은 수많은 결심들을 돌아보십시오. 그 결심들은 잠시 동안 지속되다가 다시 사라졌습니다. 왜 그랬습니까? 그것들은 뿌리와 단절되었기 때문입니다. 원하는 모습이 이미 되었다고 선언하십시오. 원하는 모습이 되었다면 실제로 경험하게 될 것들을 상상 속에서 경험하십시오. 사실로 받아들인 것에 믿음을 유지해서, "나는 누구인가?"라는 질문에 그렇게 대답하십시오. 어떤 것이라도 뿌리와 단절되어 있다면 더 이상 생명을 지닐 수 없습니다. 우리의 의식, 즉 우리의 I AM은 우리의 세상에서 싹터 나오는 모든 것의 뿌리입니다.

"너희가 만약 내가 그라는 것을 믿지 않는다면, 너희는 너희의 죄 안에서 죽음을 맞이할 것이다."[요한복음 8:24] 다시 말해 내가 이미 원하는 모습이 되었다는 것을 믿지 않는다면 현재의 나로서 계속 남게 될 것이며, 현재의 관념 안에서 죽음을 맞이할 것입니다. 인간이 경험하고자 하는 것에 생명을 불어넣고 부활시킬 수 있는 힘은 인간 의식 외에는 어디에도 존재하지 않습니다. 상상 속에서 자신의 의지대로 원하는 영상을 불러낼 수 있는 사람은 상상의 힘을 통해 운명의 주인이 될 것입니다.

"나는 부활이고 생명이다. 나를 믿는 자는, 죽었더라도 생명을 얻을 것이다."[요한복음 11:25]

"너는 진리를 알게 될 것이니, 진리가 너를 자유롭게 만들 것이다."[요한복음 8:32]

Chapter 39 No One to Change but Self
변화해야 할 것은 오직 자신뿐이다

내가 그들을 위해 나 자신을 거룩하게 하니,

그들도 진리를 통해 거룩해질 것이다.

[요한복음 17:19]

우리가 구하고자 하는 이상이 마음 안에 잠재적으로 존재하지 않는다면 어떤 것도 우리를 통해 절대 나타날 수 없습니다. 2년 전 출간된 『더 서치(THE SEARCH, 상상의 힘)』에서 저는 이러한 경험을 강조했습니다. 이 책은 의식의 법칙을 이해하는 데 도움을 주며, 우리가 보고 있는 것은 우리 의식 안에 존재하기 때문에, 외부를 변화시킬 필요가 없다는 것을 보여줍니다. 오로지 자신만이 변화의 대상이 될 수 있습니다.

바닷가에서 한가한 시간을 보내고 있을 때였습니다. 저는 "완벽한 상태"에 대해 명상을 하면서 제가 바라보는 시선이 굉장히 순수해져서 어떤 부정한 것도 보이지 않고, 모든 것이 순수하게 다가오고, 어떤 것도 비난하지 않는다면 어떤 모습일지 생각해봤습니다. 이 생각을 강렬하게 해서 그 속에 푹 빠지게 되었을 때, 제가 감각이라는 어두운 것들 위로 고양된 것을 발견했습니다. 몸이 마치 공기와 같이 가벼워지는 듯한 강렬한 느낌을 받았습니다. 그때 죽음과 싸워 이긴 승리자들의 찬양과 함께 천국의 합창 소리와 같은 음성이 들려왔습니다. "그는 깨어났다. 그는 깨어났다." 그리고 직관적으로, 그들이 저를 두고 하는 말이라는 것을 알았습니다.

그런 후에 제가 밤길을 걷는 듯 보였습니다. 그리고 곧 눈먼 자, 절름발이, 죽어가는 자 등 병이 깊은 사람들이 모여 있는 고대의 베데스다 연못과 같은 장면이 눈앞에 펼쳐졌습니다. 그런데 그들은 관습처럼 물이 흔들리는 때를 기다리는 것이 아니라 저를 기다리고 있었습니다. 그들에게 다가가자, 제가 어떤 생각이나 노력을 하지 않았는데도 차례대로 마법사가 마법을 부리는 것처럼 그들이 아름답게 변해갔습니다. 완벽함이 제 안에서부터 솟아나는 것처럼 느껴졌는데, 그것과 조화를 이루어 그들의 눈, 손, 발 등 그들에게 없던 부분이 눈에 보이지 않는 저장고로부터 나와서는 그들을 완벽하게 만들어 나갔습니다. 모든 것이 완벽하게 되었을 때 합창소리가 울려 퍼졌습니다. "끝났다."

완벽함이라는 생각에 집중된 명상을 했기 때문에 이런 영상이 나타났다는 걸 알고 있습니다. 마음속으로 완벽함을 응시하는 것은 그 완벽한 상태와 저를 계속해서 하나로 만들어냈기 때문에 이런 영상이 저에게 나타났던 것입니다. 저는 완벽한 생각들에 완전히 흡수되어 잠시 동안 마음속에서 응시한 것과 하나가 되었고, 그 순간 저와 하나가 된 고귀한 목적들이 그것과 같은 부류의 것들을 끌어당겨서, 내부의 마음이 비추는 것과 같은 영상들을 창조했습니다. 우리와 하나가 된 이상은 연상 작용으로 수천 가지의 분위기를 깨워서 그 생각이 중심이 된 드라마를 만들어냅니다.

　이런 신비한 경험을 통해, 우리가 추구하고 있는 완벽함이라는 것은 자신에 대한 변형 외에 다른 방법이 없다는 사실을 확신하게 되었습니다. 자신을 변형시키는 것에 성공했을 때 이 세상은 눈앞에서 마법처럼 녹아버리고, 변형된 모습에 맞춰 세상은 스스로를 재형성됩니다.

　신의 섭리 안에서는 어떤 것도 잃는 것이 없습니다. 사물들이 그것의 본연의 생명을 지닌 세상에서 내려올 때를 제외하고는 우리는 어떤 것도 잃을 수 없습니다. 죽음 안에서는 변화를 만드는 힘이 없습니다. 우리가 어디에 있든지, 마음속의 영상과 마음속의 느낌을 강렬하게 가짐으로써 주변 세상을 만들고 있습니다. 자신에 대해 지닌 관념에 좌우해서 삶을 빛나게 할 수도 있고 어둡게 할 수도 있습니다. 가장 중요한 것은 우리 자신에 대한 인식이며, 특히 우리 내부에 존재하는 차원이 더 큰 존재에 대한 인식입니다.

　우리를 돕거나 방해하는 사람들은, 그들이 그 사실을 알든 모르든, 우리의 마음에 맞춰 세상을 만들어가고 있는 법칙에 종속된 자들입니다. 자신에 대한 인식은 우리를 자유롭게 하거나 제약할 수 있으며, 때로는 물질적인 수단을 사용하여 그 목적을 달성할 수도 있습니다.

　내면의 상태에 따라 외부 세계가 만들어지고 있는 것이 삶이라면 완벽함이 나타나기 위해서는 자신을 변형시키는 길밖에 없습니다. 외부에서 도움을 구하지 마십시오. 우리가 눈을 들어서 우러러보는 산도 내부에 있습니다. 그래서 모든 현상을 설명할 수 있는 유일한 실체이자 유일한 기반으로서 우리가 시선을 향해야 하는 곳은 우리 자신의 의식입니다. 자신 안에 지니고 있는 것만을 외부세계에 가져다주는 이 법칙의 정의에 완벽하게 기대야 합니다.

자신에 대한 관념을 바꾸지 않고 세상을 바꾸려 하는 것은 자연의 섭리에 정면으로 충돌하는 것입니다. 내부의 변화가 일어나기 전까지 외부는 변하지 않습니다. "내부에서와 같이 외부에서도." 제가 당신에게 물질적인 방법과 투쟁을 통해서 원하는 것을 얻으려 하기보다는 원하는 모습이 이미 되어 있는 것처럼 상상해야 하고 정신적으로 위대한 환경 속에서 살라고 말할 때, 그 말들은 현실에 무관심한 인생관을 가지라는 것은 아닙니다. 의식을 변화시키지 않고 어떤 일을 하려 한다면, 겉에 보이는 문제만을 다루는 무익한 짓일뿐입니다. 아무리 외부적으로 애쓰고 노력해봤자 자신의 자아 관념이 규정하고 있는 것만을 받게 됩니다. 주변에 일어나는 일들에 반응하고 있다는 것은 우리 존재의 법칙과 운명의 지배자가 되는 길에 대항하는 것입니다.

내 삶의 환경들은 존재의 차원적으로 더 거대한 창고에서 영혼이란 것에 의해 만들어지고 있다고 말할 수밖에 없습니다. 왜냐하면 자아관념에 의해서 삶의 환경들이 만들어지고 있기 때문입니다. 삶에 어떤 고통이 주어졌다면 그 원인을 찾기 위해 내부로 시선을 돌려야 합니다. 자아 관념이 나를 이곳으로 데리고 와서 고통을 겪게 했기 때문입니다.

강렬한 명상은 그렇게 명상한 상태와 나를 하나로 만들고, 이런 합일이 일어나는 동안 우리는 변화된 의식과 조화된 환상들을 보고, 경험하고, 그에 따라 행동합니다. 이것을 통해 우리는 의식의 변화가 환경과 행동의 변화를 초래한다는 것을 알 수 있습니다.

폭력적인 감정은 마음의 구조를 쉽사리 바꿔버리는 아주 강한 힘을 지닌다는 것을 모든 전쟁이 증명합니다. 모든 커다란 투쟁이 휩쓸고 간 자리에는 그 투쟁이 표면적으로 내걸었던 이상은 사라지고 물질주의와 탐욕의 시대가 도래합니다. 전쟁은 증오를 깨워 이상적인 차원으로부터 투쟁이 일어나는 차원까지 의식 하강을 촉진하기 때문에, 이상이 소멸되고 탐욕만이 남게 되는 것은 피할 수 없는 결과입니다. 우리가 증오의 감정을 가지려 했을 때 쉽게 증오의 수준까지 내려갈 수 있었던 것처럼, 우리는 또한 이상적인 감정을 가지려 한다면 쉽게 이상적인 수준까지 올라설 수 있습니다.

사랑과 증오는 마법 같은 변화의 힘을 지니고 있습니다. 사랑이나 증오의 감정을 가지면, 우리는 마음속에 응시하고 있는 것과 비슷한 모습으로 변해갑니다. 증오라는 감정에 마음을 모으면, 우리가 적으로 생각했던 것들의 성격을 우리 안에 만들어냅니다. 어떤 상태이든 관심을 기울이지 않으면 사라지기 때문에 벗어나고 싶은 상태에 대해 직접적인 공격을 하기보다는, "보잘것없는 것들에게 아름다움을, 슬픔에 기쁨을" 마음 안에 그려서 불쾌한 상태를 씻어내는 것이 최선입니다. [이사야 61:3]

"무엇이든, 사랑스러운 것들과 듣기에 좋은 것들에 대해서 생각하라." [빌립보서 4:8] 왜냐하면 우리는 우리와 함께 하는 것들과 비슷한 모습으로 변화되기에 그렇습니다.

변화해야 할 것은 오직 우리 자신에 대한 관념뿐입니다. 자아 관념을 변형시키는 데에 성공한다면, 현재의 세상은 분해되어버렸다가 변형된 자아가 말하고 있는 것에 맞추어 재형성됩니다.

Resurrection
—
부 활

40　신앙 고백

Chapter 40 A Confession of Faith
신앙 고백

이제 요한이 갇힌 후에 예수께서 갈릴리에 오셔,
하느님의 복음을 전하시며 말씀하시기를,
"그 시간이 다 찼고, 하느님의 왕국은 임박해 있다.
회개하라. 그리고 복음을 믿으라."
[마가복음 1:14-15]

예수님의 사역은 요한의 사역이 유대에서 끝난 후부터 시작됐다.
예수께서 자신의 사역을 시작한 때는 약 삼십 세가 되어서였다.
[누가복음 3:23]

그 시대의 토양은 하느님의 복음을 위해서 경작되었고 써레질 되었습니다. 그리고 사람들은 하느님이 세워놓은 구원의 계획을 경험하기 시작했습니다.

하느님의 복음을 저술한 저자가 누구인지는 알지 못합니다. 우리가 그들에 대해 알 수 있는 전부는 우리 스스로 성서를 경험해서 추론해 봐야만 합니다. 그들의 권위는 성서라는 죽어있는 글자 안에 있는 것이 아니라 성서에 대한 그들의 경험에 있습니다. 그들의 복음서는 하나의 새로운 종교가 아니었고, 아브라함의 믿음만큼 오래된 성서를 완전하게 자신의 경험 속에서 성취한 것이었습니다. "그리고 성경은 하느님께서 이방인들을 믿음으로 말미암아 의롭게 하실 것을 미리 알고 먼저 아브라함에게 복음을 전파하셨다."[갈라디아서 3:8] 그래서 아브라함은 하느님을 믿고, 하느님께서 아브라함에게 미리 보여주신 구원의 이야기에 맞춰 살았습니다.

복음서를 쓴 알려지지 않은 저자들은 예수 그리스도의 삶에 나타난 성서의 완전한 성취를 강조했습니다. 우리 안의 그리스도는 성서를 성취합니다. "그대는 예수 그리스도가 그대 안에 있다는 것을 깨닫지 못하였는가?"[고린도 후서 13:5] "내가 그리스도와 함께 십자가에 못 박혔으나, 내가 사는 것이 아니요, 그리스도께서 내 안에 사시는 것이다."[갈라디아서 2:20] "그리스도가 죽음을 맞이했던 것과 같은 죽음 안에서 우리 역시 그분과 하나가 된다면, 우리는 확실히 부활 속에서 그분과 하나가 될 것이다."[로마서 6:4]

17세기의 신비가인 요한 셰플러(Johann Scheffler)는 예수 그리스도가 우리 안에서 그분의 삶을 다시 펼치는 것을 표현했습니다.

"그리스도가 베들레헴에서 천 번 태어났다고 하더라도, 그리스도가 당신 안에서 태어나지 않았다면, 당신의 영혼은 여전히 버림받은 것이다."[에드워드 토마스]

"그리고 예수께서 그들에게 말씀하셨다. '오, 어리석은 자들아, 선지자들이 말했던 모든 것을 더디 믿는 자들아! 그리스도가 이런 고통들을 겪고 그분의 영광 안으로 들어가는 것이 당연하지 아니한가?' 그분은 모세와 모든 선지자들을 시작하여, 성경 전체에 걸쳐 자신과 관련된 것들을 그들에게 설명하시더라. . . 모세와 선지자들의 율법과 시편에서 나에 관하여 기록된 모든 것이 성취되어야 한다는 뜻이다. 그리고 예수께서 그들의 마음을 열어 성서를 이해하게 하셨다." [누가복음 24:2,5,27,44,45]

"그들이 하느님의 율법 책을 낭독하고 그 의미를 알려 주어 백성들로 낭독한 것을 깨닫게 하였다." [느헤미야 8:8]

구약은 예수 그리스도의 삶에 대한 예언적 청사진을 보여줍니다. 하느님의 복음은 아브라함에게 주어진 미래에 대한 계시입니다. "아브라함은 자신의 날을 보고 기뻐하였다." [요한복음 8:56] 그것은 그리스도가 깨어나는 것에 대한 이야기입니다. 장차 다가올 시대에 참가하기 위해서는 하느님이 죽은 자를 일으켜야만 합니다. 예수 그리스도의 부활은 하느님의 승리입니다. "그리스도가 부활했던 것과 같은 부활 속에서 그와 하나가" 될 것이라는 말은 모든 것에서 하느님이 승리할 것이라는 약속입니다. [로마서 6:5]

그러나 승리의 날이 오기 전에 인간은 고난의 용광로에서 제련되어야 합니다. "내가 너를 고난의 용광로에서 제련했더라. 나 자신을 위하여, 곧 내 이름을 더럽히지 않기 위하여, 내 영광을 다른 이에게 주지 않으리라." [이사야 48:10-11] 하느님과 아버지는 하나이기 때문에, 우리를 그분의 아들의 형상에 맞추려면 고난의 용광로가 필요하고, 마찬가지로 아버지의 형상에 맞추기 위해서도 고난의 용광로가 필요합니다.

"그때 그의 모든 형제들과 그의 모든 누이들과 전에 알았던 모든 이가 그에게 와서. . . 그들은 주께서 그에게 내리셨던 모든 재앙에 대하여 그를 애도하고 위로하였다. . . 그리하여 주께서는 욥의 후반을 그의 처음보다 더 축복하셨다." [욥기 42:11-12] 욥의 이야기는 우리의 이야기입니다. 하느님이 자신의 한 부분에게 내린 무자비한 시련으로 인한, 죄 없는 희생입니다. "그리고 하느님이 말씀하셨다. '인간을 우리의 형상을 따라 만들자.'" [창세기 1:26] 하지만 "현재 일어나고 있는 고통이 우리에게 드러날 영광과 비교되지 못하다고 나는 생각한다." [로마서 8:18] 여기서 말하는 영광이란 하느님 아버지께서 자신을 가리고 있던 장막을 걷어내고 우리의 모습으로 나타내시는 것을 말합니다.

하느님의 구원의 계획을 직접적으로 목격하는 것을 대신할 수 있는 것은 아무것도 없습니다. 그 신비한 구원의 계획은 창조 안에 본래 갖추어져 있습니다. 구약에서 세상에 대해 예언적으로 말한 것은 개개인 안에서 실현됩니다. 모든 것은 저에게 말해졌지만, 저는 아무것도 이해할 수 없었습니다. 하지만 성서의 이야기가 제 안에서 재현된 후, 진정 예수 그리스도가 누구인지를 깨달았습니다.

성서를 경험한 사람은 성서의 진정한 의미를 주변의 사람들에게 말하는 의무를 저버릴 수 없습니다. 하느님의 복음을 쓴, 알려지지 않은 저자들은 과거의 상황이나 사건을 역사로서 기록했던 것이 아닙니다. 하느님 구원의 계획을 직접 경험했던 저자들은 자신의 경험에 비추어 예수 그리스도의 이야기를 썼던 것입니다. 그들은 자신들의 경험을 이야기했습니다. 그들은 자신들의 초자연적인 경험에 맞춰 구약을 해석하는 것을 주저하지 않고 하느님 말씀의 진리를 입증하는, '가장 높은 세계에 대한 증인'이었습니다.

저도 구원의 이야기를 경험하게 되면서, 저의 증언을 그들의 증언 위에 더할 수 있게 되었고, 그들이 말했던 것처럼 저도 모든 것이 이루어졌다고 말합니다. 그렇게 입증된 그들의 경험들은 인류에게 제시되었으며, 인류에게는 이 해석을 받아들이거나 거부할 선택이 주어졌습니다. 경험한 자들의 증언을 들어야만 하고, 그 경험이 자신의 것과 일치해야만 합니다. 성서가 얼마나 경이로운 것인가를 이해하기 위해서는, 성서를 반드시 경험해야만 합니다. 성서를 쓴 사람들은 예수님의 외형에 관한 묘사를 하지 않았습니다. 구원의 이야기가 인간 안에서 재창조될 때, 인간은 "내가 그분이다"는 것을 알게 될 것이기 때문입니다.

"주와 하나된 자는 주와 하나의 영이 된다." [고린도 전서 6:17]

* * *

"그분은 하느님의 형체로 계시므로 하느님과 동등하게 되는 것을 약탈이라 생각지 아니하셨으나 오히려 자신을 비워 종의 형체를 입으시고 사람들과 같이 되셨다. 그리하여 사람과 같은 모습으로 나타나셔서 자신을 낮추시고 죽음에까지 순종하셨으니, (인간의) 십자가의 죽음에 이르기까지더라." [빌립보서 2:6-8] 하느님은 자신의 영적인 형체를 버리고 종의 형체를 취했습니다. 단순히 자신의 얼굴 위에 종의 가면을 뒤집어쓴 것이 아니라, 인간의 모든 약함과 한계에 종속하는 종이 되었습니다. 죽음의 문, 즉 골고다로 불리는 인간의 해골 속으로 들어간 하느님은 이제 세상의 구세주입니다. "하느님은 우리의 구원이시다. 우리의 하느님은 구원의 하느님이시다. 그리고 주이신 하느님에게, 죽음으로부터의 해방은 속해 있더라."[시편 68:19-20] "내가 죽지 아니하면, 그대는 살 수 없더라. 하지만 내가 죽는다면 그대는 다시 일어나게 될 것이고 그대는 나와 함께 할 것이다."[윌리엄 블레이크의 '예루살렘', 제4장: 판 96] 밀알의 비유는 죽음을 통한 생명의 신비를 명확히 보여줍니다.

"밀알 하나가 땅에 떨어져 죽지 아니한다면, 단지 밀알 하나로서 남게 된다. 하지만 그것이 죽는다면, 풍성한 결실을 갖고 온다."[요한복음 12:24] 이것이 바로 하느님의 구원 계획에 대한 비밀입니다. 하느님은 확장을 가져오기 위해서, 스스로에게 속박을 던져 놓고, 스스로를 수축시킵니다. 즉, 하느님은 죽음의 문, 나의 해골로 들어가서는 무덤 위에 나와 함께 눕습니다. 이는 윌리엄 블레이크의 설명을 참조한 것입니다.

"무엇이 나에게 일어났는지 나는 알지 못하니, 그래서 당신이 나에게 묻는다면, 그것을 정말 알지 못한다고 맹세할 것이다. 그것이 선하든 악하든 그 누구도 비난받지 않으니, 오직 하느님만이 긍지를 가질 수 있고, 하느님만이 부끄러움을 가질 수 있다."

"내가 확신하는 바는, 내 안에서 선한 일을 시작하신 그분이 예수 그리스도의 날까지 그 일을 완성하실 것임이다."[빌립보서 1:6] 태어나지 않은 형상이 내 안에서 형태를 갖추었을 때, 오랫동안 내 안에 감겨 있던 하느님은 자신을 펼치고, 나는 그분이 됩니다. "하늘로부터 내려온 자, 하늘에 있는 사람의 아들이 아니고서는, 그 누구도 하늘 위로 올라가지 못한다." [요한복음 3:13] 하느님은 스스로 자신의 의지로 나의 두개골인, 하느님의 무덤 골고다로 내려왔습니다. "내가 생명을 다시 얻기 위하여, 나는 나의 생명을 내려놓는다. 그 누구도 나에게서 생명을 빼앗지 아니하고, 단지 나 스스로 그것을 내려놓는다." [요한복음 10:17, 18] "너를 지으신 이가 네 남편이니, 만군의 주가 그분의 이름이다." [이사야 54:5] "주와 하나 된 이는 그와 하나의 영이 된다." [고린도 전서 6:17] "그러므로 하느님이 하나로 만든 것을, 인간이 나누지 말라." [마가복음 10:9] 인간은 하느님의 분광이지만, 죽음의 잠이 지나갈 때까지는 하느님의 아내일 뿐입니다. "일어나소서! 주여, 왜 잠에 드셨나이까? 깨어나소서!" [시편 44:23] 그분이 깨어나실 때, "나는 그(He)이다"라고 말합니다. 하느님은 잠에 들기 위해 내 안에 누웠습니다. 그리고 하느님이 잠에 들었을 때, 하느님은 하나의 꿈을 꿉니다. 그분은 '하느님이 나'라는 꿈을 꿉니다. 그리고 하느님이 잠에서 깨어났을 때, 하느님은 내가 됩니다.

그러나 내가 하느님이라는 사실을 어떻게 내가 알 수 있습니까? 다윗이 모습을 드러내, 성령 안에서 나를 아버지라고 부를 때 우리는 내가 하느님이라는 것을 알게 됩니다.

* * *

"나는 길이고, 진리이고, 생명이다 누구도 나를 거치지 않고는 아버지에게 이를 수 없다. . . 나를 본 자는 아버지를 본 것이다."[요한복음 14:6,9] 부활한 그리스도와 하나가 되는 것은 아버지에게로 통하는 유일한 길입니다. 왜냐하면, "그리스도와 아버지는 하나이다"[요한복음 10:30]라고 말해지기 때문입니다. 그 길은 죽음에서 불멸의 생명까지 이어집니다.

자신이 신뢰하고 숭배하고 복종할 수 있는 존재로서 그리스도를 찾는 것은 내 안에 살고 있는 아버지를, 즉 복음서의 그리스도가 자신과 하나라고 주장했던 바로 그 아버지를 열망하는 것입니다. 복음서에 등장하는 그리스도는 인간 내부에 존재하는 불멸의 아버지입니다. 이런 아버지에 대한 갈망은 신약의 끝을 맺는 외침 속에 나타납니다. "오소서, 주 예수 그리스도여!"[요한계시록 22:20] "그대 안에 예수 그리스도가 있는 것을 깨닫지 못하였는가?"[고린도후서 13:5] "그 안에는 신격의 모든 충만함이 몸의 형태로 거하신다."[골로새서 2:9] 이것은 비유적인 몸이 아닌, 진짜 우리의 육신입니다. 내 안에 거하는 아버지는 "여러 시대와 여러 세대 동안 감추어진, 그대 안의 신비, 곧 영광의 희망이다."[골로새서 1:26,27]

예수 그리스도에 대한 불완전한 이해가 인간의 눈을 멀게 하여 아버지의 진정한 본성을 보지 못하게 하였습니다. 주 예수는 아버지로서의 주 예수가 되기 위해서, 인간의 모습을 취한 하느님 아버지입니다. 성경에 대한 역사학적인 연구는 아버지가 누구인지에 대한 근거를 내놓지 못했습니다. "그 누구도 성령에 의하지 않고는, '예수는 주이다'

라고 말하지 못한다."[고린도전서 12:3] 인간의 목적은 아버지를 찾는 것입니다. 하지만 하느님 아버지는 오직 그 아들만이 알아볼 수 있습니다. "아버지를 제외하고는 그 누구도 아들을 알지 못하고, 아들과 아들이 그를 드러내고자하는 자를 제외하고는 아버지를 알지 못하더라."[마태복음 11:27] 오직 아버지와 아들만이 서로를 알아봅니다. "땅 위의 어떤 사람도 너희의 아버지라 부르지 말라. 그것은 너희에게는 하나의 아버지, 즉 하늘나라에 계신 아버지 한 분만이 계시기 때문이다." [마태복음 23:9] 그리고 그 하늘나라는 "당신 안에"[누가복음 17:21] 있습니다.

다윗은 말했습니다. "나는 주께서 결정하신 것을 선포하겠다. 주께서는 내게 이렇게 말씀하셨다. '너는 나의 아들이니, 오늘 내가 너를 낳았더라.'"[시편 2:7] 다윗과 하느님 아버지의 부자 관계는 어떤 부자 관계와 비교할 수 없고, 세속적인 관계를 전적으로 초월해 있습니다. 그는 "피로도 육신의 뜻으로도 인간의 뜻으로도 태어나지 않았으며, 오직 하느님의 뜻으로만"[요한복음 1:13] 태어났습니다.

다윗이 영 안에서 나의 주라고 아버지를 부를 때처럼, 오직 일인칭 단수에 현재 시제의 관점에(I AM) 서 있는 사람만이 아버지를 알아봤습니다. 예수님은 사람들에게 질문을 던집니다. "그리스도에 대해 어떻게 생각하냐?" 그들은 예수님에게 말합니다. "다윗의 아들입니다." 예수님이 다시 그들에게 말합니다. "그렇다면 다윗이 성령 안에서 어찌 그리스도를 주라고 부르겠는가. . . 그렇게 다윗이 그리스도를 주라고 부른다면, 어찌 그리스도가 다윗의 아들일 수 있겠는가?"[마태복음

22:42-45]

 히브리 사상에서, 역사는 모든 세대와 그들의 경험들 모두가 합해진 거대한 총합이라 생각했고, 하나로 응축된 이 시간을 '영원'이라고 불렀습니다. 그들은 이 영원이라는 시간 안으로 모든 인류가 융화되어 들어가고 있고, 이 영원이라는 시간으로부터 모든 인류가 나오고 있다고 생각했습니다. 성서에는 이렇게 적혀 있습니다. "그 영원함을 그들의 마음속에 두시어, 하느님께서 지으신 일을 처음부터 마지막까지 인간이 찾아낼 수 없게 하셨다." [전도서 3:11] "영원"에 대한 히브리어는 '젊음, 청년, 젊은이'를 뜻도 가지고 있습니다.

 사울 왕이 다윗을 보고 아브넬에게 말했습니다. "이 젊은이가 누구의 아들인지 물어보라." 그리고 다윗에게 고개를 돌리고는 말했습니다. "너는 누구의 아들인가, 젊은이여?" 그러자 다윗이 대답했습니다. "저는 당신의 종 베들레헴 사람 이새의 아들입니다." [사무엘 상편 17:55-58] 누구의 아들… ? 성경에서 다음 부분 모두를 유심히 살펴보십시오. 사무엘 상편 17:55, 56, 58, 마태복음 22:42. 그 질문은 아들에 관해서 묻는 것이 아니고, 그의 아버지에 관한 질문입니다. 다윗이 알아볼 수 있는 아버지는 진정한 불멸의 아버지입니다.

 하느님 아버지는 우리 안에서 인간으로서 모습을 드러냅니다. 다윗은 말했습니다. "나는 이새의 아들입니다." 이새(Jesse)는 Be동사의 모든 형태입니다. 다윗의 대답은 이것입니다. "나는 그분, 'I AM의 아들입니다." 여기서 그분의 이름은 "I AM"입니다. 즉 다윗의 대답은 "나는 I AM의 아들입니다" 혹은 "나는 주의 아들입니다"입니다.

하느님을 부르는 이름 중에 하느님께서 모세에게 주었던 이름이 있습니다. "이스라엘의 백성들에게 말하라. 'I AM이 나를 그대에게 보냈노라(I AM has sent me to you)." [출애굽기 3:14] 그분은 불멸의 "I AM"입니다. 하느님이 처음으로 자신을 드러낸 것은 "전능한 하느님(God Almighty)"[출애굽기 6:3]입니다. 자신을 두 번째로 나타낼 때는 "영원한 아이엠(The Eternal I AM)"[출애굽기 3:14]으로 드러냈습니다. 하느님이 마지막으로 자신을 드러낼 때는 "아버지(the Father)"[요한복음 17장]라고 나타냈습니다. 오직 아들만이 하느님을 아버지로서 드러낼 수 있습니다. "그 누구도(어떤 인간의 눈으로도) 하느님을 이제껏 본적 없으나, 아버지의 품 안에 계신 독생자만이 그분을 알아보더라." [요한복음 1:18]

인간의 마음 안으로 들어간 자는, 영원한 I AM인 하느님 바로 그분이자 하느님의 독생자, 곧 불노불사의 청년 다윗입니다. 이 영원한 죽음의 정점에서 고난의 용광로를 통해 자신의 여정이 끝날 때, 다윗을 발견하게 될 것이고 이렇게 외칠 것입니다. "나는 다윗을 찾았다. . . 그는 나에게 '그대는 나의 아버지, 나의 하느님 그리고 나의 구원의 반석이시다'라고 소리쳐 부르짖을 것이다." [시편 89:20,26]

나는 나 자신에게 직접적으로 하느님이나 예수 그리스도로 모습을 드러내지는 않습니다. 다만 성경에서 다윗이 영 안에서 나를 아버지라 불렀을 때처럼, 이렇게 성서 속에 등장하는 관계를 통해 나 자신을 하느님으로 혹은 예수 그리스도로 나타냅니다. 이렇게 내부에서 얻어진 지혜는 의심이 자리 잡지 못합니다.

"하느님이 기꺼이 내 안에 그분의 아들을 드러내실 때, 나는 살과 피로 의논하지 아니하더라."[갈라디아서 1:15-16] 하느님의 아들이 자신 안에서 모습을 드러낸 사람은 그 계시의 실체를 다른 사람들에게 믿게끔 설득하는 것이 어렵다는 것을 알게 됩니다. 왜냐하면 이런 초자연적인 성서의 경험은 우리의 일상적 경험이 일어나는 곳과는 동떨어진 영역 안에서 일어나기 때문입니다. 이 드라마 전체가 일어나는 곳은 지성인들이 살고 있는 곳보다 훨씬 더 실체적이고, 생명으로 충만한 근원에 속해 있습니다. 그래서 역사적인 상상력으로 그것을 이해하기에는 무리입니다.

오, 내가 말할 수 있다면, 당신은 그것을 믿을 것이다!
오, 내가 본 것을 말할 수만 있다면 말이다!
내가 있었던 곳에 당신을 데려오기 전까지는,
난 어떻게 그것을 설명해야 하고,
당신은 어떻게 그것을 받아들일 수 있을까?
[마이어(F. W H. Myers)]

이런 아버지와 아들의 관계가 맺어지는 것은 하느님의 참된 은총으로 이루어집니다. "하느님이 세상을 사랑하시어 자신의 독생자를 보내셨더라."[요한복음 3:16] 하느님이 인간에게 자신을 주신 것은 '하느님의 불멸의 계획'이었습니다. 자신이 진정으로 아버지라는 것을 스스로에게 확신시켜 줄 사람은 자신을 아버지라고 부르는 아들입니다.

영 안에서 다윗이 하느님을 아버지라고 불렀을 때도 뚜렷하게 구분되는 자신에 대한 개체성을 잃지 않았습니다. 즉, 이전의 자아로서 존재하는 것을 멈추지 않았습니다. 대신 이제 자신의 자아는 더 거대한 자아를 포함하게 됩니다. 그 자아는 다름 아닌, 다윗이 영 안에서 "주"라고 부르던 예수 그리스도입니다. 인간은 약속과 현존의 정당한 상속자입니다! "인내하여 참아낸 아브라함은 약속을 얻었다." [히브리서 6:15] 아들이 우리 안에서 모습을 드러낸 후, 그 아들이 우리가 아버지임을 드러냈을 때에 우리가 경험하게 될 은총은 세상에 드러난 하느님 사랑의 최종적인 표현입니다.

예수 그리스도의 이야기를 뒷받침하는 권위는 두 가지의 증거가 있습니다. 하나는 아버지에 대한 내적인 증거이고, 다른 하나는 성서가 진실이라는 외적인 증거입니다. 하느님은 우리 내부에 존재하는 예수 그리스도의 모습으로 인간의 역사 속으로 스스로 들어왔고, 들어오고 있습니다. 이것은 성서에서 우리 인간이 경험할 것이라고 말한, '징후'에 의해 확인될 것입니다.

"내 안에 거하시는 아버지께서 그 일들을 하시니, 나는 아버지 안에 있고 또 아버지께서 내 안에 계신 것을 믿으라. 그리하지 못하겠거든 행한 그 일들을 보고 나를 믿으라. 진실로 진실로 내가 너희에게 말하니, 나를 믿는 자는 내가 하는 일들을 할 것이며, 또 이보다 더 큰 일들을 할 것이다. 이는 내가 내 아버지께로 가기 때문이다." [요한복음 14:10-12] "나는 아버지로부터 나와서 세상으로 들어왔다가 다시 세상을 떠나 아버지에게로 간다." [요한복음 16:28] "나와 아버지는 하나

이다." [요한복음 10:30]

    하느님의 시선은, 인간인 된 예수의 삶을 통해 아버지에 대한 계시를 받은 자들에게 주어집니다. 즉, 다윗이 우리를 아버지라고 불러 자신이 아버지임이 밝혀진 사람들에게 주어집니다. 오직 우리가 '징후들'을 경험했을 때만 하느님의 목적과 성서의 목적이 우리 안에서 이루어집니다. "성서는 내 안에 반드시 성취되어야 하니, 그것은 나에 대해 쓰인 것들이 그대로 이루어지기 때문이다." [누가복음 22:37]

    하느님은 하느님 자신을 우리 모두에게 주셨습니다. 우리가 정말 아버지였다는 것을 확신하게 해줄 것은, 영 안에서 우리를 아버지라고 부르는 독생자 다윗입니다. "그래서 만약 아들이 너희를 자유롭게 만든다면, 너희는 정말로 자유롭게 될 것이다." [요한복음 8:36] "다윗이 그 필리스틴 사람을 죽이고 돌아올 때… 그의 손에는 필리스틴 사람의 머리가 들려 있더라. 사울이 그에게 물었다. '젊은이여, 네가 누구의 아들이냐?'"[사무엘상 17:57,58] 사울이 이처럼 물었던 이유는, 사울은 이스라엘의 적을 물리치는 자의 아버지를 자유롭게 해주기로 약속했었는데, 다윗의 아버지가 누구인지 몰랐기 때문입니다.

    우리는 하느님의 구원에 관한 계획이 매우 개인적이면서 초자연적인 성격을 지니고 있다는 것을 절대 잊어서는 안 됩니다. 계획의 성취는 바로 인간 안에서 일어납니다. "죽은 자로부터 예수 그리스도의 부활"이라 불리는 사건으로, 하느님의 구원에 대한 계획은 시작됩니다. "우리는 새로이 다시 태어났다… 죽은 자로부터 예수 그리스도의 부활로 인하여." [베드로 전서 1:3] 부활한 자는 당신 안의 그리스도, 즉 당신의 I AM입니다. 부활은 죄와 죽음의 몸으로부터 아버지 예수 그리스도가 자유로워진 것, 그리고 하느님이 신성한 인간의 모습으로, 하느님의 사랑이 충만한 신성한 몸으로 돌아가는 것의 시작을 나타냅니다. 이것이 태초부터 가지고 있던 하느님의 목적입니다. 그 목적은 다음과 같습니다. "그분은 그리스도 안에서 때가 도래할 시점에 대한 하나의 계획을 제시하셨다." [에베소서 1:9,10] "만군의 주께서 약속하셨다. 내가 계획한 대로, 그것은 그렇게 될 것이며, 그리고 내가 목적한 대로, 그것은 그렇게 세워질 것이다." [이사야 14:24]

하느님이 계획이 이미 이루어졌고 계속해서 이루어질 것이라는 확신 속에서 살고 행동하십시오. 당신 안에, 내 안에, 그리고 우리 모두 안에 존재하는 예수 그리스도의 존재로, 하느님은 인간의 역사 안으로 스스로 들어왔고, 들어오고 있습니다. 하느님은 복음서의 익명의 저자들 안에서 깨어났었고, 계속해서 개개인들 안에서 깨어나고 있습니다. 복음서 저자들의 증언을 믿고, 이미 성취된 목적에 다가가는 새로운 방법을 찾지 마십시오.

아마도 하느님의 복음을 기록한 '알려지지 않은 저자들'에 관한 설명은 이 말 속에 가장 잘 나타나 있을 것입니다. "우리가 듣고, 우리 눈으로 본 것, 주목하고 우리 손으로 만진 생명의 말씀에 관한 것… 우리가 보고 들은 것을 너희들에게 선포한다." [요한 1서 1:1,3] 믿음은 그것이 경험될 때까지는 완성되지 못합니다. 자신의 눈으로 생명의 말씀을 목격했고 손으로 만진 사람들은 그것을 세상에 선포하기 위해 보내져야 하고, 자신이 그 말씀을 전하는 사자라고 인식해야 합니다. "나의 멍에를 메고, 나에게서 배우라… 그러면 네 영혼에 안식처를 찾을 것이다"[마태복음 11:2]라고 말하는 이는 부활한 그리스도이자 다시 태어난 사람입니다. 그는 다른 지식들처럼 사색에 기초한 것이 아닌, 자신의 경험에 기초해서 성서에 대한 지식을 내놓았습니다. 그들이 내놓은 지혜를 받아들이십시오. 그러면 그렇게 받아들인 것은 당신이 종교적인 진리로 알고 있는 엉킨 생각들 속에서 길을 잃지 않도록 지켜줄 것이고, 아버지에게로 이르는 유일한 길을 당신에게 보여줄 것입니다.

하느님의 복음을 설교하도록 보내진 이는 영 안에서 신들이 심판을 여는 신성한 모임 안으로 초대됩니다. "하느님은 신성한 회의를 개최하시고, 신들 가운데에서 심판을 하시더라." [시편 82:1]

히브리어인 엘로힘(Elohim)은 복수형으로, 여럿이면서 하나로 묶인 통일체, 다양한 것들로 이루어진 하나를 의미하며, 이 문장에서는 하느님과 신들로 번역됩니다. 부름을 받은 사람은 엘로힘, 즉 깨어난 그리스도 앞에 초대됩니다. 그리고 그에게 세상에서 가장 위대한 것을 말해보라고 합니다. 그는 바울이 했던 말로 대답합니다. "믿음, 소망, 그리고 사랑, 이 세 가지입니다. 하지만 그 중에 가장 위대한 것은 사랑입니다."[고린도전서 13:13] 그 순간 하느님은 바울을 감싸 앉고, 하느님과 바울은 융화되어 하나가 됩니다. 그것은 "주와 합해진 자는 그분과 하나의 영이 된다"[고린도전서 6:17]라고 말해지기 때문입니다. "그리하여 그들은 더 이상 둘이 아닌 하나이다. 그러므로 하느님이 하나로 묶어 놓으신 것을, 그 누구도 나누지 말라."[마태복음 19:6] 우리는 모두 하나의 인간이 되기 위하여, 곧 하느님과 하나 되기 위하여 부름을 받습니다.

"주께서 곡식을 탈곡할 것이니, 그리하여 그대들은 하나씩 모일 것이다. 오, 이스라엘의 백성들아!" [이사야 27:12] 이렇게 깨어난 그리스도와 하나되는 것은 성령에 의한 세례입니다. 그가 성령으로 세례를 받은 후부터 부활하기까지, "메시아의 날들", 즉 30년의 기간은 지나갑니다. 그는 이 기간 동안 하느님 복음의 메신저로서 그리고 전령으로서, 자신의 사명에 저항할 수 없을 정도로 푹 빠져, "내가 복음을 전할지라도 나에겐 자랑할 것이 없으니, 그것은 나에겐 숙명이기 때문이다. 내가 복음을 전하지 아니한다면, 재앙이 나에게 닥칠 것이다!"[고린도전서 9:16]라고 느낄 정도로, 그것 외에 다른 것을 할 수 없습니다. 하나의 신성한 구속이 마치 예레미야를 구속했던 것처럼 그를 몰고 갔습니다. 이는 예레미야가 말한 바와 같이, "만약 내가, '나는 그에 관해서 언급하지 아니할 것이고, 즉 그의 이름 안에서 더 이상 말하지 않을 것이다'고 말한다면, 내 심장 안에서는 뼈에 사무치는 타는 불같은 것이 있어서 그것을 견디고 있기 지쳐서, 그렇게 할 수 없다"[예레미야 20:9]라고 한 것과 같이 됩니다.

이 30년의 마지막은 그 시간의 끝이 오는 것을 관찰할 시간이 없을 정도로 급작스레 다가왔습니다. "예수께서 사역을 시작할 때의 나이가 대략 서른 살이셨다." [누가복음 3:23] 이제 예수 그리스도에 대한 이야기가 가장 직접적이고, 일인칭 단수에 현재 시점(I AM)으로 펼쳐집니다. 이 일련의 사건들은 약 3년하고 반년의 기간이 걸립니다. 부활과 위로부터 탄생으로 시작됩니다.

죽은 자들이 그 아이의 목소리를 듣고 잠에서 깨어나기 시작했으며, 만물은 그 아이의 목소리를 듣고, 생명 속으로 깨어나기 시작했다.
[윌리엄 블레이크]

 침상에 누워 잠을 자는 동안, "거리에는 뛰노는 소년과 소녀로 가득 찬"[스가랴 8:5] 구원된 마을을 꿈꾸는 중, 그의 두개골 깊숙한 곳에서 울리는 강렬한 진동이 "깨어나라, 잠자는 자여! 그리고 죽은 자로부터 깨어나라! 그러면 그리스도가 네게 빛을 가져다줄 것이다"[에베소서 5:14]라는 말과 함께 그를 깨웁니다. 그가 깨어났을 때, 자신이 잠들었던 방 안에 있는 것이 아니라, 자신의 두개골, 즉 골고다에 있다는 것을 깨닫습니다. 그의 두개골은 완벽하게 봉인된 무덤입니다. 어떻게 그곳에 들어갔는지는 모르지만, 그것에서 나가고자 하는 간절한 욕망만이 있습니다. 그는 두개골의 밑부분을 파내고, 무엇인가 굴러 나가면서 작은 틈을 만듭니다. 그 틈을 헤치고 자신의 머리를 밀어 넣습니다. 마치 어머니의 자궁에서 아이가 태어날 때처럼, 자신을 조금씩 밀어 그 틈 밖으로 빠져나옵니다. 그는 자신의 두개골에서 빠져나와 자신의 몸을 내려다봅니다. 바닥에 누워 있는, 큰 병에서 회복 중인 듯 몸을 이리저리 뒹굽니다. "너는 슬퍼할 것이나, 너의 슬픔은 기쁨으로 바뀔 것이다. 한 여인이 산고 중에 있다면 그녀의 때가 다가오기 때문에 슬픔을 가지나, 아이가 그녀에게 안겨질 때면, 아이가 세상에 태어났다는 기쁨으로 그녀는 더 이상 고통을 기억하지 않을 것이다."[요한복음 16:20,21]

"산고를 겪는 매서운 고통 속에서, 기쁨으로 아이가 태어난다. 쓰라린 눈물 속에서 뿌려진 씨앗이 기쁨으로 그 결실을 맺는다."[윌리엄 블레이크]

"그대는 위로부터 태어나야만 한다."[요한복음 3:7] "위에 있는 예루살렘은 자유롭고, 그곳은 우리의 어머니이다."[갈라디아서 4:26] 그의 무덤이었던 두개골은 그가 새롭게 태어나는 자궁이 되었습니다. 잠에서 깨우는 그의 두개골 안의 진동은 마치 하나의 거센 바람처럼 들리면서, 지금 외부에서 불어오는 듯 나타납니다. 그는 바람이 불어오는 방향으로 고개를 돌립니다. 그의 몸이 있었던 곳을 돌아보자, 몸은 없어지고 그 자리에 세 명의 사람들이 앉아있는 것을 발견하고는 놀랍니다.

그가 겪은 이 경험은 아브라함에게 한 약속의 성취일지도 모릅니다. "그리고 주는 그에게 나타나셨고… 그는 자신의 눈을 들어 살피자, 보라, 세 명의 사람들이 그 앞에 앉아있더라…" 그들은 아브라함에게 묻습니다. "너의 아내 사라는 어디에 있나?" 그러자 아브라함이 대답합니다. "그녀는 장막 안에 있습니다." 주께서 아브라함에게 말씀하십니다. "내가 반드시 생명의 시간에 맞춰서 너에게 돌아올 것이고, 너의 아내 사라는 아들 하나를 가질 것이다… 아브라함은 아들의 이름을 이삭이라고 불렀다."[창세기 18:1,2,9,10, 21:3] 세 명의 사람은 갑자기 나타났고, 심지어 인기척도 없었습니다. 아브라함은 즉시 이것의 의미를 깨닫지 못했습니다. 그들은 마침 자신의 길을 가고 있던 평범한 사람들입니다. 그들 역시 바람에 의해 방해를 받았으며, 그 중 가장 젊은 사람이 가장 심하게 방해 받았으며 교란되는 원인을 조사하기 위해 나섰습니다. 그의 시선은 베넷저고리에 싸여 바닥에 눕혀 있는, 한 어린아이에게 끌립니다. 그는 아이를 들고서, 부활한 인간의 아이라고 말하면서 아이를 침대에 눕힙니다. 그리고 그는 아이를 들어 올리고는 말합니다. "잘 지냈니, 내 사랑스러운 아가야!" 그 아이가 웃으며 첫 번째 막은 끝이 납니다.

"그 지역에 목자들이 밖에서, 밤에 자기 양 떼를 지키더니… 주의 천사가 그들에게 나타나고… 천사가 그들에게 말했다. '무서워 말라. 보라, 내가 온 백성에게 미칠 큰 기쁨의 좋은 소식을 너희에게 전한다. 오늘 다윗의 마을에 너희들을 위하여 구주가 태어나셨으니, 곧 그리스도 주이시다. 너희가 가서 베넷저고리에 싸여 여물통에 누인 아기를 보게 되리라." [누가복음 2:8-12] "하느님은 구원자로 불리기에 그분이 태어나시더라." [이사야 43:3, 45:15, 누가복음 1:47]

계시가 이루어진 후, 그는 고대의 성서에서 자신이 겪은 초자연적인 경험에 대한 암시와 징후를 찾습니다. 그것을 성서에서 찾아내서는 이렇게 깨닫게 됩니다.

"모든 것은 내게 이야기되었지만 나는 아무것도 볼 수 없었다. 하지만 나는 이런 일들이 일어난 후에 바람이 어떻게 소리를 내게 되었는지

알게 됐다." [에드워드 토마스]

그리스와 유대에서는 바람이라는 단어가 영혼을 의미하기도 했습니다. 이는 바람의 예측할 수 없는 성질이 신성이 돌발적으로 태어나는 것을 무엇보다 더 쉽게 설명하기 때문에 그랬습니다. 주의 구원 계획은 고대 성서에 기록되어 있으나, 개인이 직접 경험할 때까지는 진정한 의미를 알 수 없습니다. 하느님은 말씀하셨고, 예언한 것은 모두가 이해할 수 있도록 기록되었습니다. 하지만 하느님의 예언은 예상과는 다르게, 의도했던 것과는 완전히 다른 관점에서 이해됐습니다. 모든 이는 자신의 경험을 통해 예수 그리스도가 아버지임을 알게 될 것입니다.

"이 마지막 날에 하느님은 자신의 아들을 통해 우리에게 말하셨다." [히브리서 1:2]

부활해서 위로부터 태어난 지 5개월이 지난 시점에, 예전과 유사한 진동이 자신의 머리에서 또 시작됩니다. 이번 진동은 머리 위쪽에서 시작되며, 폭발할 때까지 점점 세기가 강해집니다. 폭발이 일어난 후, 그는 검소하게 꾸며진 방 안에 앉아있는 것을 발견합니다. 열린 문 쪽에 기대어, 전원 풍경을 보고 있는 자신의 아들인 성경 속의 다윗이 있습니다. 다윗은 십대 초반의 청년으로, 그를 "나의 아버지"라고 부릅니다. 부활한 자는 자신이 다윗의 아버지임을 알게 되고, 다윗도 그의 아들임을 알게 됩니다. 두 사람이 다윗을 탐욕스러운 눈으로 바라보는 가운데, 아버지는 그들에게 자신의 아들이 필리스틴의 거인을 이긴 것을 상기시킵니다. 그리고 자신의 아들의 비현실적인 아름다움을 생각하는 동안, 두 번째 막은 끝납니다. 하느님 아버지는 인간에게 자기 자신을 내어주고는, 그들이 하느님 아버지가 되도록 합니다. "내가 주의 결정을 선포한다. 주께서는 내게, '그대는 내 아들이다. 오늘 내가 그대를 낳았다'라고 이르셨다." [시편 2:7]

세 번째 막은 아버지와 아들의 관계가 드러난 지 4개월 후에 시작됩니다. 이 막은 처음부터 끝까지 드라마틱한 전개를 보여줍니다. 번개 한 줄기가 부활한 인간의 몸을 두개골에서 척추의 밑 부분까지 가르며, 새롭고 살아있는 길이 그의 몸, 즉 휘장 사이로 열립니다. 계시는 항상 개인적인 관점에서 이루어지고, 하느님의 계시를 전하는 인간의 대리자는 결코 인간성이 소멸되거나 초월한 영역으로 제한되지 않습니다. "그러므로 그리스도께서 세상에 오실 때에 말씀하셨다. '주께서는 희생제물과 예물을 바라지 아니하시고 나를 위하여 몸을 예비하셨다. 주께서 죄로 인한 번제와 희생제는 기뻐하지 아니하셨다.' 그때 내가 말씀드렸다. '오 하느님이시여, 보소서, 두루마리 책에 나에 관하여 기록한 것과 같이, 주의 뜻을 행하려고 내가 왔나이다.'" [히브리서 10:5-17. 시편 40:68]

하느님의 뜻은 이루어졌습니다. 오직 하느님만이 구원할 수 있습니다. 그는 자신의 척추 밑에서 황금색의 투명한 빛으로 이루어진 웅덩이를 보고, 그것이 자기 자신이라는 것을 압니다. 그는 이제 "예수의 피로 인하여 거룩한 장소에 들어갈 믿음이 있으니, 이는 그가 휘장, 곧 그의 몸을 통해 우리를 위해 열어놓은 새롭고 살아 있는 길에 의해서이다." [히브리서 10:19,20] 그가 황금색의 투명한 빛, 즉 하느님의 피이자 살아있는 물에 관해서 생각할 때, 그는 그것과 하나가 되어 그것이 자신의 신성한 창조주이자 구원자인 자기 자신이라는 것을 압니다. 마치 나선형의 번개처럼, 그는 자신의 척추 뼈를 따라 올라가 두개골에 있는 하늘나라의 거룩한 장소에 격렬하게 들어갑니다. 그의 머리는 마치 천둥처럼 울려 퍼집니다.

"모세가 광야에서 뱀을 높이 든 것처럼 인간도 들려야 한다." [요한복음 3:14] "세례 요한의 때부터 지금까지 하늘나라의 왕국은 격렬하게 밀고 들어오고, 하늘나라의 왕국은 격렬한 자가 힘으로 차지한다." [마태복음 11:12] 새로운 세상은 그런 자에게 열렸습니다.

2년 9개월 후, 예수 그리스도의 사역 기간인 3년 6개월을 마친 시점에, 구원 드라마의 네 번째이자 마지막 막은 절정에 도달합니다. "성령이 비둘기 같은 형체로 그에게 내려오셨고, 하늘나라에서 목소리가 나기를, '너는 내 사랑하는 아들이니, 내가 너를 흡족해한다'라고 하시더라." [누가복음 3:22] 부활한 자의 머리는 갑자기 투명하게 됩니다. 위에서 한 마리의 비둘기가 마치 떠다니듯 맴돌면서, 사랑스럽게 그를 쳐다보다가 그가 벌린 팔에 내려오고, 그는 그 비둘기를 자신의 얼굴로 가져오자, 비둘기는 그의 얼굴과 머리와 목에 키스를 하면서 사랑으로 가득 채웁니다.

하느님 음성의 딸인, 한 여성이 그에게 말합니다. "그분은 당신을 사랑합니다." 그리고 구원의 드라마는 그렇게 끝이 납니다. 그는 이제 하느님의 아들, 곧 부활의 아들이 되었습니다. 그는 "더 이상 죽음을 맛보지 아니할 것이니, 그는 하느님의 아들, 곧 부활의 아들이기" [누가복음 20:36] 때문입니다. "나와 아버지는 하나이다." [요한복음 10:30]

"나는 다윗의 뿌리이자 자손이다." [요한계시록 22:16]

그는 인류의 아버지이자 인류의 자손입니다. 인간이 되어서는, 즉 제한과 불투명의 한계 속에 들어가서는, 다시 인간의 껍질을 깨고 투명함 속으로 자신을 확장시켜서 자신의 목적을 달성합니다. 그는 이제 "모세가 율법에서 기록하였고, 또한 예언자들이 기록한 바를"[요한복음 1:45] 찾아냈습니다.

하느님의 복음을 쓴 익명의 저자들은 죄와 죽음의 육신으로부터 해방된, 더 이상은 죽음을 맛보지 않는 자들, 두 번 태어난 자들, 하느님의 자녀들, 부활의 자녀들입니다. 복음은 하느님의 구원의 계획에 관한 이야기입니다.

이 글을 마치면서 윌리엄 블레이크의 글을 인용하는 것이, 하느님의 말씀을 읽는 모든 독자들에게 도움이 될 것입니다.

"모세와 아브라함 같은 인물들은 우리 인간들이 생각하는 것처럼 실제 인물이 아니라, 그 이름으로 특정한 상태를 나타낸다는 것을 반드시 이해해야 한다. 그 인물들은 성경에 기록된 일련의 계시들이 인간에게 드러날 때, 그 상태들을, 혹은 그 상태들의 비전을 나타낸다. 나는 이런 다양한 상태들을 상상력 안에서 목격했다. 당신이 성경속의 인물들과 멀리 떨어져있다면 그들은 하나의 인간의 모습으로 보이겠지만 당신이 그들에게 다가간다면 그들은 우리 모두의 모습이 되어 나타난다."

성경에는 세속적인 역사가 담겨 있지 않습니다. 성경은 내용 전체가 현세적인 이야기를 초월한, 구원의 역사입니다.

Seedtime and Harvest

씨 뿌릴 때, 수확할 때

41	황금 실의 끝
42	네 명의 전능한 존재들
43	믿음의 제물
44	존재의 범위
45	인생 게임
46	한 때, 두 때, 그리고 절반
47	뱀처럼 지혜로워라
48	물과 피
49	신비가의 시선

Chapter 41 The End of a Golden String

황금 실의 끝

나는 당신에게 황금 실의 끝을 건넨다.
그것을 그저 둥글게 말아라.
그것은 당신을 예루살렘의 성벽에 지어진,
하늘나라의 문 앞으로 인도할 것이다.
[블레이크]

당신은 이 책을 통해, 성경을 이해하고 꿈을 현실로 만드는 방법을 배우게 될 것입니다.

너희가 게으른 자가 되지 말고, 믿음과 인내를 통하여
약속을 물려받는 이들을 따르라.
[히브리서 6:12]

많은 사람들이 성경을 다른 책을 읽는 것처럼 읽기 때문에 그 안의 상징을 이해하지 못하고 낙심하게 됩니다. 그들은 성경이 상징의 언어로 쓰여졌다는 사실, 그 속의 인물들이 마음의 법칙과 작용이 의인화

되었다는 사실을 모릅니다. 성경은 역사가 아닌, 마음에 관한 기록이라는 것을 알지 못한 채, 혼란을 겪다가 읽는 것을 포기합니다. 문자 그대로의 성경 내용은 우리 모두를 어리둥절하게 만듭니다. 성경 속에 나타난 비유의 의미를 이해하기 위해서는 독자의 상상력이 깨어있어야만 합니다.

성경에 따르면, 우리는 아담과 함께 잠들었으며 그리스도와 함께 깨어납니다. 다시 말하자면 우리는 모두 함께 잠에 빠졌고, 개별적으로 깨어납니다.

"주 하느님께서 아담을 깊은 잠에 빠지게 하시니, 그가 잠에 들었다." [창세기 2:21]

모든 인간을 상징하는 아담이 깊은 잠에 빠져 있다면 아담이 겪은 성경의 이야기는 모두 꿈일 것입니다. 잠에서 깨어난 사람만이 자신의 꿈을 말할 수 있습니다. 그리고 꿈의 상징을 이해한 사람만이 꿈을 해석할 수 있습니다.

"그리고 그들이 서로 말하길, 하느님이 우리와 함께 길에서 말하시고 성경을 열어 우리에게 보여주실 때, 우리의 마음이 우리 안에서 타오르지 않았던가?" [누가복음 24:32]

성경은 우리가 잠들 때 들어가는 새벽의 언어로 법칙과 마음의 작용을 표현한 것입니다. 인간의 상상력이 거주하는 이 새벽의 언어는 모든 사람에게 거의 비슷하므로, 최근에 이 영역을 탐험한 사람들은 이를 '집단 무의식'이라고 부릅니다.

제가 이 책을 쓰는 이유는 성경의 상징을 빠짐없이 정의하고 성경의 이야기들을 모두 해석하려는 데에 있지 않습니다. 제가 이 책을 통해 말하고 싶은 것은 소망을 성취할 수 있도록 길을 제시하는 것입니다. 구하는 것이 무엇이든, 상상력을 의식적이고 자발적으로 사용하여 마음의 법칙과 조화를 이룰 때에만 구하는 것을 현실로 만들 수 있습니다. 이 상상의 세상 어딘가에는 소망이 성취된 분위기와 느낌이 있습니다. 그것을 만약 내 것으로 만든다면 성공을 보장받을 수 있습니다. 이 세상, 즉 당신의 상상력을 말하는 에덴은 당신이 알고 있는 것보다 더욱 광대합니다. 그리고 당신이 그 세상을 탐험한다면 그것에 대한 보상을 반드시 받게 될 것입니다.

나는 당신에게 황금 실의 끝을 건넨다.
당신은 그것을 그저 둥글게 말아라.

Chapter 42 The Four Mighty Ones
네 명의 전능한 존재들

강이 에덴에서 흘러나와 그 동산을 적시고
그곳으로부터 갈라져 네 원천이 되었다.
[창세기 2:10]

그리고 모든 이는 네 개의 얼굴을 가졌다.
[에스겔 10:14]

내가 보니 네 사람이 풀려서 불 가운데서 걸어 다니고 있는데
그들이 다치지도 않았으며,
그 네 번째의 모습은 하느님의 아들과 같았다.
[다니엘 3:25]

네 명의 전능한 존재는 모든 인간 안에 있다.
[블레이크]

"네 명의 전능한 존재"는 인간의 자아, 즉 우리 안에 존재하는 하느

님을 이룹니다. 모든 인간 안에 "네 명의 전능한 존재"가 있습니다. 그렇다고 이들 "네 명의 전능한 존재"가 분리된 채로 있는 것이 아니라 손에 달린 손가락처럼 분리되어 있지만 하나를 이루고 있습니다. 이들은 하나의 마음에서 발현되는 네 가지 다른 측면이며, 각기 다른 자아로 존재하는 것이 아닌 하나의 몸에서 거주하고, 기능과 특성만이 서로 다를 뿐입니다.

"네 명의 전능한 존재"는 히브리어의 'JOD HE VAU HE'라는 단어와 같은 의미입니다. 이는 창조의 힘을 상징하는 네 글자의 신비한 이름으로, 'to be'라는 동사의 과거, 현재, 미래형을 포함합니다. 테트라그라마톤(Tetragrammaton)으로 알려진 이 단어는 인간 내재의 창조력, 즉 I AM에 대한 상징으로 숭배됩니다. 그리고 이것은 자신 안에 잠재된 특성들을 외부세계로 실현시키려 하는, 인간 안에 존재하는 창조의 네 가지 활동을 나타냅니다.

연극 제작에 필요한 네 가지 주요 역할과 "네 명의 전능한 존재"를 비교해보면, 이들이 갖는 의미를 더 잘 이해할 수 있습니다.

세상은 무대이며, 남자들과 여자들 모두 그 연극의 배우일 뿐이야. 그들은 입장할 때와 퇴장할 때가 있지. 그리고 한 인간은 살아가는 동안 많은 역할들을 맡고 있어.
['뜻대로 하세요.' (셰익스피어 원작) : 2막, 7장]

제작자와 작가, 감독 그리고 배우는 연극을 만드는 데에 필요한 가장 중요한 네 명의 존재들입니다. 인생의 드라마에서 제작자는 연극의 주제를 제안하는 역할을 합니다. 이는 "나는 성공하기를 원한다", "나는 여행을 가고 싶다", "나는 결혼하고 싶다"와 같은 형태의 소망으로 나타납니다. 하지만 세상의 무대에서 이 연극을 공연하기 위해서는, 이런 일반적인 주제를 어느 정도 구체화시킬 세부적인 작업을 해야 합니다. 단지, "나는 성공하고 싶어"라고 말하는 것은 너무 막연해서 그것만으로 무대에서 공연하기에는 미흡합니다. 무엇에 대한 성공인가? 어쨌든 첫 번째의 "전능한 존재"는 하나의 주제를 제안했습니다.

이제 연극을 만드는 책임은 두 번째 "전능한 존재"인 작가의 손으로 넘어갔습니다. 제작자가 제시한 포괄적인 주제를 연극으로 만들기 위해 작가는 연극의 마지막 장면만을 씁니다. 하지만 그 마지막 장면을 세세하게 묘사합니다. 그것은 소원이 성취된 것을 나타내는 장면이어야 합니다. 가슴 속에 간직한 소망이 이루어졌다면 경험할만한 장면을 가능한 한, 현실과 같은 장면으로 구상합니다. 그 장면이 뚜렷하게 마음속에서 떠올랐다면 작가의 역할은 끝난 것입니다.

삶의 무대를 만들기 위한 세 번째 "전능한 존재"는 감독입니다. 감독의 임무는 배우가 대본에 충실하게 잘 따르고 있는지를 보고, 그가 배역을 자연스럽게 소화할 때까지 계속 반복해서 연습시키는 것입니다. 감독의 역할은 소원이 이미 현실이 된 것에만 의식의 초점을 맞추게 하는 통제된 의식의 역할과 비슷합니다.

"네 번째의 모습은 마치 하느님의 아들과 같았다." 그것은 인간의 상상력, 즉 배우를 말합니다. 네 번째 "전능한 존재"는 사전에 결정한,

소원이 성취된 장면을 상상 속에서 연기합니다. 배우의 역할은 그 장면을 시각적으로 그리거나 연기를 보는 것이 아닙니다. 그는 실제로 배역을 연기하며, 그 상상 속의 행동이 현실의 분위기를 취할 때까지 계속해서 반복합니다. 만약 소망이 성취된 것을 대본으로 만들지 않았다면, 그 주제는 단지 하나의 주제에만 머물러 있을 것이고, 태어나지 못한 주제들이 놓여있는 광활한 침실 안에서 영원히 잠들어 있을 것입니다. 그리고 소망을 대본으로 만들었다고 하더라도, 배우가 대본에 충실하도록 만드는 주의력의 도움이 없다면 상상은 세상에 모습을 드러내지 못하게 되었을 것입니다.

"네 명의 전능한 존재"는 우리의 영혼을 구성하는 네 가지 부분입니다. 첫 번째는 여호와의 왕으로 주제를 제안합니다. 두 번째는 여호와의 종으로 극화시킨 장면 속으로 주제를 구체화시킵니다. 그리고 세 번째는 여호와의 인간으로 소원이 성취된 장면에 주의를 집중하여 상상력이 옆길로 벗어나지 않도록 "일흔 번씩 일곱 번"을 돌려놓습니다. [마태복음 18:22] 네 번째는 여호와 그 자체이고, 마음의 무대에서 연극의 주제를 공연합니다.

너희 안에 이 생각을 품으라.
그것은 곧 예수 그리스도 안에도 있는 생각이다.
그분은 하느님의 형체로 계시므로
하느님과 동등하게 되는 것을 약탈이라 생각지 아니하셨더라.
[빌립보서 2:5,6]

인생의 드라마는 영혼의 네 부분들이 협력하여 만듭니다.

당신이 보는 모든 것은
그것이 단지 외부의 것처럼 나타날지라도 내부에 존재하고 있으니,
그것은 그대의 상상력이고
그곳으로부터 태어나는 유한한 세상은 단지 그림자일 뿐이다.
[블레이크]

우리가 보고 있는 모든 것은 하나의 주제를 외부로 표현하기 위해 고안된 마음속의 구조물입니다. 그 주제는 다른 세상에서 극으로 만들어졌고 예행연습을 거쳤으며 직접 역을 맡아 연기했습니다. 우리가 세상의 무대 위에서 보는 것은, 인간의 상상력 안에서 극화되어 예행연습을 거친 후, 눈에 보이게 표현된 구조물입니다.

이들 "네 명의 전능한 존재들"은 인간의 자아, 곧 인간 안에 존재하는 하느님을 구성합니다. 인간이 보고 있는 것은 외부에 모습을 드러내고 있는 것처럼 보이지만 세상의 장막 위로 비춰진 그림자일 뿐이고, 이전에 마음에 품었고 극화했고 예행연습을 거쳐서 연기했던 주제가 눈에 보이게 된 것일 뿐입니다.

창조물이 자아와 그 작용을 인식하게 하기 위해서, "헛된 것에 굴복"하게 했습니다. 왜냐하면 자아와 자아의 작용을 인식한다면 목적을 가지고 행동할 수 있고, 의식적으로 스스로 결정한 역사를 가지게

되기 때문입니다. 그런 의식이 없었다면 우리는 무의식적으로 행동하게 되고, 나아가 외부의 하느님에게 자신이 만든 창조물로부터 구원해달라고 외칠 것입니다.

"오! 주여, 제가 얼마나 오래 부르짖어야, 주께서 들으십니까! 제가 격렬하게 주께 부르짖으나, 주께서는 구원하지 않으십니다!"[하박국 1:2]

삶이란 자기 자신이 의식적으로 혹은 무의식적으로 쓰고 있는 하나의 연극임을 깨닫게 될 때, 우리는 다른 이에 대해 판결을 집행하는 '눈먼 자학'을 멈출 것입니다. 대신에 세상의 무대에서 변화를 일으키려면 내부의 "네 명의 전능한 존재"가 협력하여 내부에서 변화가 일어나야만 한다는 것을 깨달아, 그 자학의 판결을 멈추고 자신의 이상에 부합하는 연극을 쓰게 될 것입니다. 우리는 오직 연극의 대본을 바꿀 수 있을 뿐이고, 그러면 그때 인생의 무대에서 상연되는 연극 또한 바꿀 수 있습니다.

내 세상의 모든 사람은 단지 배우이기 때문에, 마치 연극배우들이 연극내용을 바꾸지 못하는 것처럼 그들도 나의 인생의 무대에서 펼쳐지는 연극을 바꾸지 못합니다. 원하는 방향대로 삶의 연극이 상연되려면, 마음 무대에서 생각을 품고, 극화하고, 예행연습을 해서 연기를 마쳐야 합니다. 새롭게 쓴 대본을 네 번째 존재인 상상력이 마음의 무대에서 자연스럽게 연기했을 때, 드디어 연극의 막이 오르고 단단해 보이는 세상의 무대에서 '네 번째 전능한 존재'가 실제 연기를 시작할 것입니다. 세상 사람들은 내가 각본으로 구성한 주제를 완성하기 위하여 자신의 역할을 자동으로 연기할 것입니다. 세상의 다른 배우들은 세상 속에서 다양한 역할을 맡고 있습니다. 그들은 자신들이 극화한 주제에도 관련되어 있지만, 우리가 만들어 놓은 연극에도 영향을 받기 때문에 우리의 드라마 속으로 끌려오게 됩니다. 그들은 자신의 역할을 자동으로 수행하겠지만 그런 충동이 자신으로부터 시작됐다고 믿을 것입니다. 이것이 그들이 하고 있는 것입니다. "아버지시여, 아버지께서 내 안에 계시고 나도 아버지 안에 있으니, 나도 그들 안에 있고 아버지도 내 안에 계십니다." [요한복음 17:21,23]

나는 인류의 구성원이고, 우리 모두는 하나입니다. 우리 모두는 인생의 드라마에서 제작자, 작가, 감독, 배우의 네 가지 역할을 맡고 있습니다. 우리들 중 몇몇은 그 역할들을 의식적으로 하고, 나머지는 무의식적으로 합니다. 우리는 그 역할들을 반드시 의식적으로 수행해야만 합니다. 이렇게 의식적으로 만들어낼 때만 우리 인생의 무대에서 완벽한 결말을 확신할 수 있습니다. 그때 우리는 하느님의 자녀로서 그분과 함께 걷기 위해 아버지의 네 가지 속성을 왜 인식해야 하는지를 알게 될 것입니다.

인간은 단지 한 명의 인간에 머물러서는 안 되고,
더욱 더 높은 곳을 바라봐야 한다.
왜냐하면 하느님은 오직 신들만을 자신의 동료로 받아들이기에…
[안겔루스 질레지우스]

1946년 1월, 저는 아내와 어린 딸을 데리고 고향인 바베이도스로 휴가를 떠났습니다. 뉴욕으로 돌아오는 배표를 미리 예약하지 않았고, 도착해보니 바베이도스로 오는 배가 단 두 척뿐이라는 사실을 알게 되었습니다. 하나는 보스턴에서, 다른 하나는 뉴욕에서 오는 것이었습니다. 9월까지는 둘 다 자리가 없었습니다. 하지만 5월 첫째 주에 뉴욕에 볼일이 있었기 때문에, 4월에 떠나는 배의 아주 긴 대기자 명단에 제 이름을 올려놨습니다.

며칠 후 뉴욕에서 온 배가 항구에 도착했습니다. 저는 그 배를 아주 자세하게 관찰한 후, 반드시 이 배를 타야겠다고 결심했습니다. 호텔로 돌아와, 우리 가족이 실제로 그 배를 탄다면 제가 취했을 만한 내부의 행동을 결정했습니다. 침실의 안락의자에 앉아, 이 상상의 행동에 몰입했습니다.

바베이도스에서는 대형 선박에 탑승하기 위해 모터보트나 노를 젓는 작은 배를 타고 항구까지 들어갑니다. 제가 그것을 타고 있다는 느낌을 잡아야만 한다는 것을 알았습니다. 그 작은 배에서 내려, 대형 선박으로 이어진 다리를 올라가는 장면을 선택했습니다. 제가 처음 이 장면을 상상했을 때 갑판에 도달하는 순간 주의력이 흩어졌습니다. 그래서 다시 다리 밑의 장면으로 돌려놓고는 올라가기를 반복했습니다. 제가 갑판에 도착해서 뒤를 돌아보며 항구를 보았을 때 이곳을 떠난다는 시원섭섭한 기분이 느껴질 때까지 상상 속의 이 행동을 몇 번이나 반복했는지 기억나지 않습니다. 저는 집이 있는 뉴욕으로 돌아간다는 것에 기뻤습니다. 하지만 이 사랑스러운 섬에 남겨진 가족, 친구들과 헤어지는 것에는 아쉬움을 느꼈습니다. 저는 제가 항해를 하고 있다는 느낌을 가지면서 배다리를 올라가는 많은 시도 속에서 그 기분을 실제로 불러냈고, 그 후 잠들었습니다. 그리고 깨어서는 다시 일상적인 생활을 했습니다.

  다음 날 아침, 선박회사로부터 전화가 와서 4월 출항을 위한 승선표를 받으러 오라는 연락을 받았습니다. 저는 왜 바베이도스 섬이 취소된 자리를 할당받았고 긴 대기자 명단 끝에 올린 제가, 어떻게 티켓을 받을 수 있었는지가 궁금했습니다. 그 직원이 들려준 대답은 아침에 뉴욕에서 세 자리를 제공한다는 전보를 받았으며, 저에게 처음으로 전화한 것은 아니었는데 설명할 수 없는 이유로 그 전에 전화했던 사람들이 모두 4월에 출항하는 배가 필요하지 않다고 말했다는 것이 전부였습니다. 우리는 4월 20일에 출항을 했고, 5월 1일 아침, 뉴욕에 도착했습니다.

  5월 1일까지 저를 태워줄 배를 타고 출항하는 연극을 만들기 위해, 저는 제 드라마에서 가장 중요한 네 명의 역할을 맡았습니다. 제작자로서는 일정한 시간에 특정한 배에 타는 것을 결정했습니다. 작가로서 저는 제 소망이 실현되었다면 제가 취했을 외부 행동에 맞춘 내부 장면을 상상하여 대본을 작성했습니다. 그리고 감독으로서, 배우인 제 자신에게 행동이 완벽하고 자연스러워질 때까지 배다리를 올라가는 상상 속의 행동을 예행연습시켰습니다. 이 상상 속의 행위가 끝났을 때 저를 둘러싼 사건들과 사람들은 제가 상상 속에서 만들었고 연기했던 연극에 맞추기 위해 외부세상에서 신속하게 움직였습니다.

나는 신비스러운 상상이 흘러나오는 것을 보았다.

그것은 사람들, 숲, 그리고 시냇물 속에 생명을 부여했다.

내 꿈과 생명의 흐름이 더는 구별되지 않을 때까지.

[조지 윌리엄 러셀 (AE)]

샌프란시스코에서 청중들에게 이 이야기를 했더니, 한 여성분이 자신이 어렸을 때, 무의식적으로 이 같은 방식을 사용했던 이야기를 들려줬습니다.

그 일은 크리스마스 전날에 일어났습니다. 그녀는 매우 슬프고, 지쳐 있었으며, 스스로를 초라하다 느끼고 있었습니다. 존경했던 아버지는 갑자기 돌아가셨습니다. 축제의 분위기 속에서 이런 상실감은 더해졌을 뿐 아니라, 지금 겪고 있는 곤란한 생활 때문에 마음먹은 대학 생활을 포기하고 생업에 뛰어들어야 할 처지였습니다. 이렇게 비가 오는 크리스마스 전 날, 샌디에이고에서 집으로 오는 전차를 탔습니다. 그 전차는 휴일을 맞이한 젊은이들의 행복한 재잘거림으로 가득 채워져 있었습니다. 그녀는 흐르는 눈물을 감추기 위해, 전차 앞부분의 열린 부분에 서서는 얼굴을 하늘로 향하고 내리는 비에 눈물을 감췄습니다. 눈을 감고는 난간을 꽉 잡은 채, 자신에게 이렇게 되뇌었습니다. "내가 지금 맛보고 있는 짠 맛은 눈물이 아니야. 이건 바람에 날려 온 해변의 소금이야. 여긴 샌디에이고가 아니야. 여긴 남태평양이고 나는 지금 사모아만으로 항해중인 거야." 그리고 상상 속에서 하늘 위를 쳐다봤더니, 그곳에 남십자성이 눈에 들어왔습니다. 그녀는 그런 사색에 푹 빠져, 그녀를 둘러싼 현실들은 사라졌습니다. 전차는 종점인 집에 순식간에 도착해 있었습니다.

2주 후, 시카고의 변호사로부터 3천 달러 상당의 미국 채권을 받게 되었다고 연락을 받았습니다. 몇 년 전, 그녀의 이모가 유럽으로 떠나며 만약 자신이 미국으로 돌아오지 못한다면 이 채권을 조카에게 주라고 부탁했습니다. 이모의 사망 소식을 듣고 변호사는 그녀에게 채권을 전달했습니다.

한 달이 지나서, 그녀는 남태평양의 섬으로 향하는 배에 몸을 실었습니다. 사모아만에 도착했을 때는 밤이었습니다. 배는 파도를 가르며 나아가고 있었고 밑을 내려다보자 파도의 하얀 거품을 볼 수 있었습니다. 바람이 가져온 바다의 소금 맛이 느껴졌습니다. 선박직원이 "저기 위에 남십자성이 있습니다"라고 그녀에게 말하자, 하늘을 쳐다보니 자신이 상상 속에서 보았던 남십자성이 눈앞에 들어왔습니다. 물론 그녀는 그 이후로도 자신의 상상력을 건설적으로 사용할 수 있는 많은 기회들이 있었습니다. 하지만 그때까지는 보이는 모든 것 너머에 하나의 법칙이 존재한다는 것을 깨닫지 못했습니다. 이제 그녀는 깨달았습니다. 그녀는 이제 자신의 인생의 드라마에서 네 명의 중요한 역할을 의식적으로 수행해서 자신뿐만 아니라 다른 이들을 위해 각본을 만들어내고 있습니다.

그때 병사들이 예수를 십자가에 못 박은 후, 주의 의복을 들고 네 조각으로 나누어 각자 한 조각씩 가지며, 또한 주의 외투도 가지니,

그 외투는 이음매가 없고 위로부터 통으로 짜여 있더라.

[요한복음 19:23]

Chapter 43 The Gift of Faith
믿음의 제물

그리고 주께서 아벨과 그의 제물은 마음에 들어 하셨지만,
카인과 그의 제물에는 마음에 들어 하시지 않으셨다.
[창세기 4:4,5]

성서를 깊이 있게 탐구하면, 단순한 문자 그대로의 의미를 넘어 훨씬 더 깊은 의미를 지니고 있음을 알 수 있습니다. 주는 다름 아닌 당신의 의식입니다. "이스라엘 자손에게 이렇게 말하라, 'I AM이 나를 보냈다…'" [출애굽기 3:14] "I AM"은 주가 스스로를 정의한 말입니다.

하느님의 손자로 나오는 카인과 아벨은 의식의 명백히 구분되는 두 기능을 의인화시킨 것입니다. 확실히 창세기의 저자는 인간 영혼의 두 가지 상반되는 상태를 보여주기 위하여 카인과 아벨이라는 인물을 기록했습니다. 두 형제는 모든 사람이 지닌 세상에 대한 두 가지의 구분되는 시선을 나타내고 있습니다. 하나는 제한된 감각적 인식이고, 다른 하나는 상상력을 사용하는 인식입니다. 첫 번째 시선인 카인은 외부에 수동적으로 반응하며 그것에 기초하여 삶을 받아들이는 자세입니다. 그것은 필연적으로 그 사람을 채워지지 않는 욕망으로 갈증나

게 하거나 지금의 남루한 상태에 만족하게 만듭니다. 두 번째 시선인 아벨은 마음속에 성취된 소망을 간직합니다. 그것은 감각이 주는 증거들 위로 인간을 들어올려 더 이상 소망할 필요가 없는 구원된 상태에 데려다 놓습니다. 두 번째 시선이 없다면 영혼은 불구덩이 위에 놓인 것과 같습니다. 하지만 두 번째 시선을 깨달은 사람은 날개를 달고 소원이 성취된 하늘나라까지 날아갈 수 있습니다.

와서 내 빵을 먹고 내가 섞은 포도주를 마시라.
어리석음을 내어버리고 살라. 그리고 명철의 길을 가라.
[잠언 9:5,6]

히브리서를 기록한 이는 아벨의 제물이 믿음이라고 말하면서, "믿음이 없는 자는 하느님을 기쁘게 할 수 없다."[히브리서 11:6]고 말합니다.

이제 믿음은 바라는 것들에 대한 실상이요
보이지 않는 것들에 대한 증거이니...
우린 믿음으로 세상이 하느님의 말씀으로 지어진 것을 깨달으니,
보이는 것들은 모습을 드러낸 것들로 된 것이 아니다.
[히브리서 11:1,3]

카인은 당신의 의식, 즉 하느님이 거부하는 감각의 증거를 하느님에게 제물로 바칩니다. 하느님이 감각의 증거를 거부하는 이유는 감각이 미래를 만드는 틀로 자리 잡는다면 현재의 상태는 영원히 지속되고 고정되기 때문입니다. 병든 자는 계속 병들어 있을 것이며, 가난한 자는 계속 가난 속에 살게 되고, 도둑은 도둑질을 하고, 살인자는 계속해서 살인자가 되어 어떤 구원될 희망도 없이 남게 될 것이기 때문입니다.

당신의 의식인 하느님은 상상력을 소극적으로 사용해서 바친 카인의 제물을 좋아하지 않습니다. 그분은 자신이나 인류의 편에 서서 자발적으로 상상력을 충실하게 사용한 아벨의 것을 좋아합니다.

약한 자가, '나는 강하다.'라고 말하게 하라.
[요엘 3:10]

외적인 모습은 무시하고 자신이 원하는 모습이 되었다고 선언하십시오. 자신의 감각이 보잘것없다고 말하더라도 아름다움을 상상하십시오. 슬픔을 느끼는 것에 기쁨을 주고, 감각이 가난하다고 말하는 것에 풍요를 상상하십시오. 이처럼 적극적이고 의식적으로 상상력을 사용할 때, 인간은 들어올려져서 에덴동산을 회복할 수 있게 됩니다.

당신의 이상은 형체를 부여받기 위해 항상 기다리고 있습니다. 하지만 이미 원하는 것이 되었다는 것을 사실로 받아들여 우리의 의식에게 이상을 던져주지 않는다면 그것들이 태어나는 것은 불가능합니다. '주'는 우리의 꿈에 맞춰 세상을 만들기 위해 우리 일상의 믿음의 양떼들을 필요로 합니다.

믿음으로 아벨은,
카인보다 더 굉장한 제물들을 하느님에게 드렸다.
[히브리서 11:4]

믿음은 보이지 않는 진리를 위해 보이는 현실을 희생 제물로 삼았습니다. 믿음이라는 것은, 사실로 받아들인다면 보이지 않는 상태들이 '보이는 현실'이 된다는 근본적인 진리를 굳게 붙잡는 것입니다.

믿음이란 보이지 않는 것을 믿는 것이다.
[성 아우구스티누스]

저는 최근에 한 여성이, 보이지 않는 것에 믿음을 가져서 얻은 경이로운 결과에 대해 듣게 되었습니다.
어떤 젊은 여성이 제게 그녀의 언니와 세 살 된 어린 조카를 만나달라고 부탁했습니다. 아이는 맑고 푸른 눈에 유난히 깨끗한 피부를 가진 예쁘고 건강한 아이였습니다. 그녀는 자신의 이야기를 제게 들려주었습니다.
아이가 태어났을 때 모든 것이 완벽했는데, 단 하나, 크고 보기 흉한 모반이 얼굴 한쪽을 덮고 있었습니다. 의사가 말하기를, 이런 모반에는 해볼 만한 것이 아무것도 없다고 했습니다. 다른 많은 전문가들과 상담해봤지만, 그 의사의 말이 사실이라는 것만 확인시켜줄 뿐이었습니다. 비록 의사가 그런 진단을 내렸지만, 아이의 이모는 '감각이 부정하고 있을지라도 어떤 것을 사실로 받아들인다면 현실로 굳어진다'는 자신의 믿음을 증명해 보이고자 했습니다.

그녀는 아이의 얼굴이 떠오를 때마다 상상 속에서 8개월 된 아이가 모반의 흔적조차 없이 깨끗한 얼굴을 하고 있는 것을 보았습니다. 이것이 쉽지는 않았습니다. 하지만 그것이 하느님을 기쁘게 하는 아벨의 제물이라는 것을 알았습니다. 그녀는 그 믿음을 끈기 있게 고수했고, 눈에 보이지 않는 것을 믿었습니다. 결말은 이렇습니다. 그녀는 조카가 8개월이 되었을 때 언니의 집에 놀러갔는데, 얼굴을 덮고 있던 모반이 흔적 없이 사라진, 백옥 같은 피부를 한 조카를 보게 되었습니다. "행운이야! 우연의 일치야!"라며 카인이 말합니다. 그렇지 않습니다. 아벨은 행운이나 우연의 일치라는 말이, 믿음의 성과물에 대해 믿음이 없는 사람들이 하는 것임을 압니다.

우리는 눈에 의지해서 걷는 것이 아니라 믿음으로 걷는다.
[고린도후서 5:7]

이성과 현실이, 당신이 실현하려고 하는 이상을 거부하고 있을 때, 만약 감각이 내놓은 증거와 이성이 말하는 것을 진실로 받아들인다면 그것은 당신의 의식인 하느님에게 카인의 제물을 바치는 것입니다. 그런 제물로는 하느님을 기쁘게 하지 못합니다.

이 땅 위의 삶은 형상을 창조하는 것을 연습하는 장소입니다. 만약 당신의 감각이 말하는 틀만을 받아들인다면 당신의 삶엔 어떤 변화도 없을 것입니다. 당신은 더욱 풍요로운 삶을 살기 위해 이곳에 있는 것입니다. 그렇기 때문에 상상력의 보이지 않는 틀을 이용해서 결과를 이끌어내고 성취를 이뤄야만 합니다. 그것은 창조력의 혹독한 시험입니다. 오직 소원이 성취된 느낌을 사실로 받아들이고 그 안에서 살 때만 하느님을 기쁘게 할 수 있는 제물을 바치는 것입니다. 아벨의 제물이 나의 의복이 될 때, 그때 나는 나의 거대한 욕망을 실현하게 될 것입니다.

예언자 말라기는 인간이 하느님을 강탈하는 것을 불평합니다.

하지만 너희들이 말하기를,
'어디 안에서 우리가 그대를 도적하였나이까?'라고 하지만,
십일조와 현물에서 강탈하였더라.
[말라기 3:8]

이성과 감각에만 기초해서 현실을 받아들여 이상을 거부하는 태도는 보이지 않는 상태에 대한 믿음을 강탈합니다. 하지만, "믿음은 보이지 않는 것들에 대한 증거이기에"[히브리서 11:1] 믿음을 통해서 "하느님은 있지도 않은 것을 마치 있는 것처럼"[로마서 4:17] 부르십니다. 보이지 않는 것을 부르십시오. 즉, 당신의 소원이 성취되었다는 느낌을 사실로 받아들이십시오.

... 만군의 여호와가 이르노라.

너희의 온전한 십일조를 창고에 들여 나의 집에 양식이 있게 하고

그것으로 나를 시험하여 내가 하늘 문을 열고

너희에게 복을 쌓을 곳이 없도록 붓지 아니하나 보라.

[말라기 3:10]

다음 이야기는 캘리포니아의 새크라멘토에 살고 있는 부부의 이야기입니다. 이들은 시계가 없어진 현실을 그대로 받아들이지 않고, 시계가 도둑맞았다고 알리는 감각의 증거를 거부하는 선택을 했습니다. 아내는 아주 값비싼 손목시계를 남편에게 선물했습니다. 그 시계에 쏟은 남편의 애정 때문에 값어치는 두 배로 증가했습니다. 부부는 시계를 가지고 작은 의식을 치렀습니다. 매일 밤 남편은 집에 들어와 시계를 풀어서 아내에게 주고, 아내는 장롱 속 특별한 상자 안에 집어넣습니다. 아침이 되면, 아내는 상자에서 시계를 꺼내어 남편에게 주면 남편은 그것을 차고 출근합니다.

어느 날 아침 시계가 보이지 않았습니다. 전날 밤에 자신들이 했던 모든 일을 되짚어보았지만, 시계는 잃어버리거나 다른 곳에 둔 것도 아니고 도둑을 맞은 것이었습니다. 그때 부부는 시계가 없어졌다는 것을 받아들이지 말자고 결심합니다. 그들은 서로에게 이렇게 말합니다. "이건 우리가 믿고 있는 것을 실험해볼 좋은 기회야." 그들은 마치 시계가 있는 것처럼 매일 하던 의식을 상상 속에서 계속하기로 합니다. 남

편은 상상 속에서 매일 밤 그 시계를 벗어 아내에게 주고, 아내는 상상 속에서 그것을 받아서 조심스럽게 장롱 속에 넣습니다. 매일 아침이면 아내는 상자 속에서 시계를 꺼내서 남편에게 주고, 남편은 그것을 손목에 찹니다. 이것을 2주에 걸쳐서 충실하게 했습니다.

  14일이 지난 후, 한 남자가 새크라멘토의 보석가게에 들어왔습니다. 남자가 감정을 위해 보석을 내어놓았을 때 가게 주인은 그가 차고 있는 시계를 눈여겨봤습니다. 보석을 좀 더 정밀하게 검사할 필요가 있다는 핑계를 대며 안쪽 사무실로 들어가 경찰서에 신고를 했습니다. 경찰이 그 남자를 체포한 후, 집을 수색해보니 만 달러가 넘는 장물들이 있었습니다. "눈이 아니라, 믿음으로 걸어" 이 부부는 자신들이 원하던, 잃어버린 시계를 다시 얻었을 뿐 아니라, 다른 사람들도 영원히 잃어버렸다고 생각했던 것을 되찾게 해줬습니다.

  만약 자신이 꿈꾸는 방향을 향해 확신에 차서 나아가고,
  그렇게 상상한 삶 속에서 살려고 노력하는 사람은
  일상적인 시간 속에서 예기치 못한 성공을 마주하게 될 것이다.
  [소로]

Chapter 44 The Scale of Being
존재의 범위

요한이 감옥에 갇힌 뒤, 예수께서 갈릴리로 가셔서
하느님 왕국에 관한 복음을 전파하시며 말씀하시기를,
"때가 찼고 하느님의 왕국이 가까이 왔다.
회개하고 복음을 믿으라"고 하시더라.
[마가복음 1:14-15]

요한의 유대에서의 사역이 끝난 후에.
예수께서는 약 서른 살의 나이에 자신의 사역을 시작하셨다.
[누가복음 3:23]

야곱이 꿈을 꾸었으니, 보라, 사다리가 땅에 섰는데
그 끝이 하늘에 닿았고, 보라,
하느님의 천사들이 그 위에서 오르락내리락하며, 보라,
주께서 그 위에 서계시더라.
[창세기 28:12,13]

야곱이 꿈 속에서 깊은 잠에 빠져 있을 때, 그의 내면의 눈이 열렸고 그는 세상을 '상승하고 하강하는 의식의 연속체'로 보았습니다. 이것은 세상의 신비에 대한 가장 심오한 통찰이었습니다. 야곱은 상승하고 하강하는 가치, 즉 의식의 상태를 보았으며, 이 내적인 가치는 외부 세상의 모든 것에 의미를 부여했습니다. 왜냐하면 그런 가치의 범위가 없다면 삶에는 어떤 의미도 없을 것이기 때문입니다.

인간은 매순간 의미의 무한한 범위 위에 서 있습니다. 의미가 없다면, 이전에 생겼던 어떤 사물이나 사건도 없을 것이고, 지금 존재하는 어떤 사물이나 사건도 존재하지 않을 것입니다. 하나의 사물이나 사건이 개개인에 대해 갖고 있는 의미는 자신의 의식의 수준을 직접적으로 보여줍니다.

책을 예로 들어보겠습니다. 어떤 의식 수준에서는 그것이 공간 속의 물체로만 보입니다. 더 높은 의식수준에서는 종이 위에 배열된 문자들로 보이며, 더 높은 수준의 의식에서는 그것이 어떤 의미를 표현한 것으로 보입니다.

겉으로 볼 때, 우리는 먼저 책의 외형을 보게 됩니다. 하지만 실제로는 책의 의미가 더 중요합니다. 책에서 의미를 우선시하는 것은, 책을 '종이 위에 적힌 글자배열'로 보거나 '공간 안의 하나의 물체'로 보는 것보다 더 높은 의미의 수준을 차지합니다. 의미는 문자 배열을 결정했고, 문자 배열은 오직 의미를 표현할 뿐입니다. 의미는 눈에 보이지 않지만, 문자 배열이라는 눈에 보이는 수준보다 상위에 존재합니다. 만약 외부에 나타내고자 하는 의미가 없다면, 책은 쓰이지도 않았고 출판되지도 않았을 것입니다.

그리고 보라, 주께서 그 위에 서 계시더라.
[창세기 28:13]

주와 의미는 하나이며, 삶의 현상을 일으키는 창조자입니다.

태초에 말씀이 있었고, 그 말씀이 하느님과 함께 있었으니,
그 말씀은 하느님이었다.
[요한복음 1:1]

 태초에 의미가 있었습니다. 그리고 의미는 의미를 창조한 자와 함께 있었습니다. 그래서 의미는 의미를 창조한 자, 그 자체입니다. 시공간에 존재하는 사물과 사건은, 그것들을 만들어 낸 의미의 수준보다 더 낮은 수준을 차지합니다. 모든 것은 의미에 의해 만들어졌고, 의미가 없다면 이곳에 지어진 것 중에 어떤 것도 지어지지 않았을 것입니다. 눈에 보이는 모든 것은 보이지 않는 보다 높은 의미의 질서가 펼쳐진 결과라는 사실을 이해하는 것은 매우 중요합니다.
 우리는 보통 '무슨 일이 일어났는지'와 '어떻게 일어났는지'에 대해 설명하려 하지만, '왜 그런 일이 일어났는지'에 대한 더 높은 의미 수준을 설명하기 위해 노력해야 합니다. 실제적인 예를 들어 이것을 설명해 보겠습니다.

우리는 거의 '무슨 일이 일어났는지'에 관한 의식수준에서 살아갑니다. 즉, 어떤 장소에서 교통사고가 났다면 단지 '차 한 대가 다른 차와 충돌해서 사고가 일어났다'는 생각을 합니다. 일부는 '어떻게' 그 사고가 일어났는지에 대한 더 높은 의식 수준에서 살아갑니다. 그 날은 비가 와서 도로가 미끄러웠기 때문에 뒤에 오는 차가 앞 차를 치었다고 분석하면서 그 날의 사고를 이해합니다. 이번엔 드문 경우인데, 우리 중 소수만이 '왜' 그런 사고가 발생했는지를 묻는 가장 높은 원인의 측면으로 사고를 바라봅니다. 그들은 그런 외부의 사건을 만든, 눈에 보이지 않는 의식의 상태를 인식합니다.

여기 예로 든 자동차 사고의 주인공은 환경을 변화시키고 싶었지만, 자신에게는 그럴 능력이 없었던 한 미망인이었습니다. 자신의 상상력을 올바르게 사용한다면 소망하는 일을 해낼 수 있다는 것을 듣고서, 그녀는 자신이 원하는 삶을 실제로 살고 있다고 상상했습니다. 그러나 그녀는 동시에 인간관계나 재정적으로 상실된 의식 상태 안에서 살았습니다. 그래서 그녀는 겉보기에는 손실로 보이는 사건을 불러들였습니다. 하지만 이 사고로 받은 보험금 덕분에 그녀의 삶에 원하는 변화를 가져올 수 있게 되었습니다.

겉보기에는 우연한 사고처럼 보이지만 이것 너머의 '원인'이라는 것을 보면, 즉 사고를 일으킨 의식의 상태를 보면 우리는 어디에도 우연한 사고가 없다는 결론에 도달하게 됩니다. 삶에 주어진 모든 것은 눈에 보이지 않는 어떤 의미를 갖고 있습니다.

'어떤' 사고가 일어났는지를 아는 사람, 사건이 '어떻게' 일어난 것인지 아는 사람, 그리고 그 사건이 '왜' 일어났는지 아는 사람, 이들 각각은 하나의 똑같은 사건을 바라보는 서로 다른 의식수준을 보여줍니다. 한 단계씩 수준이 올라감에 따라 사건의 진실에 조금씩 가까워집니다.

우리는 지속적으로 우리 자신을 더 높은 의미의 수준으로 끌어올리려고 노력해야 합니다. 이 높은 의미는 항상 보이지 않고 물리적 사건 위에 존재합니다. 하지만 의미나 삶의 현상에 대한 원인은 항상 인간 의식의 내부에서만 발견될 수 있다는 사실을 명심하십시오.

인간의 시선은 삶의 드라마에서 보이는 부분인, '어떤' 일이 일어났으며 '어떻게' 일이 일어났는가에 너무 빠져 있어, '왜' 그 일이 일어났는지에 대한 보이지 않는 측면까지 시선을 끌어올리지 못하고 있습니다. 그래서 사람들은 예언자의 다음과 같은 경고를 받아들이지 못합니다.

보이는 것들은 모습을 드러낸 것들로 만들어진 것이 아니다.
[히브리서 11:3]

'어떤' 일이 일어났고, '어떻게' 그 일이 일어났는지에 대한 답은 그것과 상응하는 의식수준에서는 맞는 말입니다. 하지만 '왜' 그 일이 일어났는지에 대해 자문한다면, 그런 모든 물리적인 해석은 소용없는 것이 되어버리고, 그때 우리는 보이지 않는 더 높은 수준에서 외적인 실체의 진정한 의미인 '왜'를 구하게 됩니다. 사건에 대한 물리적인 분석은 오로지 사물의 외형에 대한 것일 뿐입니다. 이러한 분석과정은 왜 그 사건이 일어났는지에 대한 것을 밝힐 수 없습니다. 의미의 낮은 수준은 의미의 더 높은 수준에서 흘러온 것이고, 눈에 보이는 것들은 눈에 보이지 않는 것들로부터 흘러온 것이라는 것을 인식해야만 합니다.

왜 사건이 발생하였는지에 대한 수준까지 우리를 끌어올리기 위해서는 직관이 필요합니다. 고대의 유대인 예언가가 했던 충고처럼, 우리 내부에서 "눈을 산 위로 들어 올려" 그곳에서 일어나는 일을 봐야 합니다. 우리가 사실로 받아들인 이상과 원하는 상태, 그리고 무엇보다 우리가 목적으로 삼은 것에 시선을 맞추십시오. 우리가 어떤 의식수준을 지녔는지를 나타내는 만물은 바로 이 산에서 생겨납니다. "장막 뒤에서 일하는 내 안의 그분"에게 눈을 들어 올린다면 우리는 삶의 현상의 의미를 알게 될 것입니다.

사건들은 인간의 다양한 의식수준들을 보여주기 위한 목적으로 세상에 나타납니다. 자신의 의식수준에서 하나의 변화가 찾아오면 자동으로 삶 속에서도 변화 하나가 찾아옵니다. 현상들에 대한 원인인 의식 수준을 변화시키지 않은 채 환경만을 바꾸려고 시도하는 것은 헛된 투쟁을 하는 것입니다. 우리가 의식의 수준을 끌어올리게 되면 우리의 세상을 구원하게 될 것입니다.

책과 의식에 대한 비유에서 우리가 보았듯이, 의식이 그 수준까지 끌어올려져 문자 배열에서 의미가 표현되는 것을 볼 수 있게 되면, 그것은 문자들이 특정한 규칙에 따라 배열되었고, 이러한 배열이 종이에 인쇄되어 하나의 책을 이룬다는 지식까지 포함하게 됩니다. 책에 적용된 이 진리는 세상의 모든 사건에 동일하게 적용됩니다.

나의 모든 거룩한 산에서 상처를 입거나 파괴되지 않을 것이니,
마치 물이 바다를 덮듯이 세상이 주의 지식으로 충만할 것이다.
[이사야 11:9]

그렇습니다. 버려야 할 것은 없습니다. 모든 것은 구원되어야 합니다.

사물의 더 높은 의미를 이해하는 의식 수준을 향해, 즉 무한하게 확장되어가는 의식 차원을 향해 가고 있는 우리의 삶은 이런 구원을 만들어내는 과정입니다. 우리가 의미를 표현하기 위해 문자를 배열해서 단어를 만들고 단어를 배열해서 문장을 만드는 것처럼, 삶은 보이지 않는 의미, 즉 우리의 마음자세를 표현하기 위해 환경이나 조건 그리고 사건들을 재배열합니다. 어떤 것도 의미 없이 존재하는 것은 없습니다. 하지만 내적의미의 더 높은 수준을 알지 못하는 사람은 흘러가는 사건들을 쳐다보면서도, 그것들이 삶에 대해 가지고 있는 의미를 보지 못합니다.

항상 우리 삶에는 의미의 수준이 존재합니다. 그것은 어떤 사건들이 일어날지를, 그리고 그 사건들이 우리의 삶과 어떤 본질적인 관계를 가지게 될지를 결정합니다. 다음은 불행으로 여겨지는 사건 속에서 좋은 면을 보게 해서 불행한 사건이라는 판단을 멈추게 하고, 풀리지 않는 사건들 가운데서 올바르게 행동할 수 있게 만드는 이야기입니다.

얼마 전, 굉장히 불합리한 일이 우리나라에 일어나 사람들을 충격에 빠뜨렸습니다. 신문뿐 아니라 라디오와 텔레비전을 통해 널리 보도되었습니다. 한국전에서 전사한 젊은 미국인 병사의 유해가 고국으로 돌아와 장례를 치르려 했습니다. 장례식 직전, 병사의 아내에게 "남편이 백인이었습니까?"라는 의례적인 질문이 주어졌습니다. "제 남편은 인디언입니다"라고 답하자 장례식은 거부되었습니다. 이것은 그 지역 법에 따른 것이었지만, 전국민적인 분노를 샀습니다. 누군가 조국을 위해 싸우다 죽었음에도 조국 어디에도 묻힐 수 없다는 사실이 분노를 일으켰습니다. 이 이야기는 대통령의 귀까지 들어갔고, 대통령은 그를 알링턴 국립묘지에 '최고 군인의 영예'로 안장하도록 했습니다. 장례식이 끝나고 아내는 인터뷰에서, 남편은 항상 영웅으로 죽음을 맞아 '최고 군인의 영예'로 국립묘지에 묻히는 것을 꿈꿨다고 했습니다.

미국에 살고 있는 우리는 어째서 우리처럼 진보적이고 지성을 갖춘 국민들이 이런 법을 제정했으며, 게다가 자유와 전사의 위대한 땅에서 이런 법이 존재했는지에 대해 어떤 설명도 하지 못할 것입니다. 이때 우리는 관찰자로서 '어떤' 일이 일어났는지, '어떻게' 그 일이 일어났는지를 봤지만 '왜' 그 일이 일어났는지는 보지 못한 것입니다.

사실 그 젊은이의 꿈을 실현하기 위해서는 처음의 장례가 거부되어야 했습니다. 우리는 '어떻게' 그런 일이 일어났는지에 대한 낮은 수준의 관점에서 그 이야기를 설명하려 했습니다. 하지만 그런 설명은 '왜' 그런 일이 일어났는지를 묻는 사람들에게는 만족을 주지 못합니다.

더 높은 의미의 수준에서 본다면 이 질문에 대한 대답은 '그 장례는 즉시 거부되어야 한다'는 상식을 뒤집는 것이어야 했습니다. 진리는 미래의 상태가 현재의 원인이라는 것입니다. 즉, 최고 군인의 영예를 안고 영웅으로서 죽음을 맞이하는 것을 꿈꾸던 인디언 소년은 맥베스의 아내처럼 "이 무지한 현재를 넘어", "현재에 미래를 느낄" 수 있었습니다.

… 그리고 그가 죽었으나 아직 믿음에 의해서 말하고 있더라.

[히브리서 11:4]

Chapter 45 The Game of Life
인생 게임

스무 개의 이로운 가르침을 펼치는 것이
그 중 하나를 실천하는 것보다 쉽다.
[셰익스피어]

저는 이런 셰익스피어의 고백에도 불구하고 인생 게임을 어떻게 하는지에 대해 말해보도록 하겠습니다. 모든 게임처럼, 인생 게임도 목적과 규칙이 있습니다.

크리켓, 테니스, 야구, 축구 등, 인간이 만든 게임들은 시간이 지나면 규칙이 바뀌기도 하고, 사람들 사이에서 그 변경 사항이 용인되면 사람들은 새로운 규칙을 배워 새롭게 받아들여진 규칙 안에서 게임을 진행해야 합니다.

하지만 인생 게임에서는 규칙이 변하거나 없어지는 일이 없습니다. 인생 게임은 보편적이고 영원히 변치 않는 규칙 안에서 진행됩니다.

인생 게임은 마음의 운동장에서 진행됩니다. 어떤 게임을 할 때, 우리는 "이 게임의 목적과 목표는 무엇인가?"라는 질문을 처음으로 던지게 됩니다. 그 다음으로는 "그 게임에 적용되는 규칙은 무엇인가?"라고 두 번째 질문을 던집니다. 인생 게임의 주된 목적은 인식을 넓히는 것,

보다 넓은 의미의 것을 인식하는 것입니다. 그리고 두 번째 목적은 우리의 목적을 이루는 것, 즉 우리의 소망을 실현하는 것입니다.

우리의 욕망에 관해 말해보자면, 인생의 법칙은 우리가 그 욕망을 실현하기 위해 해야 하는 방법만을 제시할 뿐 어떤 욕망을 갖느냐는 것은 개인적인 선택으로 남겨두고 영향을 미치지 못합니다. 인생 게임에 적용되는 규칙은 간단하지만 그것을 지혜롭게 행사하기 위해서는 일생이 걸립니다. 여기에 그 규칙 하나가 있습니다.

그가 가슴속에서 생각한대로, 그렇게 되더라.
[잠언 23:7]

우리는 일반적으로 생각을, 어떤 제약하는 규칙이나 한계가 없는 자유로운 것으로 여깁니다. 하지만 그렇지 않습니다. 생각은 일정한 영역 안에서 일정한 절차에 따라 특정한 경로와 방식으로 움직이고 있습니다.

"생각은 자신의 내면의 대화 안에 놓인 길을 따라간다."

그래서 우리는 모두 마음과 말을 지혜롭게 사용하여 우리의 목표를 달성할 수 있습니다. 하지만 대부분 사람들은 내부에서 진행되는 마음의 활동을 전혀 인식하지 못합니다. 그래서 인생 게임을 성공적으로 진행할 수 있는 우리의 마음 활동을 방치하고 있습니다. 우리는 내면 대화의 형태로 존재하는 이런 마음 활동이 외부의 삶을 만들고 있음을 깨달아야 합니다.

 ... 사람이 말하는 어떠한 빈 말이라도
심판 날에는 그에 관하여 가치를 부여하게 될 것이다.
이는 너희들의 말들로 인하여 너희가 의롭게 되고,
또 너희들의 말들로 인하여 정죄됨을 받게 될 것이기 때문이다.
[마태복음 12:36,37]

 말씀의 법칙은 깨질 수 없습니다.

 ... 그의 뼈가 하나도 부수어지지 않을 것이다.
 [요한복음 19:36]

 말씀의 법칙은 내부에서 한 말 하나조차도 간과하거나, 혹은 우리가 몰랐다고 해서 관용이 베풀어지지 않습니다. 우리의 내부에서 이루어진 대화가 우리 내부의 삶을 만드는 동시에, 그것은 우리 현실의 삶 또한 만듭니다. 이렇게 내부의 대화가 외부적인 환경으로 나타나는 이유는 우리가 인생의 경기장에서 어느 곳에 위치하고 있는지를 보여주기 위해서입니다. 인생 게임에는 적이 없습니다. 오직 목적만이 존재할 뿐입니다.
 얼마 전, 저는 인정 많은 성공한 사업가와 이 법칙에 관하여 이야기를 할 기회가 있었습니다. 그는 저에게 자기 자신에 관한 이야기를 해주었습니다.

"제가 처음으로 인생의 목적에 관해 배웠던 곳은 열네 살 때 학교 운동장이었습니다. 저는 달리기를 잘했고 승승장구했죠. 그때 달리기 경주가 하나 더 남았는데, 같이 뛰는 친구는 어려운 경쟁 상대였어요. 이번에는 그 아이를 꼭 이겨야겠다고 결심했죠. 저는 그 아이를 이기긴 이겼습니다. 그런데 제가 그 친구에게 정신이 팔려 있는 사이에, 경쟁자로는 전혀 생각하지 않았던 다른 아이가 우승을 해버렸습니다. 그 경험이 제 인생 전반에 걸친 교훈이 되었습니다. 사람들이 제 성공의 비결이 무엇이냐고 물을 때면 저는 제 성공의 비결이 돈을 버는 것을 목적으로 삼지 않았기 때문이라고 말합니다. 그리고 '제 목표는 돈을 지혜롭고 생산적으로 사용하는 것입니다'라고 덧붙입니다."

이 남자의 내면 대화는 자신이 이미 돈을 가졌다는 전제를 밑바탕에 두고 있었고, 그 돈을 어떻게 잘 쓸 것인가에만 초점이 맞추어져 있었습니다. 돈을 얻기 위해 고군분투하는 내면의 대화는 돈에 대한 결핍만을 드러냅니다. 어떤 이는 미처 말의 힘을 인식하지 못하고 자신의 목적 달성을 위한 길에 장벽을 만들고 있습니다. 그런 사람은 자신의 시선을 목적 자체에 두기 보다는 경쟁자에게 맞추고 있습니다.

친애하는 브루터스, 우리가 열등한 위치에 있는 잘못은
저 별 때문이 아니라, 우리 자신에게 있는 거요.
[줄리어스 시저 : 1막 2장]

"세상이 하느님의 말씀으로 이루어졌기"때문에 "사랑하는 자녀로서 하느님의 모방자인" 우리는 전능한 힘을 갖고 있는 내면의 말씀으로, 우리의 삶의 조건과 환경을 창조합니다. 게임의 가장 심오한 지혜를 알고 있으면서도 직접 사용하지 않는다면 원하는 결과를 만들어 내지 못할 것입니다. "선을 행할 줄 알면서도 행하지 않는 자(곧, 규칙을 알면서도 행하지 아니하는 자)에게는 그것이 죄가 된다." [야고보서 4:17] 다른 말로 하자면, 그는 자신의 과녁을 빗나가게 될 것이고 자신의 목적을 이루지 못할 것입니다.

달란트의 비유에서도 주인은 자신의 재능을 사용하지 않았던 하인을 비난했습니다. 우리는 인생 게임의 규칙을 하나 발견했는데도 그것을 무시하고 실패를 맞이할 위험에 놓이려고 합니다. 잘 사용하지 않는 재능은 수족을 사용하지 않으면 퇴화되는 것과 마찬가지로, 기능이 멈춰버리고 결국 쇠퇴합니다. 우리는 반드시 "단지 듣는 자에 머물러서는 안 되고, 말씀을 실천하는 자"가 되어야 합니다. [야고보서 1:22] 생각은 우리 내면의 대화가 놓인 길을 따라가고 있기 때문에, 내면의 대화를 관찰하면 우리가 인생의 경기장에서 어느 방향으로 가게 될지를 볼 수 있을 뿐만 아니라, 내면의 대화를 잘 조절하고 지시해서 우리가 원하는 방향으로 갈 수 있습니다.

원하는 모습이 되었다면 어떤 생각을 하고, 어떤 말을 하며, 어떤 행동을 하겠습니까? 당신의 내면에서 먼저 이렇게 생각하고, 말하고, 행동하십시오. "하늘나라에는 비밀을 드러내시는 하느님이 계시다"[다니엘서 2:28]는 말을 들어본 적이 있을 것입니다. 반드시 명심해야 할 것은 하늘나라는 당신 내부에 있다는 것입니다. 하느님이 누구이고 어디에 계신지, 하느님의 비밀이 무엇인지를 아주 명확히 하십시오. 다니엘은 이렇게 말합니다. "그대의 꿈, 그리고 그대의 머리에서 떠오른 환상은 이러하다." 그것들은 당신이 가고 있는 길을 보여주고, 어느 곳을 향할지를 가리킵니다.

다음 이야기는 한 여성이 그동안 자신을 불행 속에 묶어둔 내부대화의 길을 원하는 방향으로 돌려놓은 이야기입니다.

그녀는 2년 동안 가장 가까운 세 명의 가족과 냉랭한 관계 속에서 지냈습니다. 며느리와 언쟁을 한 후에는 아들 집에 가지 않게 되었습니다. 2년 동안 손자에게 많은 선물을 보내긴 했지만 아들, 며느리, 손자를 보지도 못하고 이야기를 나누지도 못했습니다. 그녀가 매일 가족들을 생각할 때마다 며느리를 비난하고, 이기적인 것을 나무라는 마음의 대화를 나눴습니다.

어느 날 그녀는 인생 게임과 그것을 하는 방법에 관한 저의 강의를 듣고 난 후, 갑자기 이런 냉전의 원인이 자신에게 있고 오직 자신만이 이 관계를 개선하기 위해서 무언가를 할 수 있다는 사실을 깨닫게 되었습니다. 그녀의 목표는 예전의 친밀한 관계를 되찾는 것임을 깨닫고 내면의 대화를 완벽하게 바꾸는 일에 착수했습니다.

그날 밤부터 상상 속에서 며느리와 손자에게서 애정 어린 편지 두 통을 받았다고 상상했습니다. 그녀는 그 편지를 받았다는 행복한 기분 속에서 잠들 때까지 상상 속에서 그 편지를 읽고 또 읽었습니다. 8일에 걸쳐서 매일 밤마다 이 상상 속의 행동을 계속 반복했을 때, 9일째 되는 날 실제로 며느리와 손자로부터 편지를 받게 됐습니다. 편지에는 그녀를 집으로 초대하는 내용이 담겨 있었고, 상상했던 것과 너무도 비슷한, 애정이 넘치는 따뜻한 편지였습니다. 그녀는 상상력을 의식적이고 사랑스럽게 사용해서 그동안 자신을 묶어두었던 내면의 트랙을 '가족의 행복한 재결합'으로 향하게 돌려놓았습니다.

마음의 태도를 바꾸면 인생의 경기장에서의 위치도 변화됩니다. 인생 게임은 우리가 시공간이라고 불리는 바깥에서 진행되는 경기가 아닙니다. 인생 게임에서의 진정한 경기는 내부에서, 즉 마음의 경기장에서 벌어지고 있습니다.

당신이 잃어버렸던 당신의 영혼을 다시 찾는 것,
당신의 분리된 마음을 그곳을 향하게 하라.
[로렌스 하우스만]

Chapter 46 "TIME, TIMES, AND A HALF"
한 때, 두 때, 그리고 절반

스무 개의 이로운 가르침을 펼치는 것이
그 중 하나를 실천하는 것보다 쉽다.
[셰익스피어]

한 사람이 강 위에 있는 세마포를 입은 사람에게,
'이러한 경이로움의 끝이 언제까지일까요?'라고 묻더라.
내가 들으니 강물 위에 있던 세마포를 입은 사람이
그분의 오른손과 그의 왼손을 하늘로 들어 올리고
영원히 사시는 그 분 앞에 맹세하기를,
이는 한 때와 두 때, 그리고 절반의 때가 걸릴 것이라 하시더라.
[다니엘 12:6,7]

로스앤젤레스에서 성경의 숨겨진 의미에 대해 강의할 때, 한 청중이 위 인용문의 의미를 설명해 달라고 요청했습니다. 제가 그 구절의 의미를 모른다고 고백하자, 청중 중 한 여성은 스스로에게 이렇게 다짐했습니다. "마음이 사실로 받아들인 것에 맞춰 작용한다는 진리가 사실이라면, 내가 그 질문에 대한 답을 발견해서 선생님께 알려드려야겠다." 그리고 이것은 그녀가 제게 알려준 내용입니다.

"지난밤에 다니엘서에 나온 '한 때와 두 때, 그리고 절반의 때'의 뜻이 무엇이냐는 질문이 있었는데, 그날 밤 잠들기 전에 제 자신에게 이렇게 말했습니다. '이 질문에는 분명히 쉬운 답이 있을 거야. 그러니 나는 그것을 알고 있다는 것을 사실로 받아들일 것이고 내가 잠들어있는 사이에 나의 위대한 자아는 답을 찾아내서 꿈이나 환영 안에서 나에게 알려줄 거야.'

"다섯 시쯤 되자 잠에서 깨었습니다. 일어나기엔 너무 이른 시간이어서, 침대에 그대로 누워있으면서 깨어있는 것도, 잠든 것도 아닌 상태에 빠졌습니다. 그 상태에서 나이든 여성이 흔들의자에 앉아 앞뒤로 흔들리는 모습이 떠올랐습니다. 그때 선생님의 목소리 같은 음성이 울려 퍼졌습니다. '그것이 현실과 같은 분위기를 취할 때까지, 반복하고, 또 반복 반복하십시오.'

"저는 침대에서 벌떡 일어나 다니엘서 12장을 다시 읽었습니다. 어젯밤의 질문이 나온 6절과 7절을 살펴보면서, 선생님이 말씀하신 것처럼 성경에 나오는 인물들이 입고 있는 의복이 그 사람의 의식수준을 나타낸다고 한다면, 세마포는 아주 높은 의식 수준을 나타낼 거라 생각했습니다. 왜냐하면 '세마포를 입은 사람'은 '강가의 물 위에' 서 있기 때문입니다. 그리고 만약 선생님이 가르치셨던 것처럼 물이 진리의 높은 수준을 상징하는 거라면 물위를 걸을 수 있는 사람은 정말로 고매한 의식 상태를 나타내는 것이 틀림없다고 생각했습니다. 그래서 저는 그 사람이 질문했던 것이 매우 의미심장하다고 느꼈습니다. 그 질문은 '이 경이로움의 끝은 언제까지이겠는가?'였습니다. 그리고 그것에 대한 대답은, '한 때와 두 때, 그리고 절반의 때'이었습니다. 흔들의자에 앉아 앞뒤로 흔들거리고 있던 아주머니와, '현실 같은 분위기를 취할 때까지 계속해서 반복하고, 또 반복 반복하십시오'라던 선생님의 목소리를 떠올려 보았습니다. 그리고 이런 것들이 '나는 답을 알고 있다'는 것을 사실로 받아들였기 때문에 내게 주어졌다는 것을 종합해보니, '세마포를 입은 사람'이 물었던 질문은 바로 내가 꿈꾸고 있는 경이로운 꿈이 현실이 될 때까지 걸리는 시간을 묻는 거라는 것을 직관적으로 알게 되었습니다. 그리고 그것에 대한 대답은, '그것이 현실과 같은 분위기를 취할 때까지 반복하고, 또 반복 반복하라'였습니다. '한 때'는 소원이 성취된 것을 나타내는 상상 속의 행동을 하라는 것을 뜻하고, '두 때'는 그 상상 속의 행동을 계속해서 반복하고 반복하라는 것을 뜻합니다. 그리고 '절반의 때'가 뜻하는 것은 상상 속의 행동을 하면서 잠에 드는 순간을 말하는 것 같습니다. 왜냐하면 잠에 드는 순간은 사전에 미리 결정한 행동이 완성되기 전에 찾아오기 때문에 그것을 절반의 때라고 말할 수 있기 때문입니다."

답을 알고 있다는 전제를 통해 얻게 된 '성서의 내적인 이해'는 이 여인에게 정말 경이로운 계시를 선사했습니다. 하지만 한 때, 두 때, 그리고 절반의 때의 진정한 뜻을 알기 위해서 그녀는 매일의 일상에서 자신이 이해한 것을 적용해야만 합니다. 우리가 자신과 다른 이들을 위해 이 진리를 시험해 보는 것은 결코 손해 보지 않을 것입니다.

수년 전, 같은 아파트에 사는 혼자되신 여성분이 고양이에 관해 상담하기 위해 저를 찾아왔습니다. 고양이는 그녀에게 큰 위안이 되었고, 그녀는 고양이를 매우 사랑했습니다. 하지만 고양이가 여덟 살이었는데 매우 아팠습니다. 며칠 동안은 아무것도 먹지 못했고 침대 밑에서 나오려 하지를 않았습니다. 두 명의 수의사가 고양이를 살펴보고 고양이는 나을 수 없으니 안락사시키는 것이 최선이라고 말했습니다. 저는 그녀가 잠들기 전, 고양이가 다시 건강해졌다는 것을 나타내는 행동을 상상 속에서 하라고 조언해주었습니다. 그 상상이 현실 같은 분위기를 취할 때까지, 계속해서 반복하고, 또 반복하라고 말했습니다.

그녀는 그렇게 하겠다고 약속했습니다. 하지만 저에 대한 믿음이 부족해서인지 아니면 자신이 상상 속 행동을 잘 할 수 있을 것이라는 믿음이 부족해서인지 몰라도, 그녀는 조카에게 집에 와달라고 부탁했습니다. 조카는 그 요청을 받아들였습니다. 만약 고양이가 아침까지 회복되지 않는다면 고양이를 안락사시키는 것을 차마 볼 수 없었기 때문에 조카에게 고양이를 수의사에게 데려가달라고 부탁했습니다. 그날 밤 그녀는 안락의자에 몸을 고정시키고 고양이가 그녀 옆에서 뛰놀고, 가구를 긁는 등의 평소 같으면 그냥 내버려두지 않았을 여러 행동을 하는 것을 상상하기 시작했습니다. 그렇게 사전에 결정한, 고양이의 평소처럼 건강하고 뛰노는 모습에서 벗어나 그녀의 마음은 방황하기도 했습니다. 하지만 그럴 때마다 다시 주의력을 방으로 갖고 와서 상상 속의 행동을 반복했습니다. 안도하는 느낌 속에서 의자에 앉은 채로 잠에 들 때까지, 이것을 계속해서 반복했습니다.

아침 4시쯤에 그녀는 고양이가 우는 소리에 깼습니다. 고양이는 의자 옆에 서 있었는데, 항상 밥을 먹던 부엌으로 그녀를 끌고 갔습니다. 따뜻한 우유를 주자 급하게 먹어 버리고 더 이상 울지 않았습니다.

그 고양이는 5년 후에 잠들면서 죽을 때까지 어떤 고통이나 병도 없이 그녀와 함께 편안하게 지냈습니다.

"이 경이로움의 끝은 얼마나 걸릴 것인가?" 한 때, 두 때, 그리고 절반의 때입니다.

꿈 속에서, 밤의 환영 안에서, 깊은 잠이 사람들에게 찾아오고,
침상에서 꾸벅꾸벅 잠이 들 때, 그분은 인간의 귀를 열어,
그들에게 지시할 것을 봉인하시더라.
[욥기 33:15,16]

Chapter 47 Be Ye Wise as Serpents

뱀처럼 지혜로워라

… 그러므로 너희는 뱀처럼 지혜롭고 비둘기처럼 순수하라.

[마태복음 10:16]

사람들은 뱀이 자신의 일부분을 단단한 껍데기로 만들고 그것보다 몸집이 커져 껍데기를 탈피하는 모습 때문에, 뱀을 끝없는 성장과 자기 재생산의 상징으로 인식하게 되었습니다. 그래서 뱀처럼 지혜롭게 되어 자신의 껍데기, 즉 자신의 환경(단단한 자아)을 던져버리는 방법을 배우라고 말합니다. 우리는 "그를 풀어주어 가게끔 하는" 방법을, "옛 사람을 벗어버리는" 방법을, 옛 사람을 죽음으로 인도하는 방법을 배워야만 합니다. 하지만 뱀이 자신의 낡은 껍데기를 벗어버렸을 때 죽지 않는 것처럼, 그렇게 이전의 관념을 던져버린 자신도 "죽지 않는다"는 것을 압니다.

사람들은 자신의 몸 밖에 있는 외부의 것들 역시 자기 자신이라는 것을, 그리고 자신의 세상과 삶의 모든 조건은 의식상태가 바깥으로 그려져 나온 것에 불과하다는 것을 아직까지 알지 못합니다. 이 진리를 알게 되면 더 이상 무익한 자신에 대한 투쟁을 그만두고, 뱀처럼 옛

것들은 보내면서 새로운 환경을 만들 것입니다.

인간은 불멸이기에, 끊임없이 죽어야만 한다.
왜냐하면 삶은 하나의 창조적인 생각이어서,
오직 변화하는 행태 속에서만 자신을 발견할 수 있기 때문이다.
[타고르]

고대인들은 뱀을 보물이나 부의 수호자로 여겼습니다. "뱀처럼 지혜롭게 되라"는 명령은 뱀처럼 지금의 한계를 깨고 더 자라나서, 옛것에는 죽음을 주면서 자신의 상상력, 즉 잠재된 영리한 힘을 깨우라는 권고입니다. 낡은 것을 던져버리고 새로운 것을 입는, 오직 그런 죽음과 부활을 통해서만 꿈을 성취하고 보물을 발견할 수 있습니다. "뱀은 주 하느님이 만드신 들판의 어떤 짐승들보다도 더 영리한(subtle)" 것처럼, 상상력 역시 주 하느님이 만드신 하늘나라의 창조물 중에서 가장 지혜롭습니다.

헛된 것에 굴복하는 것은 자의가 아니요,
오직 소망 가운데 그것들을 굴복케 하는 그 때문이다….
이는 우리가 소망에 의하여 구원을 받았기 때문이다.
허나, 보이는 소망은 소망이 아니다.
사람이 보는 것을 왜 바라리요?

허나 만일 우리가 보지 못하는 것을 바란다면
인내로 기다릴 것이다.
[로마서 8:20,24,25]

외적인 감각에 의존하는 "현세적"인 사람은 환경들에 영향을 받고 살게 되지만, 영적인 상상력에 의존하는 사람은 그런 것에 영향을 받지 않고 삽니다. 우리 인간이 외부의 환경에 완전하게 결속된 존재라면, "뱀처럼 지혜롭게" 되라는 격언은 쓸모없는 것이 될 것입니다. 우리의 환경들에 완전히 결속되어 있다면 감각이 내놓는 증거로부터 의식을 철수하지 못하고, 결국 보이지 않는 상태가 새로운 환경으로 모습을 굳히게 될 것이라는 기대와 희망 속에서 소원이 성취된 상태를 느끼지 못할 것입니다.

현세적인 몸이 있고, 또 영적인 몸이 있다.
[고린도전서 15:44]

상상력이 지닌 영적인 몸은 환경들에 묶여있지 않습니다. 영적인 몸은 감각과 환경이라는 외적인 인간으로부터 철수해서, 자신이 원하는 모습으로 상상할 수 있습니다. 만약 영적인 몸이 마음속에서 본 형상에 믿음을 유지할 수 있다면, 상상력은 인간이 새로 거주하게 될 처소를 만들 것입니다. 다음의 구절은 바로 그것을 뜻합니다.

... 나는 그대를 위하여 처소를 준비하러 간다.

내가 가서 그대를 위하여 처소를 마련하면

다시 와서 그대를 내게로 영접하여

내가 있는 그곳에 그대도 있게 할 것이다.

[요한복음 14:2,3]

    여기서 말하는 처소가 꼭 물리적 장소에 국한될 필요는 없습니다. 건강, 부, 인간관계 등, 이 세상에서 원하는 어떤 것이든 상관없습니다. 그렇다면 그 준비된 처소는 어떤 모습입니까? 당신이 실제로 육체를 가지고 그 '처소'에 있다면 보고 들을 만한 것으로 먼저 그 장면을 생생하게 만들어야 합니다. 몸은 움직이지 않으면서도 마음속으로 그 모든 것을 체험하며, 그 상태가 현실처럼 느껴질 때까지 반복하세요. 자연스럽게 이 장면이 느껴졌다면 그 '처소'는 당신의 육체적인 자아를 위해 새로운 환경으로 준비된 것입니다. 당신은 이제 눈을 뜨고 이전의 상태로 돌아옵니다. 상상 속에서 있었던 그 '처소'는 준비되었고, 당신은 이제 육신을 가지고 그곳으로 가게 될 것입니다.

    어떻게 상상이 물질적 형태로 구현되는지는 현세의 당신이 걱정할 부분이 아닙니다. 영적인 몸은 상상 속에 있다가 현실로 돌아왔지만 이미 상상한 곳과 현실 사이에, 눈에 보이지 않는 사건의 다리를 놓았습니다. 당신이 객관적인 세상에서 눈을 떴을 때 상상 속에서 현실처럼 경험했던 것들이 사라져버렸다고 느낄지도 모릅니다. 하지만 당신은 그 순간 "현세적인 몸이 있고, 영적인 몸이 있다"는 구절처럼 두 개의 자아에 대한 느낌을 가지게 됩니다. 당신, 아니 현세적인 인간이 이런 경험을 가졌다면 자동으로 사건의 다리를 건너게 될 것이고, 보이지 않게 준비된 처소는 현실 속에서 모습을 드러낼 것입니다.

이 이중적 존재에 대한 개념은, 상상력이라는 내적인 인간이 미래에 머물렀다가 현재로 돌아오게 되면, 미래와 현재를 이어주는 사건의 다리와 존재와 현상에 대한 넓은 시야를 가지고 돌아온다는 뜻입니다. 이것은 인간존재에 대한 우리의 상식적인 관념을 크게 뒤흔들어 놓습니다. 또한 시공간과 물질에 관한 관념에도 큰 변혁이 일어납니다. 상상이 현실을 창조한다는 개념이 진실이라면, 단단한 실체라고 여겼던 현실은 단지 마음의 그림자일뿐이라는 결론으로 귀결됩니다. 이것은 상식적으로는 거부될 것입니다. 하지만 우리는 상식이 거부했던 많은 가정들이 다시 진리로 판명되었던 수많은 일들을 기억해야할 것입니다.

이것을 화이트헤드 교수는 "말도 안 되는 일이라 보였던 것들이 미래에는 진리로 증명될지, 증명되지 않을지는 오직 하늘만이 알고 있다"라는 말로 표현했습니다.

창조의 힘은 인간 안에 잠들어 있으며, 깨워져야만 합니다. "잠자는 자여, 깨어나라. 그리고 죽은 자들로부터 일어나라." [에베소서 5:14] 외부 세상이 당신 삶의 원인이라 말하는 잠에서 깨어나십시오. 죽은 과거로부터 일어나, 새로운 환경을 창조하십시오.

네가 하느님의 성전인 것과

하느님의 영께서 네 안에 거하시는 것을 알지 못하는가?
[고린도전서 3:16]

당신 안에 있는 하느님의 영, 즉 당신의 상상력은 잠들어 있으며, 깨어나서 당신을 감각의 한계에서 해방시켜야 합니다.

"뱀처럼 지혜롭게" 되었을 때, 당신 앞에 열린 무한한 가능성은 감히 가늠할 수조차 없습니다. 당신은 이제 경험하고 싶은 이상적인 조건과 살고 싶은 이상적인 환경을 선택할 것입니다. 이런 상태들이 상상 속에서 생생한 감각으로 느껴질 때까지 경험한다면, 뱀이 자신의 껍데기를 단단하게 만들어냈던 것처럼 당신도 내부의 감각을 단단한 현실로 만들 수 있습니다.

그 후에 당신이 그 상태를 넘어서 성장하면 뱀들이 자신의 껍데기를 던져버리는 것처럼 당신도 그 상태들을 쉽게 던져버릴 수 있게 됩니다. 모든 창조물의 목적인 '보다 풍요로운 삶'은 죽음과 부활을 통해서만 얻을 수 있는 것이 아닙니다.

하느님은 형체를 원했기에 인간이 되었습니다. 그래서 우리가 창조행위를 하는 하느님의 영을 인식하는 것만으론 충분하지 않고, 창조된 형체 안에서 하느님이 하는 일을 봐야 합니다. 그리고 우리가 그 형체보다, 계속해서 보다 더 크게 성장해 나갈지라도 그것이 좋다고 말해야 합니다.

하느님의 손길은 무한하시며,

모든 결말을 더 먼 곳으로 이끌기 때문에,

그분은 확장되는 기쁨의 방을 통해

우리를 황홀함이 넘치는 곳까지 인도하신다.

[조지 메러디스, "색채에 대한 찬가"]

* * *

또 내가 땅에서 들려지면 모든 사람을 내게로 이끌어 올 것이다.

[요한복음 12:32]

  만약 당신이 감각의 증거로부터, 실현하기 원하는 의식의 상태까지 들어 올려져 그 상태가 자연스러워질 때까지 그 안에 머문다면, 당신의 주변에 그 상태를 만들 것이고 모든 사람은 그것을 볼 수 있게 될 것입니다. 하지만 상상 속의 삶이 유일한 삶이고, 소망이 성취된 것을 사실로 받아들이는 것이야말로 도피주의자의 변명이 아닌, 더 풍요로운 삶을 향해 나아가는 길이라는 것을 사람들에게 받아들이게 하는 것이 문제입니다.

  "확장되는 기쁨의 방을 통해" 상상의 세계 안에서 사는 것들을 보기 위해서, 즉 세상을 감상하고 즐기기 위해서 그는 상상 속에서 살아야만 하고, 꿈을 꾸고, 그 꿈을 차지해 나가야 하고, 그리고 보다 더 성장하여 그 꿈보다 무한히 크게 성장해 나가야만 합니다. 상상력이 없는 사람은, 더 높은 차원의 삶을 차지하기 위해서 현재의 삶을 과감히 던져버리지 않는 자기만족의 소금 기둥이 되어버린 롯의 아내일 뿐입니다. 또 반대로 육신을 영적이지 않다고 여기면서 그것을 무시하는 사람, 즉 육신을 하느님과는 별개의 것이라 여기면서 그것을 거부하는 사람 역시 위대한 신비를 무시하는 것입니다.

신비는 위대하다, 하느님이 육신으로 나타나셨으니.
[디모데전서 3:16]

당신의 삶은 한 가지를 나타냅니다. 오직 한 가지! 그것은 당신의 의식 상태입니다. 모든 것은 당신의 의식에 기반하고 있습니다. 상상력이라는 매개체를 이용해서 하나의 의식 상태를 사실로 받아들일 때, 그 상태는 스스로 형체의 옷을 입기 시작합니다. 그것은 뱀의 껍데기가 뱀 주변에서 단단하게 되는 것처럼, 당신 주위에 단단한 현실로 나타납니다. 하지만 당신은 그 상태에 믿음을 유지해야만 합니다. 당신은 이 상태에서 저 상태로 옮겨가서는 안 되고, 오히려 그 원하는 상태가 형체를 취하고 객관적인 현실이 될 때까지 '보이지 않는 상태' 안에서 인내를 갖고 기다려야만 합니다. 인내가 필요합니다. 하지만 마음속에서 낡은 것들을 던져버리고 새로운 것을 자라나게 하는 데에 일단 성공하게 되면, 그 후에는 쉽게 인내를 가질 수 있을 것입니다. 왜냐하면 과거에 우리가 이해를 통해 얻은 것에 따라 우리는 인내할 수 있기 때문입니다. 이해는 인내의 비결입니다.

자연스러운 기쁨과 솟아나는 즐거움은 세상을 눈으로 보는 것이 아니라, 블레이크가 말했듯이 눈을 넘어 보는 것 안에 있습니다. 당신이 보기 원하는 것을 상상 속에서 보고, 그렇게 마음속에서 본 형상에 믿음을 유지하십시오. 당신의 상상력은 상상하는 것과 부합하는 형체를 스스로 만들 것입니다.

모든 것은 상상의 힘에 의해서 만들어집니다. 인간의 상상력 바깥에는 어떤 것도 시작되지 않습니다. "안에서부터 바깥으로"는 우주의 법칙입니다. "내부에서와 같이, 외부에서도." 인간은 진리를 찾는다고 하면서도 시선은 외부를 향해 있곤 합니다. 하지만 가장 중요한 것은 시선을 내부로 돌리는 것입니다.

진리는 우리자신 안에 있으니,
그것은 당신이 믿고 있는,
외부에 나타난 것으로부터 솟아나지 않는다.
모든 이에게는 가장 깊은 곳의 중심부가 있고,
그곳에는 진리가 온전한 형태로 머물러 있으니,
깨우친다는 것은 그곳에 갇혀있는 광채가 빠져나올 수 있게끔
그 길을 열어주는 것이지, 외부에 있다고 여겨지는 빛이 들어가게끔
그 입구를 두드리는 것이 아니다.
[브라우닝 : "파라켈수스"]

한 젊은 여성이 분노의 껍데기를 벗어던지고, 완전히 새로운 종류의 껍데기를 입은 이야기를 들려 드리겠습니다. 흥미롭게 느끼실 겁니

다. 이 분은 여섯 살이 됐을 때 부모님이 이혼을 했고, 그 후로 어머니와 살았습니다. 그래서 그녀는 아버지를 거의 만나지 못했습니다. 하지만 아버지는 매년 크리스마스 선물로 5달러씩을 보내왔습니다. 그녀가 결혼한 이후로는, 아버지가 크리스마스 선물로 10달러씩을 보냈습니다.

그녀는 제 강의에 참석했습니다. 저는 강의에서 누군가 다른 이를 의심한다면 그것은 자신 안에 있는 사기성만을 보여줄 뿐이라고 말했습니다. 그녀는 이것에 대해 곰곰이 생각했습니다. 자신이 아버지에 대한 원망을 수년 동안 감추고 있었다는 것을 깨달았습니다. 그날 밤, 자신이 품고 있던 원망을 보내버리고, 원망이 자리했던 자리에 따뜻한 행동을 새롭게 넣기로 결심했습니다. 상상 속에서 가장 따뜻한 방식으로 그녀의 아버지를 껴안는 것을 느꼈습니다. 그녀의 상상 속의 행동이 진실한 느낌이 들 때까지 그 행동을 반복하고 반복했습니다. 그런 후에 그녀는 아주 만족스러운 분위기 속에서 잠들었습니다.

다음날, 그녀는 우연히 캘리포니아의 한 대형 백화점의 모피 코너를 지나가게 되었습니다. 잠시 동안 모피 목도리 하나를 가졌으면 하는 생각을 했지만 그것을 사기에는 너무 비쌌습니다. 이번에는 흰가슴담비 목도리 하나가 그녀의 시선을 사로잡아, 그것을 집어 들고는 한 번 목에 둘러봤습니다. 목도리를 하고 있는 모습을 본 후, 씁쓸하게 목도리를 벗고는 솔직히 이것을 살만한 여유가 없다고 혼잣말을 하면서 돌려놓았습니다. 가게를 벗어나려할 때, 순간 멈춰 서서 생각했습니다. "네빌이 말하기에, 내가 이미 가졌다는 느낌을 가진다면 그것이 무엇이라도 가질 수 있다고 했잖아." 상상 속에서 그녀는 목도리를 다시 두르고는 현실이라고 느꼈습니다. 상상 속에서 그것을 착용하고 있다는 느낌을 즐기면서 쇼핑을 하러 갔습니다.

이 젊은 여성분은 이 두 개의 상상을 하나로 합쳐 본 적은 없습니다. 그리고 자신이 했던 상상에 대해서는 잊고 지냈습니다. 그런데 몇 주 후 어머니의 날, 기대하지 않았던 초인종이 울렸고 그곳에 아버지가 서 있었습니다. 그녀가 아버지를 꼭 껴안았을 때 자신이 했던 첫 번째 상상이 기억났습니다. 그리고 아버지가 가져온 선물을 풀어 보았을 때 자신이 했던 두 번째 상상이 기억났습니다. 그곳에는 아름다운 흰가슴담비 목도리 하나가 들어있었습니다.

그대들은 신들이며, 그대들 모두는
지극히 높으신 이의 자손들이라.

[시편 82:6]

...그러므로 그대는 뱀처럼 지혜롭고 비둘기처럼 순수하라.

[마태복음 10:16]

Chapter 48 The Water and Blood
물과 피

사람이 다시 태어나지 아니하면 하느님의 나라를 볼 수 없다.
[요한복음 3:3]

그 병사들 중 하나가 창으로 주의 옆구리를 찌르니
피와 물이 흘러나왔다.
[요한복음 19:34]

이는 물과 피로 오신 예수 그리스도시니,
물로만이 아니라 물과 피로 오셨다.
[요한 1서 5:6]

    요한복음과 요한1서에 따르면, 인간은 "다시 태어나야"할 뿐만 아니라 반드시 물과 피로 "다시 태어나야" 합니다. 물과 피로 다시 태어나는 내적 경험은 세례와 성찬식이라는 두 가지 외적 의례와 연관되어 있습니다. 세례는 물로 태어나는 것을 상징하고, 성찬식에서의 포도주는 구세주의 피를 받아들이는 것을 상징합니다. 하지만, 이 두 외적 의례는 인간에게 약속된 진정한 변화나 근본적인 변화를 이끌어내지 못합니다. 물과 포도주를 외적으로 사용한다고 마음의 근본적인 변화를 일으킬 수는 없습니다. 따라서 우리는 물과 피의 상징 안에 숨겨진 의미로 시선을 돌려야만 합니다.

성경은 진리를 상징적으로 나타내기 위해 여러 가지 이미지를 사용하는데, 이 이미지들은 진리의 서로 다른 수준을 상징합니다. 가장 낮은 수준을 상징하는 이미지는 돌입니다. 예를 들어, "거대한 돌이 우물의 입구를 덮고 있었는데 모든 양떼가 그곳에 모이면 그들이 우물의 입구에서 그 돌을 굴려내어 양들에게 물을 먹이고 나서 그 돌을 제자리로 가져와 우물의 입구를 다시 덮었다."[창세기 29:2,3]라고 말합니다. "… 그들이 돌처럼 바닥에 가라앉았다." [출애굽기 15:5] 돌이 우물의 입구를 막았다는 의미는 상징적으로 드러난 위대한 진리를 사람들이 문자 그대로 받아들였다는 것입니다. 누군가가 그 돌을 치운다는 것은 비유와 우화 밑에 깔린 마음에 관한 생명의 정수, 즉 마음에 관한 의미를 발견했다는 것입니다.

성경의 겉으로 드러난 문자 아래의, 숨겨진 마음 진리가 물로 상징됐습니다. 그래서 마음에 관한 진리를 발견한 자는 사람들에게 물을 떠주게 됩니다.

"내 목장의 양떼는 사람들이다."[에스겔 34:31] 문자에 얽매여서 마음에 관한 진리인 "물잔"을 받아들이지 않는 사람은 "돌처럼 바닥에 가라앉게"됩니다. 이런 사람은 세상 모든 것을, 내면의 관계는 무시한 채 전적으로 겉모습으로만 판단하고 있는 수준에 머물러 있습니다.

돌에 새겨진 모든 율법은 문자 그대로 지켜내면서도 정작 그것이 나타내는 마음의 진리에 관해서는 하루 종일 어기고 있습니다. 그는 어쩌면, 예를 들면, 문자 그대로 다른 사람의 것을 훔치지는 않을지 모릅니다. 하지만 다른 이들을 결핍된 모습으로 볼지도 모릅니다. 우리가 다른 이를 결핍된 모습으로 바라본다면 그들이 하느님의 자녀로서 받게 되는 정당한 상속의 권리를 그들에게서 빼앗는 것입니다. 왜냐하면 우리는 모두 "지극히 높으신 분의 자녀들"이기 때문입니다.

"자녀라면 또한 상속자들일 것이니, 하느님의 상속자들이요, 그리스도와 함께한 공동 상속자들이다."[로마서 8:17] 불행해 보이는 사람을 만났을 때 어떻게 반응해야 하는지를 안다면, 그 상황을 구제해 줄 수 있는 "물잔"(마음에 관한 진리)을 가진 것입니다. 인간은 반드시 "돌로 된 항아리를 물로 채우는" 것, 즉 보이는 사실 이면에 있는 마음에 관한 진리를 발견하는 것뿐만 아니라, 반드시 물(마음의 진리)을 포도주로 변화시켜야만 합니다. 다시 말해 자신이 발견한 진리에 맞춰서 삶을 살아야 합니다. 진리를 그렇게 사용할 때에만, 그는 "포도주가 된 물을 맛볼..."[요한복음 2:9] 수 있습니다.

인간의 타고난 권리는 예수 그리스도가 되는 것입니다. 그분은 "그들의 죄로부터 그분의 백성들을 구원하기"[마태복음 1:21] 위해 태어났습니다. 하지만 한 인간의 구원은 "물로만이 아니라, 물과 피"로 이루어집니다. 자신이나 다른 이들을 구원하기 위해 어떤 것을 해야 하는지를 아는 것만으로는 충분하지 않고 반드시 실천해야만 합니다. 무엇을 해야 하는지를 아는 것은 물을 말하고, 그것을 행하는 것은 피를 말합니다. "이분은 물로만 오신 것이 아니라, 물과 피로 오셨다." 모든 신비는 당신 또는 다른 이들을 현재의 한계로부터 구원해 줄 특정한 의식의 상태를 가지기 위해서 상상력을 의식적이고 적극적으로 사용하는 데에 있습니다. 외적인 의례들은 이 일을 할 수 없습니다.

"그곳에서 물주전자를 가지고 가는 사람을 만나면 그를 따라가라. 그리고 그가 들어가는 곳으로 가서 그 집 주인에게 말하기를, '선생님께서 말씀하시기를, 내가 제자들과 함께 이번 유월절에 제물로 바쳐진 양을 먹을 객실이 어디냐고 물으시더라'하라. 그러면 그가 우리를 위하여 마련한 잘 갖추어지고 준비된 큰 윗방을 보여 줄 것이다." [마가복음 14:13,14,15] 당신이 소망하는 것은 무엇이라도 이미 "갖추어져 준비되어" 있습니다. 당신의 상상력은 소망하는 의식의 상태와 내면에서 접촉할 수 있습니다. 당신이 이미 원하는 모습이 된 것을 상상한다면, 당신은 "물주전자를 가지고 가는 사람"의 뒤를 따라가는 것입니다. 그리고 그 상태 안에 머문다면 당신은 객실(유월절) 안으로 들어가 당신의 영을 하느님의 손(당신의 의식) 안에 맡기는 것입니다.

한 인간의 의식 상태는 하느님의 무한한 창고에서 자신이 필요한 것을 말하는 것입니다. 그리고 마치 경제논리처럼 수요는 공급을 만들어 냅니다. 당신은 수요(당신의 의식 상태)를 바꿔서 공급을 바꿉니다. 이미 원하는 모습이 된 것을 느껴야만 합니다. 당신을 둘러싼 환경이 의식 상태를 만드는 것이 아니라, 당신의 의식 상태가 삶을 둘러싼 환경들을 만들어냅니다. 이 진리를 안다면 당신은 "생명의 물"을 가진 것입니다.

하지만 당신의 구원자(문제가 해결된 상태)는 단순히 그 진리를 아는 것만으로 모습을 드러내지는 않습니다. 오직 그 앎이 삶속에서 적용될 때에만 실현될 수 있습니다. 소망이 성취된 느낌을 사실로 받아들이고 그 안에서 살 때만 당신의 "옆구리는 창으로 찔려져, 그곳에서 피와 물이 나오게"[요한복음 19:34] 됩니다. 오직 이 방법을 통해야만 예수님이 당신의 문제를 풀어줄 구세주가 됩니다.

"그대 마음의 정부에서는 그대가 그대 자신의 주이고 주인이기에, 그대의 몸과 정신의 영역이나 환경 모두는, 그대가 그것을 스스로 일으키기 전에는 어떤 불씨도 일어나지 않을 것이다." [야곱 보헴] 하느님은 당신의 의식입니다. 그분의 약속은 조건부로 주어집니다. 수요인 당신의 의식 상태가 바뀌지 않는 한, 공급인 현재 당신의 삶을 둘러싼 환경은 지금 그대로의 모습으로 남아있게 됩니다. "우리가 용서할 때 (우리가 우리의 마음을 변화시킬 때)" 그 법칙은 자동으로 작동합니다. 당신의 의식 상태는 행동의 근원이자 지도하는 힘이며 공급을 만들어냅니다.

만일 내가 말했던 그 민족이 그들의 악에서 돌아서면,
내가 그들에게 행하려고 생각했던 그 재앙에서 돌이킬 것이다.
내가 한 민족과 한 왕국에 관하여
그것을 세우고 심을 것이라고 말했는데,
만일 그것이 내 목전에서 악을 행하며 내 음성에 복종하지 아니하면 그때는 내가 그들에게 베풀려고 했던 복에서 돌이킬 것이다.

[예레미야 18:8,9,10]

예레미야의 위 구절은, 개인이나 민족이 마음 태도를 확고하게 만들었는지에 따라 그 목적이 실현되는지 여부가 달려있다고 말합니다. 소망이 성취된 느낌은 인간이 목적을 추구하는 데에 반드시 필요한 조건입니다.

지금 말씀드리는 이야기는, 다른 사람의 모습은, 관찰자가 그 안에서 무엇을 보는 지가 결정하기 때문에, 그가 어떤 모습으로 보이는 지는 관찰자의 의식의 상태를 직접적으로 보여주는 지표가 된다는 것을 보여줍니다. 이 이야기는 "우리의 피를 흘리게끔, 즉 우리의 상상력을 다른 이를 위해 사용하게끔" 우리 모두를 자극해줍니다. 흘러가는 많은 시간들 속에서, 우리는 항상 "우리의 피를 흘림"으로써 삶을 바꿀 기회를 가집니다.

피 흘림이 없이는 죄사함이 없다.

[히브리서 9:22]

어느 날 밤, 뉴욕에서 저는 한 교사에게 "물과 피"의 수수께끼를 설명할 기회를 가졌습니다. 저는 히브리서 9장 22절을 인용해서 자신을 제외하고는 어떤 희망도 없다는 것을 깨닫는 것은 바로 '하느님이 우리 안에 존재한다'는 깨달음과 같고, 이런 인식은 우리를 이 땅에서 안전하게 인도해줄 빛이라고 설명했습니다. 더 나아가 이 깨달음은 두개골의 어두운 동굴을 빛나게 만들고, 우리는 "인간의 영은 주의 촛불이다"[잠언 20:27]라는 것을 알게 된다고 말해주었습니다.

그의 촛불이 내 머리 위에 비쳤고
그의 빛으로 내가 어둠 속을 헤쳐 걸었더라.
[욥기 29:3]

하지만 우리는 머리 안에서 빛나는 광휘를 하느님으로 보아서는 안 됩니다. 인간이 바로 하느님의 형상이기에 그렇습니다.

하느님은 모습을 드러내니,
어둠 속에 거하는 가난한 영혼들에게는 그 모습이 빛의 형상이다.
그러나 밝은 낮의 세계 안에 거하는 자들에게는 인간의 형체로서
그 모습을 드러낸다.
[블레이크]

하지만 이것은 경험을 통해서만 알 수 있습니다. 다른 길은 없고, 그리고 다른 그 누구의 경험도 당신의 경험을 대체할 수는 없습니다.
저는 그 강의에서 한 선생님이 학생에 대한 마음 태도를 바꿨더니 학생이 그렇게 변했다는 것에 대해 말하면서, 마음 태도를 바꾸면 현

실이 바뀐다는 것에 대해 아는 것이야말로 [요한1서 5장 6절]에서 물이라고 언급한 것의 진정한 뜻이라고 덧붙였습니다. 하지만 그런 지식만으로는 원하는 모습으로 다시 태어나기에 부족하고, 거듭 태어나기 위해서 "피", 즉 이 진리를 현실에 적용시켜야 한다고 말했습니다. 무엇을 해야 하는지 아는 것은 생명의 물이고, 행동을 직접 하는 것이 구세주의 피입니다. 말을 바꿔보자면 아주 사소한 지식 하나라도 그것이 행동으로 옮겨진다면, 행동으로 옮겨지지 않은 아주 많은 지식들보다 훨씬 많은 유익한 결과를 만든다는 것입니다.

한 교사의 마음속에서 학생 하나가 계속 떠나질 않았습니다. 하지만 제가 그녀에게 말했던, 다시 태어나는 신비에 관한 진리를 실험해보기에는, 지금 교사가 처한 상황은 굉장히 어려운 사건으로 보였습니다. 그리고 선생님들과 학생들 모두, 그 학생의 태도는 교정될 수 없다고 생각했습니다. 사건은 이랬습니다. 바로 며칠 전, 교장 선생님과 상담선생님을 포함한 모든 선생님이 그 학생에 대해 어떤 처분을 내릴지 상의하기 위해 자리를 마련했습니다. 학교의 명예를 위해 그 학생이 열여섯 살 생일을 맞이할 때 퇴학을 시켜야 한다고 결정했습니다. 그 학생은 무례했고 버릇이 없었으며 윤리에 맞지 않은 행동을 했고, 아주 혐오스러운 말들을 입에 달고 살았습니다. 퇴학을 하기로 결정한 날짜는 한 달 앞으로 다가왔습니다.

그 여선생님은 그날 밤 차를 타고 집에 오면서, 만약 자신이 그 학생에 대한 마음을 바꾼다면 학생 역시 행동이 정말 바뀔 것인지에 대해 의문을 가졌습니다. 그것이 사실인지 확인할 길은 한 번 도전해보는 방법밖에 없었습니다. 하지만 이런 도전은 그 학생이 새로운 모습으로 변하는 모든 책임을 자신이 진다는 것을 뜻했습니다. 하느님과 같은 권능, 그렇게 위대한 권능을 감히 자신이 할 수 있을까 의심됐습니다. 이것은 "만약 그가 나를 사랑한다면, 나는 그를 사랑할 것이다"는 인간의 평범한 삶에 대한 태도를, "내가 그를 사랑했기 때문에, 그가 나를 사랑한다"는 태도로 완벽하게 뒤집는 것을 뜻합니다. 이것이 마치 하느님의 역할을 하는 것 같았습니다.

그분이 먼저 우리를 사랑했기에, 우리는 그분을 사랑한다.
[요한 1서 4:19]

하지만 이런 생각을 거부해보려고 해도 "물과 피"로 거듭나는 것에 대해 제가 설명했던 것이 그녀의 머릿속에서 맴돌았습니다.

그 여선생님은 도전을 받아들이기로 결심했습니다. 그리고 이것이 그녀가 한 것입니다. 그녀는 자신의 마음의 눈으로 아이의 얼굴을 떠올렸고, 아이가 웃는 것을 봤습니다. 소녀가 "좋은 아침이에요"라고 말하는 것을 상상 속에서 들었습니다. 그 아이는 학교에 입학한 후로 한 번도 이런 모습을 보인 적이 없었습니다. 선생님은 아이의 최고의 모습을 상상했고, 이런 일들이 일어난다면 그녀가 듣고 보았을 모든 것을 보고 듣는 것처럼 마음의 귀를 기울이고 마음의 눈을 열었습니다. 선생님은 이것을 계속 반복해서, 스스로에게 이 일이 사실이라는 인상을 심어준 후에 잠에 빠졌습니다.

바로 다음 날, 그 학생이 교실로 들어왔고, 웃으면서 "좋은 아침이에요"라고 말했습니다. 선생님은 너무 놀라 아무런 말도 하지 못했고, 혼란 속에서 하루 종일 그 학생이 이전의 모습으로 돌아가는 징후를 찾았습니다. 하지만 소녀는 변화된 모습으로 계속 행동했습니다. 그 주가 끝날 때쯤 사람들은 모두 소녀의 변화를 눈치 챘습니다. 다시 그 학생에 대한 회의가 열렸고 이전에 내렸던 처분은 취소되었습니다. 아이는 지금까지도 친절하고 상냥하기 때문에, 선생님은 스스로 이런 질문을 던졌습니다.

"본래 말썽부리던 아이는 어디에 있는 거지?"

자비, 동정, 평화 그리고 사랑은 우리가 사랑하는 하느님이니,
자비, 동정, 평화 그리고 사랑은
하느님이 돌보는 자녀인, 인간이다.
[블레이크, "신의 형상"]

변화된 존재는 이미 우리 안에 존재하기 때문에 변화는 언제든지 가능하며, 남아있는 유일한 문제는 우리가 그 존재를 인식할 수 있느냐는 것입니다. 선생님은 "물과 피"의 신비를 알기 위해서 학생의 이런 변화된 모습을 체험해야만 했습니다. 그것은 자신이 경험하는 것 외에는 다른 길이 없고, 다른 이의 경험이란 것도 자신의 경험으로 인한 깨달

음을 대체할 수는 없기 때문에 그렇습니다.

우리는 그분의 피를 통해서 회복되었다.
[에베소서 1:7]

만약 아이에 대한 자신의 마음을 바꾸려는 결심을 하지 않고 상상의 힘을 실제로 사용하지 않았더라면, 선생님은 결코 그 학생의 죄를 씻어내지 못했을 것입니다. "그분의 피를 흘리지" 않고, 경험의 잔을 맛보지 아니한 자는 그 누구라도 상상이 가진 속죄의 힘을 알 수 없습니다.

당신 자신의 가슴을 한 번 제대로 읽어보라.
그러면 두려움을 끝낼 수 있다!
이것 외의 다른 빛을 인간은 얻지 못하고,
천년을 헤매게 될 것이다.
[매튜 아놀드]

Chapter 49 A Mystical View
신비가의 시선

그리고 그와 같은 많은 비유로 말씀하셨으니,
이는 그들이 알아들을 수 있을 만큼이었다.
그분은 그들에게 비유를 들지 아니하고는 말씀하지 아니하시고,
제자들만 있을 때에는 모든 것을 설명해 주셨다.
[마가복음 4:33,34]

우리가 성경이라고 부르는 이 책에 담긴 수많은 이야기들은, 마음의 법칙과 목적을 밝히기 위해 '상징으로 표현된 진리'를 담고 있습니다. 우리가 이 비유 속에서, 일반적으로 받아들이는 의미 너머의 깊은 뜻을 인식하게 될 때, 우리는 성경의 신비한 뜻을 알아낼 수 있게 됩니다.

예를 들어, 마태복음 10장 10절에 나온 제자가 받은 충고를 가지고, 앞에서 말했던 신비가의 시선으로 살펴보겠습니다. 제자들이 마음에 관한 위대한 법칙을 가르치고 행할 준비가 되었을 때 그들의 여행을 위해 신발을 준비하지 말라고 적혀있습니다. 제자란 자신의 마음을 훈련시켜 의식의 보다 더 높은 경지에서 의식적으로 움직이고 행동할 수 있는 자를 말합니다. 신발은 대리회개, 즉 "그대를 위해서 내가 그것을

한다"는 정신을 상징적으로 나타내기 위해 선택된 단어입니다. 왜냐하면 신발은 신고 있는 사람을 보호하고, 그 사람을 더러운 것들로부터 막아주기 때문입니다. 제자의 목적은 항상 자신과 다른 이들을 속박으로부터 벗어나게 하여 하느님 아들의 자유로 인도하는 것입니다. 마태복음의 충고대로 어떤 신발이라도 벗어내십시오. 자신과 하느님 사이의 어떤 중재자도 받아들이지 마십시오. 당신이 무언가를 해야 한다고 제안하는 모든 이로부터 등을 돌리고, 당신 스스로 그 일을 해내십시오.

이 땅은 천국으로 가득 채워져 있다.
평범한 모든 덤불은 하느님으로 불타고 있다.
하지만 이것을 보는 자만이 오직 자신의 신발을 벗는다.
[엘리자베스 버렛 브라우닝]

진실로 내가 너희에게 말하노니,
여기 내 형제 가운데 가장 작은 자에게 한 것이
곧 나에게 한 것이다.
[마태복음 25:40]

그리스도는 인간의 '깨어난 상상력'을 말하기 때문에 당신의 상상력을 다른 이를 위해 사용할 때면, 그것이 선한 것이든 악한 것이든, 당신은 말 그대로 그리스도에게 그것을 행하는 것입니다. 상상력을 지혜롭고 사랑스럽게 사용한다면 그리스도에게 옷을 입히고 음식을 대접하는 것입니다. 하지만 상상력을 두려움에 차서 무지하게 사용한다면 인간은 그리스도의 옷을 빼앗고 괴롭히는 것입니다.

"그 누구도 자기 이웃에 대하여 마음속에서 악을 꾀하지 말라."[스가랴 8:17]는 말은 진리이며, 우리가 하지 말아야 할 것에 관한 격언입니다. 어떤 이는 친구의 충고 덕분에 그동안 잘못 사용하던 상상력을 멈출지도 모르고, 다른 이의 모습에 비추어 상상하지 말아야 할 것을 배울지도 모릅니다. 하지만 그것만으로는 충분하지 않습니다. 상상력의 창조적인 힘을 잘못된 곳에 사용하지 않는 것만으로는 그리스도에게 옷을 입히고 음식을 대접하지 못합니다. 하느님 아들의 자주색 옷은 악을 상상하지 않는 것으로 짜이지 않고, 상상력을 적극적이고 자발적으로 사랑스럽게 사용해, 선한 것으로 채울 때에 짜여집니다.

무엇이든 듣기에 좋은 것,
만일 무슨 덕이 있거나 칭찬할 것이 있으면
이런 것에 대해서 생각하라.
[빌립보서 4:8]

솔로몬 왕이 그 자신을 레바논의 나무로 된 전차로 만들었다.
기둥들은 은으로, 바닥은 금으로,
덮개는 자주색으로 만들었으며
그 가운데는 사랑으로 입혔다.

[아가서 3:9,10]

우리가 주목해야 할 첫 번째 문장은 "솔로몬 왕이 자신을 만들었다"는 부분입니다. 이것은 모든 사람이 결국에는 반드시 해야 하는 것으로, 자기 자신을 레바논 나무로 된 전차로 만드는 것을 의미합니다. 이 비유를 쓴 사람에게 전차는 마음을 뜻합니다. 그리고 전차 안에서 그는 사랑과 진리의 세상을 만들 수 있도록 네 가지 마음의 기능을 통제하는 지혜(솔로몬)의 정신을 세웁니다.

"그리고 요셉이 자신의 전차를 갖추고 자신의 아버지 이스라엘을 만나기 위해서 갔다." [창세기 46:29] "어떤 족속이 노예의 신분인데도 그의 전차바퀴를 축복하기 위해 그를 따라 로마로 가겠는가?" [셰익스피어, "쥴리어스 시저"] 만약 자신을 레바논의 나무로 된 전차로 만들지 않는다면, 그의 의지는 요정 여왕 맵의 산파처럼 될 것입니다. "맵은 요정들의 산파이고…그녀의 전차는 아무것도 싣지 않은 개암 열매이다." [셰익스피어, "로미오와 줄리엣"]

레바논의 나무는 부패하지 않는 것을 나타내는 신비가의 상징입니다. 신비가에게는 솔로몬 왕이 자신으로 만든 전차가 무엇을 뜻하는지 명백합니다. 은은 앎을 나타내고, 금은 지혜를 상징하고, 자주색(붉은 색과 푸른색의 혼합색)은 사랑의 붉은색과 진리의 푸른색을 말합니다. 이것은 부패하지 않은 마음으로 자신을 두른 것을 말합니다.

그리고 그들은 주께 자주색 옷을 입히더라.

[마가복음 15:17]

　부패하지 않는 네 겹의 지혜라는 육신을 갖추고, 사랑과 진리라는 자주색 옷을 입는 것이야말로, 이 땅 위 인간이 해야 할 경험의 목적입니다.

　사랑은 현자의 돌이니, 그것은 흙으로부터 금을 취하고
무에서 유를 만들어내고 나를 하느님으로 만든다.
　[안겔루스 질레지우스]

해방의 길 : 결과에서 생각하기

지혜롭고 의식적으로 환경을 창조하려는 사람이라면 상상 속에서 미래를 현재로 만들어야만 합니다. 결말을 생각하는 대신 결말의 관점에서 생각함으로써 비전을 실재(Being)로 바꾸어야 합니다. 상상을 통해서 어떤 상태에 집중하고 그 상태에서 세상을 바라봐야 합니다. 결말의 관점에서 생각한다는 것은 소망이 이루어진 세상을 강하게 인식하고 있다는 것입니다. 소망이 이루어진 상태의 관점에서 생각하는 것이 바로 창조적인 삶입니다.

결말의 관점에서 생각하는 능력을 모른다는 것은 속박을 뜻합니다. 우리가 매여 있는 모든 속박의 밑바탕에는 그 무지가 있습니다. 감각이 보여주는 증거에 수동적으로 이끌려가는 것은 내적 자아(Inner Self)의 힘을 과소평가하는 것입니다. 일단 결말의 관점에서 생각하는 것을 자신이 참여할 수 있는 창조의 원리로 받아들이면 단순히 결말을 생각함으로써 목적을 달성하려는 어리석음에서 벗어날 수 있습니다.

모든 목표들을 소망이 이루어진 모습으로 만드십시오.

　　『상상의 힘』 중에서

결과에서 살기

"내가 그임을 알지 못하면 결핍 속에서 살게 된다"

네빌고다드 도서들

전제의 법칙

[Power of Awareness]라는 원제로, 네빌 고다드의 대표 서적으로 평가 받고 있다. 오직 '상상이 현실을 창조한다'는 '법칙'에 대한 내용만 다루고 있어서, 상상력과 의식통제에 대한 많은 영감을 준다. 책을 읽고 난 후에는, '마음의 훈련을 게을리하지 말아야겠다'는 각오를 한번 더 하게 될지도 모른다.

네빌 고다드 5일간의 강의

네빌 고다드가 1948년에 5일간에 걸쳐 한 강의와 청중들과의 질문과 대답을 묶은 책이다. 시크릿으로 대중화된 '현현의 법칙'을 보다 깊게 다루고 있다. 이론에 대한 자세한 설명과 현실에 적용할 수 있는 자세한 방법을 설명한다.

믿음으로 걸어라 (양장본)

저자가 생전 중요하게 여겼던 성경의 구절들을 하나씩 풀이하여 엮었다. 마치 시처럼 한 문장 한 문장이 영혼에 닿는 듯, 읽는 이로 하여금 깊은 울림을 준다.

네빌 고다드 라디오 강의

네빌 고다드가 로스앤젤레스 라디오를 통해 강연했던 자료들과 1968년이후 강연을 모았다. 이전까지의 책들이 '법칙'에 치중했었다면 이 책은 '법칙'과 '약속'을 적절히 잘 혼합했다. '약속'은 마치 꽃이 피어나듯이 우리 인간 안의 완벽한 자아도 삶과 경험을 통해 완벽하게 피어난다는 내용을 담고 있다.

리액트 (양장본)

이 책은 네빌고다드가 반응에 중점을 두고 강의한 것을 마가렛 부름 여사가 묶은 것이다. 반응은 우리의 삶을 옭아매기도 하고, 반대로 우리의 삶에 자유를 줄 수도 있다. 이 책을 통해 우리는 반응을 관찰해서, 바꾸는 법을 배울 수 있다.

임모틀맨 1,2 [네빌고다드 지음]

임모틀맨은 네빌고다드가 세상을 떠나기 직전의 강의들을 마가렛 부름 여사가 묶은 책이다. 책에서는 우리가 삶이란 꿈을 원하는 모습으로 꾸는 방법인 '법칙'과 삶이란 꿈을 꾸고 있는 우리 내부의 거대한 자아가 깨어나는 '약속'에 대해 설명한다.

상상의 힘 [네빌고다드 지음]

네빌고다드의 소책자, Awakened Imagnation과 Search와 그의 음성강의 THE UNALLOYED, THE POWER, FEEL AFTER HIM 세개를 한권으로 묶었다. 과연 상상은 힘을 갖고 있을까? 론다번, 조 바이틀리 등이 가장 존경하는 인물로 꼽았던 20세기 최고의 형이상학자인 네빌고다드의 강연을 통해 다시 한번 그 질문에 대한 해답을 찾아본다.

세상은 당신의 명령을 기다리고 있습니다

네빌 고다드가 첫 책으로 냈던, [세상은 당신의 명령을 기다리고 있습니다. 원제 At Your Command]와 8개의 일반 강의를 묶어서 책으로 출간했다. 마음의 법칙 전반을 다루고 있다.

상상이 현실을 창조한다
네빌고다드의 부활

2009년 2월 23일 초판 1쇄 발행
2025년 3월 18일 새번역 1쇄 발행

지은이   네빌고다드
번　역   이상민
펴낸곳   서른세개의 계단 070.7538.0929
사이트   http://33steps.kr
블로그   http://blog.naver.com/pathtolight
ISBN   9788996093930 03110
잘못된 책은 바꿔 드립니다. pathtolight@naver.com